資料科學家的實用統計學 第二版
運用 R 和 Python 學習 50+ 個
必學統計概念

SECOND EDITION

Practical Statistics for Data Scientists
50+ Essential Concepts Using R and Python

Peter Bruce, Andrew Bruce, and Peter Gedeck 著

洪巍恩 譯

O'REILLY®

Peter Bruce 和 *Andrew Bruce* 將本書獻給我們的父母 *Victor G. Bruce* 和
Nancy C. Bruce，正是他們培養了我們對數學和科學的熱情。
也獻給我們早年的導師 *John W. Tukey* 和 *Julian Simon*，以及
我們的摯友 *Geoff Watson*，是他們啟發我們追求
統計領域的職涯發展。

Peter Gedeck 將本書獻給 *Tim Clark* 和 *Christian Kramer*，
以感謝他們在科學上的合作及我們的友誼。

目錄

前言 xiii

第一章　　　**探索式資料分析** 1

結構化資料的組成 2

延伸閱讀 4

矩形資料 5

資料框和索引 6

非矩形資料結構 7

延伸閱讀 8

位置估計 8

平均數 10

中位數與穩健估計 11

範例：人口與謀殺率的位置估計 12

延伸閱讀 14

變異性估計 14

標準差與相關估計數 16

基於百分位數的估計量 17

範例：美國各州人口數的變異性估計 19

延伸閱讀 20

探索資料的分布 20

百分位數與箱形圖 21

次數表與直方圖 22

密度圖與估計量 25

延伸閱讀 27

探索二元資料及類別資料 27

    眾數 30

    期望值 30

    機率 30

    延伸閱讀 31

相關性 31

    散佈圖 35

    延伸閱讀 36

探索二個或多個變數 36

    六邊形圖與等高線（數值資料與繪製圖表）................................. 37

    兩個類別變數 40

    類別變數與數值變數 41

    多個變數的視覺化 43

    延伸閱讀 46

本章總結 46

第二章　　資料和抽樣分布 **47**

隨機抽樣和樣本偏誤 48

    偏誤 50

    隨機選擇 51

    資料規模與資料質量：何時規模更重要 52

    樣本平均數與母體平均數 53

    延伸閱讀 54

選擇偏誤 54

    均值迴歸 56

    延伸閱讀 57

統計量的抽樣分布 57

    中央極限定理 61

    標準誤差 61

    延伸閱讀 62

自助法 62

    重抽樣與自助法 66

    延伸閱讀 66

信賴區間 66

    延伸閱讀 69

常態分布 69

    標準常態分布與 QQ 圖 71

長尾分布 73

    延伸閱讀 75

學生 t 分布 75

    延伸閱讀 78

二項分布 78

    延伸閱讀 80

卡方分布 81

    延伸閱讀 81

F 分布 82

    延伸閱讀 82

泊松分布及其相關分布 82

    泊松分布 83

    指數分布 84

    失敗率估計 84

    韋伯分布 85

    延伸閱讀 86

本章總結 86

第三章　統計實驗與顯著性檢驗 **87**

A/B 測試 88

    為什麼要有對照組？ 90

    為什麼只做 A/B 測試，沒有 C、D⋯組呢？ 91

    延伸閱讀 92

假說檢定 93

    虛無假設 94

    對立假設 95

    單向假說檢定與雙向假說檢定 95

    延伸閱讀 96

重抽樣 96

    置換檢驗 97

    置換檢驗範例：網站黏著度分析 98

    徹底置換檢驗和自助置換檢驗 102

置換檢驗：資料科學的底線 102

延伸閱讀 103

統計顯著性和 p 值 103

　p 值 106

　 α 值 107

　型一錯誤和型二錯誤 109

　資料科學與 p 值 109

　延伸閱讀 110

t 檢定 110

　延伸閱讀 112

多重檢定 112

　延伸閱讀 116

自由度 116

　延伸閱讀 118

ANOVA 變異數分析 118

　F 統計量 122

　二因子變異數分析 123

　延伸閱讀 124

卡方檢定 124

　卡方檢定：一種重抽樣的方法 125

　卡方檢定：統計理論 127

　Fisher 精確性檢定 128

　與資料科學的關聯 131

　延伸閱讀 131

多臂老虎機算法 132

　延伸閱讀 135

統計檢定力與樣本規模 135

　樣本規模 137

　延伸閱讀 139

本章總結 139

第四章　迴歸與預測 **141**

簡單線性迴歸 141

　迴歸方程式 143

　　配適值與殘差 146

　　最小平方法 147

　　預測與解釋（剖析） 148

　　延伸閱讀 149

多元線性迴歸 149

　　美國金郡房屋資料案例 150

　　評估模型 152

　　交叉驗證 154

　　模型選擇與逐步迴歸 155

　　加權迴歸 159

　　延伸閱讀 160

使用迴歸分析做預測 160

　　外插法的風險 161

　　信賴區間與預測區間 161

迴歸中的因子變數 163

　　虛擬變數的表示 164

　　多層因子變數 166

　　有序因子變數 168

解釋迴歸方程式 169

　　相關預測變數 170

　　多元共線性 172

　　混淆變數 172

　　交互作用與主效果 174

迴歸診斷 176

　　離群值 177

　　強影響值 179

　　異質變異、非常態分布和相關誤差 182

　　部份殘差圖和非線性 185

多項式迴歸和樣條迴歸 187

　　多項式迴歸 188

　　樣條迴歸 190

　　廣義加法模型 192

　　延伸閱讀 193

本章總結 194

第五章	分類	195

單純貝氏算法 196

    為什麼準確的貝氏分類不可行 197

    單純貝氏分類解決方案 198

    數值型預測變數 201

    延伸閱讀 201

區別分析 202

    共變異數矩陣 202

    Fisher 線性區別分析 203

    簡單的範例 204

    延伸閱讀 207

邏輯迴歸 207

    邏輯反應函數與 Logit 函數 208

    邏輯迴歸與廣義線性模型 210

    廣義線性模型 212

    邏輯迴歸的預測值 212

    解釋迴歸係數與勝算比 213

    線性迴歸與邏輯迴歸：相似與相異之處 214

    評估模型 216

    延伸閱讀 219

評估分類模型 219

    混淆矩陣 221

    稀有類別的問題 223

    精確率、召回率和特異性 223

    ROC 曲線 224

    AUC 226

    Lift 提升 228

    延伸閱讀 229

不平衡資料的處理策略 230

    低額抽樣 231

    過額抽樣與上下加權 232

    資料的生成 233

    基於成本的分類 234

　　　　　探索預測值 234

　　　　　延伸閱讀 236

　　　本章總結 236

第六章　　統計機器學習 237

　　　K 近鄰算法 238

　　　　　預測貸款違約的範例 239

　　　　　距離指標 242

　　　　　One-hot 編碼 243

　　　　　標準化（正規化，z 分數） 243

　　　　　K 值的選擇 246

　　　　　KNN 作為特徵引擎 247

　　　樹模型 249

　　　　　簡單的範例 251

　　　　　遞迴區分算法 253

　　　　　測量同質性或不純度 255

　　　　　停止樹模型繼續生長 256

　　　　　預測連續值 258

　　　　　如何使用樹模型 258

　　　　　延伸閱讀 259

　　　袋裝法與隨機森林 260

　　　　　Bagging 袋裝法 261

　　　　　隨機森林算法 262

　　　　　變數的重要性 266

　　　　　超參數 269

　　　Boosting 提升法 270

　　　　　Boosting 算法 272

　　　　　XGBoost 模型套件 272

　　　　　正則化：避免過度配適 275

　　　　　超參數與交叉驗證 280

　　　本章總結 284

第七章　　非監督式學習 285

　　　主成分分析 286

簡單的範例 287

計算主成分 289

解釋主成分 290

對應分析 293

延伸閱讀 295

K-Means 分群法 295

簡單的範例 296

K-means 算法 299

解釋分群 300

選擇分群數量 302

階層式分群 304

簡單的範例 305

樹狀圖 305

聚合演算法 307

測量相異性 308

基於模型的集群分析 309

多元常態分布 309

混合常態分布 311

選擇分群數量 313

延伸閱讀 316

變數尺度的縮放和類別變數 316

調整變數尺度 317

優勢變數 319

類別資料與高爾距離 321

混合資料的分群問題 323

本章總結 325

參考書目 327

索引 329

前言

本書的目標讀者是對於 *R* 和 *Python* 程式語言有一定程度了解，並有一些統計學知識（即便是片面的知識或短期接觸過統計學）的資料科學家。本書的其中兩位作者從統計學領域跨足到資料科學領域，因此對於統計學在資料科學中所能提供的貢獻非常了解；同時我們也十分清楚傳統統計學教學的侷限性，即便統計學已經有 150 多年的歷史，大部分的統計學教科書及課程都彷彿遠洋輪船的動量和慣性，難以改變。本書中提到的所有方法都與統計學有所連結，但不包含從電腦科學發展而來的方法，例如神經網路。

本書有兩大目標：

- 以易於了解、瀏覽及參考的方式，帶出與資料科學相關的重要統計概念。
- 解釋各個統計學概念在資料科學應用上的重要性和實用度及原因。

本書編排慣例

本書中使用的編排慣例如下：

斜體字（*Italic*）
　　代表新的術語、URL、電子郵件地址、檔案名稱及副檔名。中文以標楷體表示。

定寬字（Constant width）
　　用來列舉程式，以及在文章中表示程式的元素，例如：變數、函式、資料庫、資料類型、環境變數、程式語句和關鍵字等。

定寬粗體字（**Constant width bold**）

　　代表要由使用者逐字輸入的指令或其他文字。

重要術語

資料科學融合了多種學科，包含統計學、電腦科學、資訊技術及特定領域的知識，因而可使用多種不同的術語來引用同個概念。因此，在本書中我們將會在方框裡特別列出重要的術語及同義詞。

 這個圖示代表一個小技巧或建議。

 這個圖示代表一般注意事項。

 這個圖示代表警告或小心。

使用範例程式

本書中的所有範例都將先使用 *R* 語言展示，再提供 *Python* 程式碼，並且為了避免非必要的重複，我們通常只會顯示 *R* 語言的結果及圖示，我們也跳過了安裝套件和資料集相關的程式碼。完整的範例程式碼及所需的資料集，可以在 *https://github.com/gedeck/practical-statistics-for-data-scientists* 下載。

這本書是用來幫助你完成工作。一般而言，你可以在自己的程式和文件中使用本書的程式碼，但若是要重製程式碼的重要部份，則需要聯絡我們以取得授權許可。舉例來說，在編寫程式時使用本書的幾處程式碼範例，並不需要獲得許可，但若販賣或散布 O'Reilly 書中的範例則需要取得授權；此外，引述了本書的內容或程式碼來回答問題不需要取得許可，但若在產品的文件中大量採用本書的範例程式，則需要獲我們的授權。

我們很希望但並不強制要求你在引用本書內容時標明出處。出處一般包含書名、作者、出版社和 ISBN，例如：「*Practical Statistics for Data Scientists* by Peter Bruce, Andrew Bruce, and Peter Gedeck (O'Reilly). Copyright 2020 Peter Bruce, Andrew Bruce, and Peter Gedeck, 978-1-492-07294-2.」。

如果您覺得自己使用範例程式的程度超出合理範圍或如上述的允許範圍，歡迎隨時與我們聯繫：*permissions@oreilly.com*。

致謝

我們想要感謝許多對本書出版提供過幫助的人。

資料探勘公司 Elder Research 的 CEO Gerhard Pilcher 為我們審閱了本書的初稿，並提供我們非常詳細且有用的修正及評論；同樣，SAS 的統計學家 Anya McGuirk 和 Wei Xiao，以及同為 O'Reilly 作者的 Jay Hilfiger，也對初稿提供了有益的回饋。將本書第一版翻譯成日文的 Toshiaki Kurokawa，在翻譯的過程中幫助我們全面性的檢視和修正內容。Aaron Schumacher 和 Walter Paczkowski 全面審查本書第二版的內容，也提供了許多有益且寶貴的建議，我們對此深表感謝。當然，所有的錯誤都來自我們自己。

在 O'Reilly 出版社方面，Shannon Cutt 在出版的過程中給予我們鼓勵和適當的指導，Kristen Brown 使本書能順利的進入生產製作階段，Rachel Monaghan 和 Eliahu Sussman 耐心又細心地修改我們的文稿，而 Ellen Troutman-Zaig 為本書製作了索引。Nicole Tache 接手了本書第二版的發行，不僅有效地指導我們，還提供我們許多很好的編輯建議，以提升廣大讀者的可讀性。我們還要感謝在 O'Reilly 發起本書專案的 Marie Beaugureau，以及擔任 O'Reilly 作者兼 Statistics.com 講師的 Ben Bengfort，正是他將我們介紹給 O'Reilly。

我們及本書也受益於 Peter 多年以來與曾經合著其他書籍的 Galit Shmueli 的許多對談。

最後，我們要特別感謝 Elizabeth Bruce 和 Deborah Donnell，是她們的耐心與支持，使我們能完成這本書。

## 第一章

探索式資料分析

本章重點是介紹所有資料分析的第一步：探索資料。

古典統計學幾乎都只注重推論，推論就是基於小樣本得出關於整體資料的結論。1962年，John W. Tukey（*https://oreil.ly/LQw6q*）（圖 1-1）發表了一篇開創性的論文「The Future of Data Analysis」[Tukey-1962]，他呼籲對統計學進行重新設計。在論文中，他提出了一門稱為資料分析的新學科，並將統計推論包括在內，由此 Tukey 建立了與工程和電腦科學界的聯繫（他創造了術語「軟體」和「bit」，「binary digit」的縮寫）。出乎意料的，這個原始理念被延續下來，並且成為資料科學基礎的一部分。Tukey 於 1977 年出版經典書籍《*Exploratory Data Analysis*》[Tukey-1977]，此書開創了探索式資料分析的研究領域。在書中，Tukey 展示了有助於描繪資料集樣貌的圖表（例如，箱形圖、散佈圖）及摘要統計資訊（平均數、中位數、分位數等）。

隨著計算能力和表達性資料分析軟體的可用性提升，探索式資料分析已遠遠超出了其原始範圍。該學科的主要驅動力來自於新技術的快速發展、更多更大的可獲取資料，以及定量分析更廣泛地應用於各種學科中。Stanford 大學統計學教授 David Donoho 曾在美國紐澤西州普林斯頓召開的圖基百年紀念研討會上演講並發表了一篇出色的文章 [Donoho-2015]，文中他將資料科學的起源追溯到 Tukey 在資料分析方面開拓性的工作。

圖 1-1　John Tukey，著名的統計學家，他在 50 多年前提出的理論構成了資料科學的基礎

結構化資料的組成

資料的來源有很多，例如感應器的測量值、事件、文字、圖片和影片等，並且當今**物聯網**正產生出大量的資訊流。這些資料大部分都是非結構化的：圖片是像素的集合，每個像素包含了 RGB（紅色、綠色、藍色）顏色的資訊；文字是單詞和非單詞字的排序，通常會按段落和小節等來組成。點擊是使用者在 App 或 Web 頁面上的一系列動作。事實上，如何將原始資料轉化成可操作的資訊，才是資料科學主要面臨的挑戰。如果要使用本書中所介紹的統計學概念，就必須將非結構化的原始資料處理並轉換成結構化資料。最常見的結構化資料形式之一，是具有欄和列的表格，就像是從關聯式資料庫取出的資料或被收集用於研究的資料。

結構化資料有兩種基本類型：數值型和類別型。數值資料有兩種形式：**連續型**（例如風速或持續時間）和**離散型**（例如事件的發生次數）。**類別**資料僅採用一組固定的值，例如電視螢幕的類型（等離子、LCD、LED 等）或州名（阿拉巴馬州、阿拉斯加、……等等）。**二元**資料是類別資料的特殊情況，它只能是兩個值的其中一種，例如：0/1、yes/no 或 true/false。類別資料的另一種形式是排序類別的**順序**資料。例如數字評級（1、2、3、4 或 5）。

為什麼我們要關注資料類型的分類呢？事實證明，在資料分析和預測模型中，資料類型對於確定可視化類型、資料分析或統計模型是非常重要的。*R* 和 *Python* 之類的資料科學軟體也使用這些資料類型來提高運算效能。更重要的是，變數的資料類型決定了軟體將如何處理該變數計算的方法。

重要術語

數值資料（*Numeric*）
　　可以數字刻度表示的資料。

　　連續型（*Continuous*）
　　　　可以在一個區間內取任何值的資料。

　　　　同義詞
　　　　　　區間資料、浮點數、數值資料

　　離散型（*Discrete*）
　　　　只能取整數的資料，例如計數。

　　　　同義詞
　　　　　　整數、計數

類別資料（*Categorical*）
　　只能從特定集合中選擇一種代表分類的資料。

　　同義詞
　　　　枚舉資料、列舉資料、因子、名目資料

　　二元資料（*Binary*）
　　　　一種特殊的類別資料，只能從兩個類別中取其一（例如：0 或 1、True 或 False）。

　　　　同義詞
　　　　　　二分資料、邏輯型資料、指標和布林

　　順序資料（*Ordinal*）
　　　　具有明確排序的類別資料。

　　　　同義詞
　　　　　　有序因子資料

軟體工程師或資料庫工程師可能對此會產生疑問：為什麼我們在資料分析中也要了解類別資料和順序資料呢？畢竟類別資料只是一組文字或數值，而資料庫會自動處理資料的內在表徵。但是相較於文字，將資料標示成類別資料確實有以下優點：

- 當我們知道資料是類別資料時，統計軟體可就此確定統計運算過程的處理方式，例如圖表生成或模型套入。具體來說，R 語言的順序資料可用 ordered.factor 來表示，這樣使用者指定的順序就能保持在圖、表和模型中；在 *Python* 中，scikit-learn 透過 sklearn.preprocessing.OrdinalEncoder 來支持順序資料。

- 可以優化資料儲存和索引（如同關聯式資料庫）。

- 限定了在給定類別變數中可以採用的可能取值（例如枚舉）。

第三個優點可能會導致一些意想不到的行為。*R* 語言的資料導入函式（例如 read.csv）預設將一欄文字自動轉換成 factor，之後在操作到該欄位資料時，會假定所允許的值侷限在先前已導入的值，若在此時再給予一個新的文字值，將會觸發警告並產生 NA（缺失值）。而 *Python* 的 pandas 套件不會自動轉換，但你可以在使用 read_csv 函式時指定一欄作為分類的類別。

> **本節重點**
>
> - 在軟體中，資料通常按類型分類。
>
> - 資料類型包含了數值型（連續型資料及離散型資料）和類別型（二元資料和順序資料）。
>
> - 資料分類為軟體指明了處理資料的方式。

延伸閱讀

- 資料類型有時會令人困惑，因為各個類型間會有一些重疊，而且不同軟體的資料分類可能各有不同。R Tutorial 網站（*https://oreil.ly/2YUoA*）有介紹 *R* 語言使用的資料分類方式；pandas 套件說明（*https://oreil.ly/UGX-4*）介紹了不同的資料類型，以及如何在 *Python* 中操作。

- 資料庫有更詳細的資料分類方式，其中考慮了精確率、固定長度、可變長度字段等因素，請參考 W3Schools 的 SQL 指南（*https://oreil.ly/cThTM*）。

矩形資料

資料科學中用於分析的典型參考框架是**矩形資料**，例如試算表或是資料庫的資料表。

矩形資料是二維矩陣的總稱，其中列（Row）表示紀錄（案例），而欄（Column）表示特徵（變數）；資料框（*Data frame*）是 *R* 和 *Python* 中的特定資料格式。然而資料並不總是以這種形式開始，非結構化資料（例如文字 text）必須先經過處理和整理，才能作為一組能用於矩形資料結構的特徵（請參見第 2 頁的「結構化資料的組成」）。對於大部分的情形，關聯式資料庫中的資料必須被提取出來並放進單個表格中，以完成資料分析和建模的工作項目。

重要術語

資料框（*Data frame*）

　　矩形資料（如試算表）是對於統計及機器學習模型最基本的資料結構。

特徵（*Feature*）

　　表格中的一欄通常當作一個特徵。

　　同義字

　　　　屬性、輸入、預測變數、變數

結果（*Outcome*）

　　許多資料科學專案都會包含預測結果，通常是 yes/no 結果（在表 1-1 中，預測的結果是「拍賣是否競爭」）。特徵有時會用來預測實驗或研究的結果。

　　同義字

　　　　依變數、回應、目標、輸出

紀錄（*Records*）

　　表格中的一列通常當作一筆紀錄。

　　同義字

　　　　案例、舉例、實例、觀察、模式、樣本

表 1-1　典型的資料框格式

類別	幣別	賣家等級	持續時間	截止日期	成交價	起標價	是否競爭
音樂 / 電影 / 遊戲	美元	3249	5	週一	0.01	0.01	0
音樂 / 電影 / 遊戲	美元	3249	5	週一	0.01	0.01	0
汽車	美元	3115	7	週二	0.01	0.01	0
汽車	美元	3115	7	週二	0.01	0.01	0
汽車	美元	3115	7	週二	0.01	0.01	0
汽車	美元	3115	7	週二	0.01	0.01	0
汽車	美元	3115	7	週二	0.01	0.01	1
汽車	美元	3115	7	週二	0.01	0.01	1

表 1-1 混合了測量和計數的資料（例如持續時間和價格）及分類資料（例如類別和幣別）。如前所述，二元資料（yes/no 或 0/1）是類別變數中的一種特殊形式，如表 1-1 的最右列，此變數顯示拍賣是否具有競爭力（是否有多個競標者）；當需要預測拍賣是否具有競爭力時，此指標變數（Indicator Variable）也剛好是 結果變數（Outcome Variable）。

資料框和索引

傳統資料庫表會指定一個或多個欄位作為索引，本質上是一個列的編號，可以大幅地提升某些資料庫查詢的效率。在 *Python* 中，透過 pandas 程式庫，基本的矩形資料結構是 DataFrame 物件，並且在預設的情形下，*Python* 會依據 DataFrame 中列的順序自動產生一個整數索引。在 pandas 程式庫也支援多層或多階層索引，以提高特定操作的效率。

在 *R* 語言中，基本的矩形資料結構是 data.frame 物件。data.frame 物件隱含著基於列順序的整數索引。儘管使用者可以使用 row.names 屬性來創建自定義鍵，但 *R* 語言原生的 data.frame 物件並不支援自定義索引或多層索引，兩個新的套件 data.table 和 dplyr 解決了這個缺陷，因此被廣泛使用；這二者都支援多層索引，可以顯著地提升 data.frame 的使用效率。

術語上的差異

矩形資料的術語可能令人困惑，對於同件事物，統計學家和資料科學家會使用不同的術語來表達。統計學家在模型中使用預測變數來預測一個回應或依變數；資料科學家使用特徵來預測目標。另一個同義詞尤其令人困惑：樣本，電腦科學家使用樣本表示一列數據，而對於統計學家，一個樣本則表示一個包含許多列的集合。

非矩形資料結構

除了矩形資料之外，還有另一種資料結構。

時間序列資料紀錄了同一個變數的連續測量值，它是統計預測方法的原始材料，也是物聯網設備所產生的資料關鍵的組成成分。

空間資料結構用於地圖和區位分析，比起矩形資料結構更為複雜和多變。就**物件**觀點的表示，空間資料著重於物件（如一棟房子）及其空間座標；相反地，**場**觀點則關注空間中的小單位及相關指標（例如像素的亮度）。

圖形（或網路）資料結構用來表示實體、社交網路上及抽象的關係。舉例來說，Facebook 或 LinkedIn 的社交網路圖表示人們在網路上的相互關係；由道路連結而成的匯聚點分布則是實體網路的例子。圖形資料結構對於某些類型的問題非常有用，像是網路優化及推薦系統。

在資料科學中，每種資料類型都有其專門的理論，而本書所關注的是矩形資料，它是建立預測模型的基礎成分。

統計學中的圖形

在電腦科學及資訊科技中，圖形一詞通常是指對於實體間關聯的描述，以及底層的資料結構。在統計學中，圖形則用來代表各種圖表或視覺化結果，而不僅指實體間的關聯情形；此術語只用於代表視覺化結果，而非資料結構。

延伸閱讀

- *R* 語言中關於資料框的文件：（ *https://oreil.ly/NsONR* ）
- *Python* 關於資料框的文件：（ *https://oreil.ly/oxDKQ* ）

位置估計

測量或計數的變數可能會有上千種不同的值。探索資料的一個基本步驟是取得每個特徵（變數）的「典型值」：對資料最常出現位置的估計（即資料的集中趨勢）。

重要術語

平均數（*Mean*）

所有數值的總和除以數值的個數。

　　同義詞

　　　　平均

加權平均數（*Weighted mean*）

所有數值乘以權重後的總和，再除以權重之和。

　　同義詞

　　　　加權平均

中位數（*Median*）

在排序資料中，位於正中間可將資料分為上下兩等分的數值。

同義詞

第 50 百分位數

百分位數（*Percentile*）

將資料由小到大排序並計算相應的累計百分比，位於百分之 *P* 的數值。

同義詞

分位數（Quantile）

加權中位數（*Weighted median*）

在排序資料中，可將權重總和平分為上下兩等分的數值。

截尾平均數（*Trimmed mean*）

排除排序資料中兩端固定數量的極端值後計算的平均數。

同義詞

截尾均值 （Truncated mean）

穩健（*Robust*）

對極端值不敏感。

同義詞

耐抗性（Resistant）

離群值（*Outlier*）

與大部分資料差異甚大的數值。

同義詞

極端值

彙總資料乍看之下似乎非常簡單，像是計算資料的**平均數**即可。事實上，雖然平均數易於計算且方便使用，但它不一定總是最佳用來測量中心值的方法；因此，統計學家研究並提出了幾種能替代平均數的估計量。

指標和估計量

統計學家通常將估計（*estimate*）一詞用於手上已有的數值，以區分我們所看到的資料情形與確切的狀態或理論的真實性。資料科學家和商業分析師更傾向於將這樣的數值稱為一個指標。這術語上的差異反映了統計方法和資料科學方法的不同：統計學的核心在於解釋不確定性，而資料科學則注重具體業務或組織的目標。因此統計學家「估計」，而資料科學家「測量」。

平均數

平均數或稱為平均，最基本的位置估計量，等於數值的總和除以數值的個數。例如一組數字：{3 5 1 2} 的平均數是 (3 + 5 + 1 + 2) / 4 = 11 / 4 = 2.75。一般會使用符號 $\bar{x}$（讀作「x bar」）表示母體樣本的平均數。給定一組 n 個數值：$x_1, x_2, ..., x_n$，平均數的公式為：

$$平均數 = \bar{x} = \frac{\sum_{i=1}^{n} x_i}{n}$$

通常使用 N（或者 n）表示紀錄值或觀察值的總數。在統計學中，大寫字母 N 代表母體，而小寫字母 n 代表母體中的一個樣本；但在資料科學中，這個區別不太重要，因此兩種表示方法皆可見。

截尾平均數是平均數的一個變形，在計算截尾平均數時，會去除排序資料兩端一定數量的值，再計算剩餘數值的平均數。若使用 $x_{(1)}, x_{(2)}, ..., x_{(n)}$ 作為一組排序資料，其中 $x_{(1)}$ 為最小值，$x_{(n)}$ 為最大值，則去除 p 個最大值和 p 個最小值的截尾平均數的計算公式為：

$$截尾平均數 = \bar{x} = \frac{\sum_{i=p+1}^{n-p} x_{(i)}}{n - 2p}$$

截尾平均數能消除極端值對平均數的影響。舉例來說，在國際跳水比賽中，有五位裁判評分，而一位選手最終的分數會排除五個評分中最高分和最低分後，以剩餘三個分數取平均，這樣能確保裁判難以操縱選手的分數，因為裁判有可能會偏向自己國家的選手。截尾平均數被廣泛的運用，在很多情形下，比起一般的平均數，人們更傾向於使用截尾平均數。第 11 頁的「中位數與穩健估計」將會有更詳細的介紹。

另外一種平均數是**加權平均數**，在計算時會將每個數值 x_i 乘以一個權重 w_i 後，再將總和除以權重的總和。計算公式為：

$$加權平均數 = \bar{x}_w = \frac{\sum_{i=1}^{n} w_i x_i}{\sum_{i=1}^{n} w_i}$$

使用加權平均數主要是基於以下兩點的考量：

- 有些數值在本質上較其他值多變，因此須將多變的觀察值予以較低的權重；例如，當我們要對來自多個感應器的數據計算平均時，但其中一個感應器的數據不是很準確，那麼我們可以降低該感應器數據的權重。

- 所收集的資料可能無法準確代表我們想要測量的不同群體；例如，由於線上實驗的進行方式，我們可能無法得到一組能精確反映所有使用者群體的數據；為了修正這一點，我們可以對來自代表性不足的群體予以較高的權重。

中位數與穩健估計

中位數是位於一組排序資料的中間數值；如果這組數值個數為偶數，則中位數不是這組資料中的數值，而是位於中間的兩個數值的平均。相較於平均數使用所有觀察值，中位數只取決於排序資料的中間值。雖然這樣看起來中位數存在著缺點，但考慮到平均數對資料更敏感，不少案例能證明，中位數仍是更好的位置指標。舉例來說，我們想了解西雅圖華盛頓湖周邊地區典型家庭的收入情形。在比較麥地那地區和溫德米爾地區時，使用平均數會產生很不同的結果，因為比爾蓋茲就住在麥地那地區；但我們若使用中位數，統計結果就不會受到比爾蓋茲的影響，因為位於中間的觀察值沒有改變。

基於使用加權平均數的相同原因，我們有時也需要使用**加權中位數**。雖然每個數值有對應的權重，我們需要和計算中位數的方法一樣，先將資料排序。加權中位數不是取位於中間的數值，而是取可以使權重總和平分為上下兩部分的數值。和中位數一樣，加權中位數也對極端值不敏感。

離群值

中位數是一種穩健的位置估計量，因為它不會受到會造成統計結果偏差的**離群值**（極端個案）影響。離群值是指距離資料集中其他值很遠的數值。儘管在各種資料匯總和圖表繪製中對離群值已有一些慣例（參見第 20 頁的「百分位數與箱形圖」），但對於離群值的確切定義還是有點主觀。離群值本身並不一定是無效或是錯誤的資料（如前面例子中

比爾蓋茲的收入），但通常是由於資料錯誤所導致的。例如，資料混淆了不同的指標單位（混用了公里和公尺），或是感應器讀數不準確；當錯誤的資料導致了離群值，使用平均數就會是不好的位置估計，然而中位數的估計仍然有效。無論如何，我們都應該找出離群值，而它們通常值得進一步研究。

異常檢測（*Anomaly Detection*）

在典型的資料分析中，離群值有時能提供資訊，有時令人討厭；相反的是，異常檢測所關注的就是離群值，而其他大部分的資料則用於定義與異常相對的「正常」情形。

中位數並非是唯一穩健的位置估計量；事實上，截尾平均數亦被廣泛運用來消除離群值的影響。例如，對於非小型的資料集，去掉頭尾各 10% 的資料（是個常見的選擇），可以保護資料免於極端值的影響。截尾平均數可視為一種介於平均數和中位數之間的折衷方案：它對於極端值非常穩健，並且能使用較多資料來計算位置估計量。

其他的穩健位置估計

統計學家還提出了其他的位置估計量，主要的目的是能提出更穩健、更有效率的估計量（即能更好地辨別出資料集之間微小的位置差異）。這些估計量通常適用於小型資料集，而對於大規模至於中規模的資料集，可能無法提供幫助。

範例：人口與謀殺率的位置估計

表 1-2 顯示了一個資料集的前幾列，包含了美國各州的人口數及謀殺率，單位為每年每十萬人中被謀殺的人數。

表 1-2　*data.frame* 中的幾行資料，列出了美國各州的人口數和謀殺率

	州	人口	謀殺率	縮寫
1	阿拉巴馬州	4,779,736	5.7	AL
2	阿拉斯加州	710,231	5.6	AK
3	亞利桑那州	6,392,017	4.7	AZ
4	阿肯色州	2,915,918	5.6	AR
5	加利福尼亞洲	37,253,956	4.4	CA
6	科羅拉多州	5,029,196	2.8	CO

	州	人口	謀殺率	縮寫
7	康乃狄克州	3,574,097	2.4	CT
8	德拉瓦州	897,934	5.8	DE

使用 *R* 語言計算人口數的平均數、截尾平均數和中位數如下：

```
> state <- read.csv('state.csv')
> mean(state[['Population']])
[1] 6162876
> mean(state[['Population']], trim=0.1)
[1] 4783697
> median(state[['Population']])
[1] 4436370
```

在 *Python* 中我們可以使用 pandas 對資料框方法來計算平均數和中位數，而截尾平均數則需要用到 scipy.stats 的 trim_mean 函式：

```
state = pd.read_csv('state.csv')
state['Population'].mean()
trim_mean(state['Population'], 0.1)
state['Population'].median()
```

平均數大於截尾平均數，而截尾平均數則大於中位數。

這是因為截尾平均數分別排除了五個最大和最小數值（trim=0.1 表示去除兩端各 10% 的資料）。若要計算美國的平均謀殺率，我們需要考慮到各州人口數的差異，而使用平均數或中位數。*R* 語言沒有內建加權平均數的函式，因此我們需要安裝外部套件，像是 matrixStats：

```
> weighted.mean(state[['Murder.Rate']], w=state[['Population']])
[1] 4.445834
> library('matrixStats')
> weightedMedian(state[['Murder.Rate']], w=state[['Population']])
[1] 4.4
```

在 *Python* 中，計算加權平均數可以使用 NumPy，而計算加權中位數則可使用特殊的套件 wquantiles（*https://oreil.ly/4SIPQ*）：

```
np.average(state['Murder.Rate'], weights=state['Population'])
wquantiles.median(state['Murder.Rate'], weights=state['Population'])
```

在本案例中，加權平均數和加權中位數大致相同。

延伸閱讀

- 維基百科上關於集中趨勢（Central tendency）的文章（*https://oreil.ly/qUW2i*）包含對於各種位置測量值的廣泛討論。
- John Tukey 於 1977 年發表的經典著作《*Exploratory Data Analysis*》（Pearson）至今仍廣為閱讀。

變異性估計

位置只是一個總結特徵值的維度。第二個維度是**變異性**（Variability），又稱**離散程度**，用於測量資料數值是緊密聚集或是發散的。變異性是統計學的核心概念：如何測量變異性、如何降低變異性、如何識別真實變異性中的隨機性、如何辨識真實變異性的各種來源，以及如何在存有變異性的情況下做出決定。

重要術語

偏差（*Deviations*）

位置的觀察值與估計量之間的差異。

同義詞

誤差、殘差

變異數（*Variance*）

對於 n 個數值，變異數是每個數值與平均數之間的偏差值，平方後加總，再除以 $n - 1$。

同義詞

均方誤差（mean-squared-error）

標準差（*Standard deviation*）

變異數的平方根。

平均絕對偏差（*Mean absolute deviation*）

每個數值與平均數之間的偏差值取絕對值後的平均數。

> 同義詞
>
>> L1 範數、曼哈頓範數

中位數絕對偏差（*Median absolute deviation from the median*）

每個數值與平均數之間的偏差值取絕對值後的中位數。

全距（*Range*）

又稱極差，是資料集中最大值與最小值之間的差額。

順序統計量（*Order Statistics*）

根據數值大小排序的指標。

> 同義詞
>
>> 排名

百分位數（*Percentile*）

第 P 百分位數，表示在資料集中，有 P% 的值等於或在其下，而有 $(100-P)$% 的值等於或在其上。

> 同義詞
>
>> 四分位數

四分位距（*Interquartile range*）

第三四分位數和第一四分位數之間的差距。

> 同義詞
>
>> 四分位差

正如同有平均數、中位數等不同的方式來測量位置，亦有多種不同的方式來測量變異性。

標準差與相關估計數

最廣泛使用於估計變異量的方法是基於位置估計量與觀察值之間的差異或偏差。給定一組資料 {1, 4, 4}，平均數為 3，而中位數為 4；每個數值與平均數之間的差距分別為：$1 - 3 = -2$、$4 - 3 = 1$、$4 - 3 = 1$。透過這些偏差，我們可得知資料與中心值之間的分散程度。

測量變異性的一種方法是去估計這些偏差的典型值；對偏差值取平均，無法提供我們太多資訊，因為負的偏差值會和正的偏差值抵銷。事實上，相對於平均的偏差值之總和恰好為零；因此另一種簡單的方法是將數值與平均數之差取絕對值後計算平均。上面的例子，各個偏差的絕對值分別為 {2 1 1}，而這些絕對值的平均數為 $(2 + 1 + 1) / 3 = 1.33$。這就是平均絕對偏差，計算公式如下：

$$平均絕對偏差 = \frac{\sum_{i=1}^{n} |x_i - \bar{x}|}{n}$$

其中 $\bar{x}$ 是樣本的平均數。

最廣為人知的變異性估計量為變異數和標準差，這二者是基於偏差的平方。變異數是偏差平方的平均，而標準差是變異數的平方根。

$$變異數 = s^2 = \frac{\sum_{i=1}^{n} (x_i - \bar{x})^2}{n - 1}$$

$$標準差 = s = \sqrt{\text{Variance}}$$

標準差與原始資料有相同的尺度，因此它比變異數更易於解讀；但其實標準差的公式更複雜也不太直覺，所以我們可能會覺得奇怪，為什麼在統計上更傾向使用標準差而非平均絕對偏差？這是由於標準差在統計學理論中的卓越之處：從數學的角度來看，使用平方比使用絕對值更方便，尤其是對統計模型而言。

自由度是 n，還是 $n - 1$？

在統計學書籍中，對於計算變異數時，被除數為什麼要用 $n - 1$ 而非使用 n，總是多有討論；這討論也帶出了自由度的概念。這兩者的計算結果差異不大，這是因為 n 通常夠大，以致於使用 n 或 $n - 1$，結果不會有太大的差別。但若你有興趣了解這個問題，我們以你想要根據樣本來估計母體為前提，解釋一下原因。

如果在計算變異數的公式中使用了直觀的除數 n，就會低估變異數的真實值和母體的標準差；這被稱為**有偏估計量**（*Biased estimate*）。然而若除以 $n-1$，此時變異數就成了**無偏估計量**（*Unbiased estimate*）。

要完整解釋為什麼使用 n 會導致有偏估計量，就涉及了自由度的概念。自由度考慮了計算估計量中的限制個數；在這種情形下，自由度是 $n-1$，因為其中有一個限制：標準差取決於計算樣本的平均數。對於大部分的情形，資料科學家不需要考慮自由度的問題。

不論是變異數、標準差，還是平均絕對偏差，三者對於極端值和離群值都不穩健（參閱第 11 頁的「中位數與穩健估計」關於穩健位置估計量的討論）。變異數和標準差對離群值都極度敏感，因為它們是基於偏差的平方值。

中位數絕對偏差（*median absolute deviation from the median*, MAD）是一個穩健的變異性估計量。計算公式為：

$$\text{中位數絕對偏差} = \text{Median}(|x_1 - m|, |x_2 - m|, ..., |x_N - m|)$$

其中 m 是中位數。如同中位數，中位數絕對偏差也不會受到極端值的影響。我們亦可以參考截尾平均數的算法來計算截尾標準差（參見第 10 頁的「平均數」）。

 即使資料符合常態分布，變異數、標準差、平均絕對偏差及中位數絕對偏差並非是相等的估計量。事實上，標準差總是大於平均絕對偏差，而平均絕對偏差總是大於中位數絕對偏差。在常態分布的情形下，有時中位數絕對偏差會乘上一個常數尺度因子，以讓中位數絕對偏差與標準差有相同的尺度。常數尺度因子通常使用 1.4826，表示常態分布的 50% 會落在正負中位數絕對偏差之間的範圍內。（請見：*https://oreil.ly/SfDk2*）

基於百分位數的估計量

另一種估計離散程度的方法是基於觀察排序資料的分布情形。基於排序資料的統計量被稱為**順序統計量**。最基本的測量值是**全距**，即為資料中最大值與最小值的差異。能知道最大值與最小值是十分有用的，有助於辨別出離群值；然而全距對於離群值非常敏感，因此對於測量資料的離散程度助益不大。

為了避免受到離群值的影響，我們可以先排除兩端的資料再計算全距。正式而言，此估計量是基於**百分位數**之間的差異。在一組資料中，第 P 百分位數表示至少有 $P\%$ 的數值小於或等於此數，而至少有（$100 - P$）% 的數值大於或等於此數。例如，要找到第 80 百分位數，我們要先將資料排序，再從小到大的順序找出佔 80% 的數值。請注意，中位數等同於第 50 百分位數；百分位數在本質上等同於**四分位數**，而四分位數是以分數作為索引，因此 0.8 四分位數等同於第 80 百分位數。

一種測量變異性的常用方法是計算第 25 百分位與第 75 百分位之差，稱為**四分位距**（IQR）。舉例來說，對於資料集 {3,1,5,3,6,7,2,9}，我們先排序成 {1,2,3,3,5,6,7,9}，第 25 百分位是 2.5，而第 75 百分位是 6.5，因此四分位距為 6.5 – 2.5 = 4。不同的軟體在計算方法上可能有所不同，因此會得出不同的答案，但通常差異很小。（請參見本節末段的小祕技）

對於非常大的資料集，準確計算百分位的成本是非常高的，因為需要對所有資料做排序；因此機器學習和統計軟體會利用特別的演算法，例如 [Zhang-Wang-2007]，快速計算出有一定準確度的近似百分位數。

四分位距的準確定義

如果我們有一組偶數個數的資料，那麼根據前述定義，百分位數不一定是唯一的。事實上我們可以取任一位於順序統計量 $x_{(j)}$ 和 $x_{(j+1)}$ 之間的數值，只要 j 滿足：

$$100 * \frac{j}{n} \leq P < 100 * \frac{j+1}{n}$$

正式的說法是，百分位數是一種加權平均：

$$\text{Percentile}(P) = (1 - w)x_{(j)} + wx_{(j+1)}$$

其中權重值 w 介於 0 到 1 之間。不同的統計軟體選取 w 的方法略有不同。R 語言的函式 quantile 提供了九種計算百分位數的方法。除非是小型的資料集，否則我們通常不需要煩惱百分位數的準確計算方法。目前，*Python* 的 numpy.quantile 套件只支援 1 種方法：線性內插法（linear interpolation）。

範例：美國各州人口數的變異性估計

表 1-3（為求方便，我們重複表 1-2）顯示了資料集的前幾行資料，列出美國各州的人口數和謀殺率。

表 1-3 *data.frame* 中的幾行資料，列出了美國各州的人口數和謀殺率

	州	人口	謀殺率	縮寫
1	阿拉巴馬州	4,779,736	5.7	AL
2	阿拉斯加州	710,231	5.6	AK
3	亞利桑那州	6,392,017	4.7	AZ
4	阿肯色州	2,915,918	5.6	AR
5	加利福尼亞洲	37,253,956	4.4	CA
6	科羅拉多州	5,029,196	2.8	CO
7	康乃狄克州	3,574,097	2.4	CT
8	德拉瓦州	897,934	5.8	DE

我們可以使用 R 語言內建的標準差、四分位距（IQR）及中位數絕對偏差（MAD）函式，來計算人口數的變異數估計量：

```
> sd(state[['Population']])
[1] 6848235
> IQR(state[['Population']])
[1] 4847308
> mad(state[['Population']])
[1] 3849870
```

pandas 的資料框提供計算標準差和四分位數的方法，使用百分位數可以確定四分位距。而穩健的中位數絕對偏差則可以用 statsmodels 套件的 robust.scale.mad 函式：

```
state['Population'].std()
state['Population'].quantile(0.75) - state['Population'].quantile(0.25)
robust.scale.mad(state['Population'])
```

標準差幾乎是兩倍的中位數絕對偏差 MAD（R 語言預設將 MAD 的尺度調整成與平均數相同）。這並不奇怪，因為標準差對離群值很敏感。

延伸閱讀

- David Lane 的線上統計學課程有個章節關於百分位數的介紹。（*https://oreil.ly/o2fBI*）

- Kevin Davenport 在 *R*-Bloggers 上發表了一篇有用的文章，介紹了中位數的偏差及其穩健的特性。（*https://oreil.ly/E7zcG*）

探索資料的分布

我們提到的每個估計值都會加總成一個數字，以描述資料的位置或是變異性，這對探索資料的分布也十分有用。

重要術語

箱形圖（*Boxplot*）
> Tukey 所發明的一個圖表，能快速的將資料分布視覺化。

> 同義詞
>> 盒鬚圖

次數表（*Frequency table*）
> 數值資料之值落在各組區間內的個數。

直方圖（*Histogram*）
> 次數表的圖表，各組區間在 x 軸，而計數或比率在 y 軸。雖然看起來很相近，長條圖不應該和直方圖搞混。有關這二者的差異，參見第 27 頁的「探索二元資料及類別資料」。

百分位數與箱形圖

在第 17 頁的「基於百分位數的估計量」中，我們探索如何使用百分位數來測量資料的散佈。百分位數對於彙總整個分布也是很有價值的，通常會以四分位數（第 25、50 和 75 個百分位數）和十分位（第 10、20、…、90 個百分位數）來呈現。百分位數對於彙總資料分布的尾部（外部範圍）特別有價值。大眾文化創造了「**百分之一**」一詞，指的是財富排名前 99 百分位的人。

表 1-4 顯示每州謀殺率的百分位數。在 *R* 語言中，可以用 quantile 函式計算：

```
quantile(state[['Murder.Rate']], p=c(.05, .25, .5, .75, .95))
  5%   25%   50%   75%   95%
1.600 2.425 4.000 5.550 6.510
```

而 *Python* 中 pandas 資料框 quantile 方法如下：

```
state['Murder.Rate'].quantile([0.05, 0.25, 0.5, 0.75, 0.95])
```

表 1-4　顯示每州謀殺率的百分位數

5%	25%	50%	75%	95%
1.60	2.42	4.00	5.55	6.51

中位數是每 10 萬人有 4 起謀殺案，儘管存在很大的變異性：第 5 個百分位數僅為 1.6，而第 95 個百分位數為 6.51。

Tukey 所引入的箱形圖 [Tukey-1977]，是基於百分位數，並且提供了一種視覺化資料分布的快速方法。圖 1-2 顯示了使用 *R* 語言產生各州人口數的箱形圖：

```
boxplot(state[['Population']]/1000000, ylab='Population (millions)')
```

pandas 提供了許多對資料框基本的探索圖表，其中一個是箱形圖：

```
ax = (state['Population']/1_000_000).plot.box()
ax.set_ylabel('Population (millions)')
```

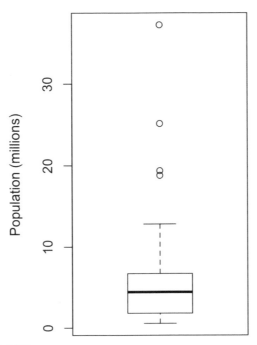

圖 1-2　美國各州人口的箱形圖

從箱形圖中我們能立即看出中位數大約是 5 百萬，而有一半的州人口數大約落在 2 百萬至 7 百萬之間，並且有些州是高人口數的離群值。箱子頂部和底部分別是第 75 百分位數和第 25 百分位數，而箱子中的水平線表示中位數。圖中由箱子的頂部和底部延伸出的虛線稱為鬚（*Whiskers*），顯示出資料的全距。箱形圖有許多的變化型。例如，*R* 語言文件中 boxplot 函式的資料 [R-base-2015]，在預設的情形下，*R* 函式會將鬚延長至距箱子最遠的點，但不會超過 1.5 倍的四分位距；*Python* 的 *Matplotlib* 函式是相同的用法，而其他軟體可能採用不同的規則。

任何鬚以外的數值會以點或圓呈現，通常被視為離群值。

次數表與直方圖

變數的次數表示將變數的全距畫分為多個等距的區段，並能告訴我們各區段中各有多少個值。以下是 *R* 語言計算美國州人口數分布的次數，結果呈現於表 1-5：

```
breaks <- seq(from=min(state[['Population']]),
              to=max(state[['Population']]), length=11)
pop_freq <- cut(state[['Population']], breaks=breaks,
```

```
                right=TRUE, include.lowest=TRUE)
    table(pop_freq)
```

Python 的 **pandas.cut** 函式建立了一個 series 將數值分到各個區段，我們可以使用 **value_counts** 方法獲得次數表：

```
binnedPopulation = pd.cut(state['Population'], 10)
binnedPopulation.value_counts()
```

表 1-5　美國各州人口數的次數表

組別	組距範圍	計數	州名
1	563,626–4,232,658	24	WY,VT,ND,AK,SD,DE,MT,RI,NH,ME,HI,ID,NE,WV,NM,NV,UT,KS, AR,MS,IA,CT,OK,OR
2	4,232,659–7,901,691	14	KY,LA,SC,AL,CO,MN,WI,MD,MO,TN,AZ,IN,MA,WA
3	7,901,692–11,570,724	6	VA,NJ,NC,GA,MI,OH
4	11,570,725–15,239,757	2	PA,IL
5	15,239,758–18,908,790	1	FL
6	18,908,791–22,577,823	1	NY
7	22,577,824–26,246,856	1	TX
8	26,246,857–29,915,889	0	
9	29,915,890–33,584,922	0	
10	33,584,923–37,253,956	1	CA

人口最少的州是懷俄明州，有 563,626 人，人口最多的是加州，有 37,253,956 人，如此我們能得出全距是 37,253,956 – 563,626 = 36,690,330。我們需要將全距分為大小相等的組，假定分為 10 個組（bin），每個組距為 3,669,033，所以第一組的範圍是從 563,626 到 4,232,658，而最後一組的範圍是 33,584,923 到 37,253,956，僅包含加州一州。在加州之前的兩個組是空的，直到德州。在次數表中包含空的組別也是有必要的，空組中沒有值，但這個事實也提供了很有用的資訊。嘗試不同大小的組距也十分有用。如果組距過大，就會隱藏掉分布中重要的特徵；如果組距過小，則結果會太細，並會失去觀看整體的能力。

次數表與百分位數皆是透過分組來彙總資料。一般而言，四分位數和十分位數在每個組別中的計數會相同，只是每個組距大小不同；相反的，次數表各組別中的計數不同，但組別間的組距大小會相等。

直方圖是一種將次數表視覺化的方式，其中 x 軸是組距，而 y 軸是資料的計數。以圖 1-3 為例，以 1 千萬為中心的組別，人口數的範圍大約從 8 百萬到 1 千 2 百萬，並且有 6 個州落在這個組別中。要建立一個對應到表 1-5 的直方圖，我們可以使用 R 語言的 hist 函式和 breaks 引數，指令如下：

```
hist(state[['Population']], breaks=breaks)
```

pandas 透過 DataFrame.plot.hist 來支援資料框製作直方圖，並且使用關鍵字 bins 引數來指定組別的數量。此外，使用 Matplotlib 中不同的繪圖方法，可以對圖表的軸做不同設定，來對視覺化做更進一步的調整：

```
ax = (state['Population'] / 1_000_000).plot.hist(figsize=(4, 4))
ax.set_xlabel('Population (millions)')
```

直方圖結果呈現在圖 1-3。一般而言，繪製直方圖包含以下幾點：

- 空的組別也需要被包含在直方圖中。

- 各組別之間是等距的。

- 組別的數量（或組距的大小）由使用者指定。

- 各長條是連續相鄰的，彼此之間沒有空隙，除非存在著空的組別。

統計動差（*Statistical Moments*）

統計學理論中，資料的位置和變異性被稱為資料分布的第一和第二動差，而第三和第四動差為「偏度（*skewness*）」和「峰度（*kurtosis*）」。偏度是指資料偏向更大的值和更小的值；而峰度表示資料含有極端值的傾向。通常，我們並非使用指標來測量偏度和峰度，而是透過如圖 1-2 和 1-3 的視覺化呈現來發現它們。

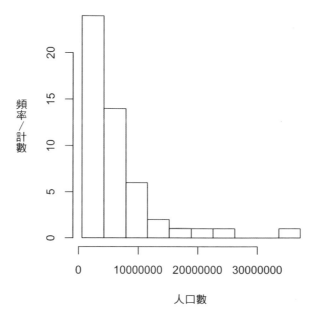

圖 1-3　美國各州人口數的直方圖

密度圖與估計量

密度圖與直方圖有關，它用一條連續線形來顯示資料數值的分布情形。密度圖可被視為平滑版的直方圖，儘管密度圖通常是使用**核密度估計量**從資料直接計算而得的。關於核密度估計量的說明請參見 [Duong-2001]。圖 1-4 將密度估計量直接呈現在直方圖上。在 *R* 語言中，可以使用 density 函式計算核密度估計量：

```
hhist(state[['Murder.Rate']], freq=FALSE)
lines(density(state[['Murder.Rate']]), lwd=3, col='blue')
```

pandas 提供 density 方法來繪製密度圖，並且可用 bw_method 引數控制密度圖的平滑程度：

```
ax = state['Murder.Rate'].plot.hist(density=True, xlim=[0,12], bins=range(1,12))
state['Murder.Rate'].plot.density(ax=ax) ❶
ax.set_xlabel('Murder Rate (per 100,000)')
```

❶ 圖表功能通常帶有自訂的軸引數（ax），可以將圖形加添在同一個圖表中。

圖 1-4 與圖 1-3 的直方圖最主要的不同在於 y 軸的尺度，密度圖相當於是按比例而非以計數來繪製直方圖（在 R 語言中，需要特別指定引數 freq=FALSE）。請注意，密度曲線之下的總面積為 1，並且不是用組別裡資料的計數來計算，而是計算 x 軸上任意兩點之間位於曲線下的面積，這也當作兩點之間的分布佔比。

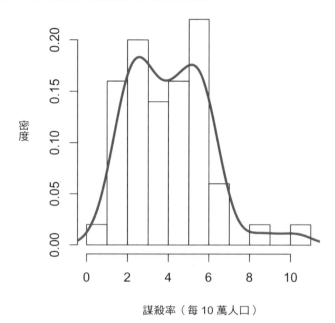

圖 1-4　州謀殺率的密度圖

密度估計

密度估計是一個很豐富的主題，在統計學文獻中具有悠久的歷史。事實上，超過 20 個 R 語言的套件提供了計算密度估計的函式。[Deng-Wickham-2011] 論文對 R 語言套件進行了全面性的評論，並且特別推薦 ASH 和 KernSmooth。對於密度估計，pandas 和 scikit-learn 也提供很好的方法。因此面對許多資料科學的問題，我們無須擔心各種類型的密度估計，基本的函式就完全夠用了。

本節重點

- 次數直方圖在 y 軸繪製次數，在 x 軸繪製變數值；它提供了對資料分布的概覽。

- 次數表是直方圖中次數的表格形式。

- 箱形圖（箱子的頂部和底部分別為第 75 百分位數和第 25 百分位數）也使你能快速了解資料分布；通常會多個箱形圖並排呈現，以便比較分布情形。

- 密度圖是平滑版的直方圖，它需要一個函式來根據資料估計繪圖（當然也可以作多個估計）。

延伸閱讀

- 一位紐約州立大學奧斯維分校的教授提供了建立箱形圖的詳細步驟（*https://oreil.ly/wTpnE*）。

- Henry Deng 與 Hadley Wickham 的論文「Density estimation in *R*」介紹了 *R* 語言中的密度估計（*https://oreil.ly/TbWYS*）。

- *R*-Bloggers 網站有一篇有用的文章介紹 *R* 語言的直方圖，其中包括自定義元素，例如：定義分組大小（*https://oreil.ly/Ynp-n*）。

- *R*-Bloggers 網站還有一篇類似的文章介紹 *R* 語言的箱形圖（*https://oreil.ly/0DSb2*）。

- Matthew Conlen 發表的互動式網站，展示了選擇不同核和頻寬對核密度估計的影響（*https://oreil.ly/bC9nu*）。

探索二元資料及類別資料

對於類別資料，簡單的比例或百分比就能讓我們了解資料。

眾數（*Mode*）

    資料集中出現最多次的類別或值。

期望值（*Expected value*）

    當類別能與數值有關聯時，可以根據類別發生的機率來計算一個平均值。

長條圖（*Bar charts*）

    以每個類別或值出現的次數或佔比繪製成長條形。

圓餅圖（*Pie charts*）

    以每個類別或值出現的次數或佔比繪製成圓餅中的扇形。

彙總一個二元變數或彙總只有少量類別的類別變數是件容易的事，只需要計算出資料中 1 的比例，或是重要類別出現的比例。例如：表 1-6 是美國達拉斯 / 沃斯堡機場 2010 年度按延誤原因分類的航班延誤百分比；延誤原因分為：航空公司管理原因、流量控制（ATC）系統延誤、天候因素、安全，及入境航班誤點。

表 1-6　按延誤原因分類，美國達拉斯 / 沃斯堡機場航班延誤的百分比

航空公司管理原因	ATC	天候因素	安全	入境航班誤點
23.02	30.40	4.03	0.12	42.43

長條圖是常見於主流媒體的視覺化工具，用於顯示單個類別變數資料的情形；類別列於 x 軸，次數或佔比顯示於 y 軸。圖 1-5 顯示美國達拉斯 / 沃斯堡機場每年按延誤原因分類的航班延誤情形，可以使用 *R* 語言的 barplot 來繪製：

```
barplot(as.matrix(dfw) / 6, cex.axis=0.8, cex.names=0.7,
        xlab='Cause of delay', ylab='Count')
```

pandas 也支援資料框繪製長條圖，語法如下：

```
ax = dfw.transpose().plot.bar(figsize=(4, 4), legend=False)
ax.set_xlabel('Cause of delay')
ax.set_ylabel('Count')
```

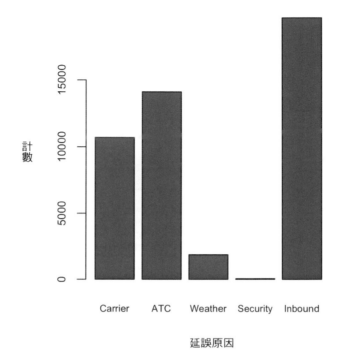

圖 1-5　美國達拉斯 / 沃斯堡機場航班延誤原因的長條圖

請注意，雖然長條圖與直方圖非常相像，二者仍有所差異。在長條圖中，x 軸代表因子變數的不同類別，而直方圖的 x 軸則以數值刻度代表一變數的值。在直方圖中，相鄰的長條形彼此相連，若長條形之間有間隔，則表示資料中沒有出現相對應的值；而直方圖中的各個長條形之間是有間隔的。

圓餅圖是長條圖的一種替代圖表格式，儘管統計學家和資料視覺化專家通常不使用圓餅圖，因為圓餅圖在視覺上能提供的資訊較少。參見 [Few-2007]。

以數值資料作為類別資料

在第 22 頁的「次數表與直方圖」中，我們看到透過對資料分組以產生次數表，這隱含著將數值資料作為有次序的因子；就此而言，直方圖與長條圖很相似，但不同之處在於直方圖 x 軸上的類別不是有次序的。將數值資料轉化成類別資料是資料分析中重要且被廣泛使用的步驟，因其能減少資料的複雜度和規模，並有助於發現特徵之間的關係，尤其是在資料分析的初始階段。

眾數

眾數是最常出現在資料中的值（或出現在平局情況下的值）。例如，達拉斯／沃斯堡機場延誤原因的眾數為「入境航班延誤」。舉另一個例子，美國大部分地區信仰傾向的眾數是基督教。眾數是對類別資料的基本彙總統計量，通常不會用於數值資料。

期望值

類別資料的一種特殊類型，是可以將類別表示成或對應到相同尺度的離散值。例如，雲端技術的服務商提供了兩種服務，一種服務的費用為每月 300 美元，另一種為每月 50 美元；服務商也提供免費的線上研討會來開發潛在客戶。服務商表示有 5% 的研討會參加者會註冊每月 300 美元的服務，有 15% 將註冊每月 50 美元的服務，而有 80% 的參加者不會註冊任何服務。出於財務目的，這些資料可以彙總成一個「期望值」；期望值是一種加權平均數，而其中權重是以類別出現的機率。

期望值的計算方法如下：

1. 將結果乘以其出現的機率

2. 將這些值加總起來

就上面雲端服務的例子而言，參加者付費的期望值為每個月 22.50 美元，計算過程如下：

$$EV = (0.05)(300) + (0.15)(50) + (0.80)(0) = 22.5$$

期望值實際上是加權平均數的一種形式：其中加入了對未來期望和機率權重的想法，所使用的機率通常是基於主觀判斷的。期望值是商業估價和資本預算中的基本概念；例如，新的併購案在未來五年中利潤的期望值，或診所新的病患管理軟體所節省的成本之期望值。

機率

在前面我們有提到了一個值出現的**機率**。大多數人對機率有滿直觀的了解，能經常在天氣預報（下雨的機會）或運動賽事分析（獲勝的可能性）中遇到這個概念。體育和遊戲通常用賠率表示，而賠率很容易轉換為機率。舉例來說，如果一支球隊獲勝的賠率是 2 比 1，則獲勝的機率是 2/(2+1) = 2/3。令人驚訝的是，當我們在定義機率時，機率概念可以是深入的哲學討論的起頭；但幸運的是，這裡我們不需要正式的數學或哲學定義。

就目的而言，某個事件發生的機率是指，當情形可以重複發生時，某個事件出現的比例。在多數情形下，這是一種假想的構造，但這對機率的運作能有足夠理解。

本節重點

- 類別資料通常按比例彙總，並可使用長條圖呈現。

- 類別可用於代表不同類型的事物（如：蘋果與橘子、男性與女性）、因子變數的不同等級（如：低、中、高），或按組距分組的數值資料。

- 期望值是所有數值與其發生的機率相乘之總和，通常用於彙總因子變數的等級。

延伸閱讀

易造成誤導的圖表通常有長條圖與圓餅圖，而唯有瞭解圖表可能造成的誤導，我們才算完成了統計課程。相關資料請見：*https://oreil.ly/rDMuT*。

相關性

不論是在資料科學還是研究中，許多建模專案的探索式資料分析涉及檢驗預測因子之間的相關性，以及預測因子與目標變數之間的相關性。給定有測量數值的變數 X 和 Y，若 X 的高數值隨著 Y 的高數值之變化而改變，並且 X 的低數值跟著 Y 的低數值的變化而改變，則表示 X 與 Y 有正相關；反之則稱 X 與 Y 是負相關。

重要術語

相關係數（*Correlation coefficient*）
　　一種用於測量數值變數之間相關程度的指標值，範圍在 –1 到 +1 之間。

相關矩陣（*Correlation matrix*）
　　將變數列於表格的欄與列，而儲存格中的數值為對應的變數之間的相關性。

散佈圖（*Scatterplot*）
　　將一變數的值列於 x 軸，而另一變數的值列於 y 軸，所繪製而成的圖表。

考慮以下兩個變數，以這些數值從小排到大的意義上，二變數是完全相關的：

v1: {1, 2, 3}
v2: {4, 5, 6}

向量乘積總和為 $1 \cdot 4 + 2 \cdot 5 + 3 \cdot 6 = 32$。現在請嘗試將其中一組變數進行洗牌並重新計算，向量乘積的總和將永遠不會大於 32。因此，該乘積和可以用作指標值；也就是說，在隨機排列後，向量乘積總和將永遠不大於 32（實際上，這種想法與基於重抽樣的估計十分相關，參見第 97 頁的「置換檢驗」）。然而向量乘積之和並非很有意義，除非用於重抽樣分布。

更有用的是向量乘積的標準化變形：**相關係數**，它可以估算位於相同範圍的兩個變數之間的相關性。為了計算 *Pearson* **相關係數**，我們將變數 1 的平均數偏差乘以變數 2 的平均值，然後除以標準差的乘積：

$$r = \frac{\sum_{i=1}^{n} (x_i - \bar{x})(y_i - \bar{y})}{(n-1)s_x s_y}$$

請注意，公式中使用的除數是 $n-1$ 而不是 n，詳細說明請見第 16 頁的「自由度是 n，還是 $n-1$？」。相關係數的值總是位於 +1（完全正相關）和 –1（完全負相關）之間，而 0 表示沒有相關性。

變數的相關性可以是非線性的，這時相關係數將不再是個有用的指標。例如：稅率與收入增加的關係，當稅率由 0 開始增加，收入也開始增加；然而，當稅率一旦達到一定程度並接近 100% 時，避稅會增加，而稅收則實際下降。

表 1-7 稱作**相關矩陣**，顯示了 2012 年 7 月至 2015 年 6 月電信股票的日收益之間的相關性。從表格中，可以看出 Verizon（VZ）和 ATT（T）有最高的相關性，電信基礎架構公司 Level 3（LVLT）與其他公司的相關性最低。請注意，矩陣中的對角線數值為 1，表示該股票與自己的相關性為 1，而對角線上方和下方的資訊是重複多餘的。

表 1-7　電信股票的日收益之間的相關性

	T	CTL	FTR	VZ	LVLT
T	1.000	0.475	0.328	0.678	0.279
CTL	0.475	1.000	0.420	0.417	0.287
FTR	0.328	0.420	1.000	0.287	0.260
VZ	0.678	0.417	0.287	1.000	0.242
LVLT	0.279	0.287	0.260	0.242	1.000

類似表 1-7 的相關性表格通常會繪製成圖，以呈現各個變數之間的相關性。圖 1-6 即顯示了主要 ETF 日收益之間的相關性，我們可以使用 *R* 語言的 corrplot 套件來繪製圖表：

```
etfs <- sp500_px[row.names(sp500_px) > '2012-07-01',
                 sp500_sym[sp500_sym$sector == 'etf', 'symbol']]
library(corrplot)
corrplot(cor(etfs), method='ellipse')
```

Python 雖然也可以製作出相同的相關性圖，但無法使用常見的套件來繪製；大部分的套件支援使用熱力圖來視覺化呈現相關矩陣。以下的程式碼使用 seaborn.heatmap 套件演示相關矩陣的熱力圖，在隨附的原始碼中有包含能產生更完整視覺化圖表的 *Python* 程式碼：

```
etfs = sp500_px.loc[sp500_px.index > '2012-07-01',
                    sp500_sym[sp500_sym['sector'] == 'etf']['symbol']]
sns.heatmap(etfs.corr(), vmin=-1, vmax=1,
            cmap=sns.diverging_palette(20, 220, as_cmap=True))
```

標普 500（SPY）和道瓊斯指數（DIA）的 ETF 具有高度相關性；同樣，主要由科技公司組成的 QQQ 和 XLK 也呈現正相關。防禦性 ETF，例如那些追蹤黃金價格（GLD）、石油價格（USO）或市場波動性（VXX）的 ETF，往往與其他 ETF 呈弱相關或負相關。橢圓的方向若指向右上角，代表兩個變數呈正相關，反之，若方向往左上角則表示呈現負相關。而橢圓的寬度則表示相關性的強度，越細越深色的橢圓形表示相關性越強。

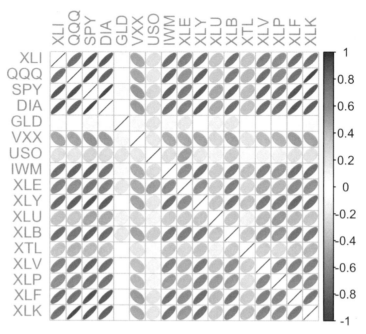

圖 1-6　ETF 收益之間的相關性

如同平均數和標準差，相關係數也同樣對資料離群值敏感。對此，統計軟體提供了較穩健的方法來計算典型的相關係數。例如：使用 R 語言的 robust（*https://oreil.ly/isORz*）套件函數 covRob 來計算穩健的相關性估計量；而 *Python* 中，scikitlearn 模組中 *sklearn.covariance*（*https://oreil.ly/su7wi*）有多種計算方法。

其他的相關性估計量

統計學家很久以前就提出了其他類型的相關係數，例如：*Spearman* 的 *rho* 或 *Kendall* 的 *tau* 是基於資料排名來計算的相關係數；因著是以排名而不是值來計算，這些估計值對離群值穩健，並可以處理某些類型的非線性資料。但是，資料科學家通常可以堅持使用 Pearson 相關係數及其對穩健選項來進行探索式資料分析。基於等級的估計主要會用於較小的資料集和特定的假說檢定。

散佈圖

散佈圖是種將兩個測量變數之間的關係視覺化的標準方法，x 軸代表一個變數，y 軸代表另一個變數，而圖中的每個點是一筆資料紀錄。圖 1-7 是關於 ATT 和 Verizon 每日收益相關性的散佈圖，可使用以下 *R* 語言的程式碼產生：

```
plot(telecom$T, telecom$VZ, xlab='ATT (T)', ylab='Verizon (VZ)')
```

同樣的圖表亦可使用 *Python* 的 pandas scatter 方法繪製：

```
ax = telecom.plot.scatter(x='T', y='VZ', figsize=(4, 4), marker='$\u25EF$')
ax.set_xlabel('ATT (T)')
ax.set_ylabel('Verizon (VZ)')
ax.axhline(0, color='grey', lw=1)
ax.axvline(0, color='grey', lw=1)
```

結果是兩者收益具有正相關：儘管它們的收益都集中在 0 附近，但在大多數的情況下，這兩支股票收益是同步上升或下降，即出現在右上象限和左下象限的點。其中有幾天，一支股票大幅下跌而另一支股票上漲，抑或相反，這些紀錄則會出現在右下象限和左上象限。

儘管圖 1-7 中僅顯示了 754 個資料點，但很明顯地我們已經很難識別圖表中間部分的細節。稍後我們將會看到如何為這些點添加透明度，或使用六邊形圖和密度圖，幫助我們找到資料中的其他結構。

本節重點

- 相關係數衡量兩個成對的變數相互關聯的程度，例如：個體的身高和體重。

- 當 v1 的高數值與 v2 的高數值同時出現時，v1 和 v2 呈正相關。

- 當 v1 的高數值與 v2 的低數值同時出現時，v1 和 v2 成負相關。

- 相關係數是一種標準化的測量標準，因此它的範圍始終在 –1（完全負相關）到 +1（完全正相關）之間。

- 相關係數為零表示沒有相關性，但是請注意，隨機排列資料會偶然產生正值或負值的相關係數。

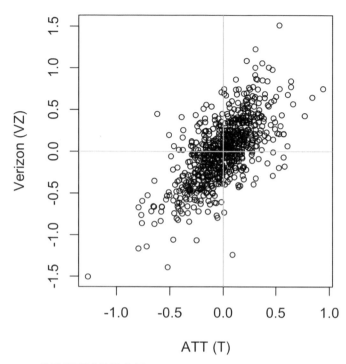

圖 1-7　ATT 和 Verizon 收益相關性的散佈圖

延伸閱讀

David Freedman、Robert Pisani 和 Roger Purves 著作的《統計學》第四版（W. W. Norton, 2007）有關於相關性非常好的討論。

探索二個或多個變數

我們熟悉的估計量，如平均數和變異數，是一次查看一個變數（單變量分析）；相關分析（請參見第 31 頁的「相關性」）是比較兩個變數的重要方法（雙變量分析）。在本節中，我們著眼於其他估計量和圖表，以及兩個以上的變量（多變量分析）。

列聯表（*Contingency table*）

一種包含兩個或多個類別變數之間計數的表格。

六邊形圖（*Hexagonal binning*）

一種用於兩個數值變數的圖表，圖中以六邊形表示資料紀錄的組距。

等高線圖（*Contour plot*）

一種顯示兩個數值變數密度情形的圖表，類似於地形圖。

小提琴圖（*Violin plot*）

一種類似於箱線圖的圖表，但顯示的是密度估計量。

如同單變量分析，雙變量分析包含計算彙總統計量，並且產生視覺化的呈現。雙變量或多變量分析的適用類型，取決於資料的性質：是數值資料或類別資料。

六邊形圖與等高線（數值資料與繪製圖表）

當資料相對較少時，使用散佈圖就可以了，如圖 1-7 中的股票收益圖僅包含了約 750 點。然而對於具有數十萬或數百萬筆紀錄的資料集，散佈圖就會太過密集，因此我們需要一種不同的方式將資料間的關係視覺化。為了說明這一點，請參考 kc_tax 資料集，裡面包含華盛頓州金縣的住宅房產的估定稅額。為了專注於資料的主要部分，我們使用 R 語言的 subset 函式，排除非常昂貴和非常小或非常大的住宅：

```
kc_tax0 <- subset(kc_tax, TaxAssessedValue < 750000 &
                  SqFtTotLiving > 100 &
                  SqFtTotLiving < 3500)
nrow(kc_tax0)
432693
```

而在 pandas 中，我們使用於過濾資料的程式碼如下：

```
kc_tax0 = kc_tax.loc[(kc_tax.TaxAssessedValue < 750000) &
                     (kc_tax.SqFtTotLiving > 100) &
                     (kc_tax.SqFtTotLiving < 3500), :]
kc_tax0.shape
(432693, 3)
```

圖 1-8 是一個**六邊形圖**,顯示了金縣的房屋面積(平方英尺)與估定稅額之間的關係。六邊形並非是繪製資料點,因為這樣會在圖中顯示成一片黑雲,而是將紀錄分組到六邊型的組距中,並以顏色來表示每組中的紀錄數量。從圖中可以清楚看到,房屋面積(平方英尺)與估定稅額之間呈現正相關;有趣的是,在主要的(最深的)帶狀之上,還有其他的帶狀,代表的房屋雖然與主要帶狀所代表的房屋有相同的面積,但是其估定稅額卻更高。

圖 1-8 是使用由 Hadley Wickham [ggplot2] 開發的 R 語言套件 ggplot2 產生的,ggplot2 是幾個新的用於進階探索式資料視覺化分析的函式庫之一;請參閱第 43 頁的「多個變數的視覺化」:

```
ggplot(kc_tax0, (aes(x=SqFtTotLiving, y=TaxAssessedValue))) +
  stat_binhex(color='white') +
  theme_bw() +
  scale_fill_gradient(low='white', high='black') +
  labs(x='Finished Square Feet', y='Tax-Assessed Value')
```

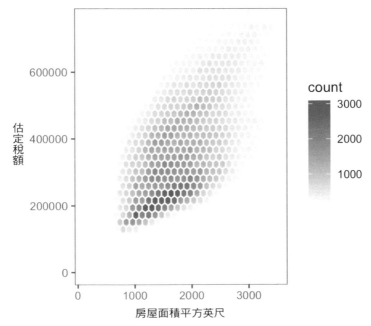

圖 1-8　估定稅額與房屋面積平方英尺的六邊形圖

在 *Python* 中，六邊形圖可使用 pandas 的 hexbin 方法來繪製：

```
ax = kc_tax0.plot.hexbin(x='SqFtTotLiving', y='TaxAssessedValue',
                         gridsize=30, sharex=False, figsize=(5, 4))
ax.set_xlabel('Finished Square Feet')
ax.set_ylabel('Tax-Assessed Value')
```

圖 1-9 使用覆蓋在散佈圖上的等高線來視覺化兩個數值變數之間的關係。等高線圖在本質上就是兩個變數的地形圖；每條等高線表示特定的點密度，隨著越接近「頂峰」而增加。這張圖顯示了與圖 1-8 相似的資訊：在主峰的「北側」存在第二個峰。這張圖表也可以使用 ggplot2 內建的 geom_density2d 函式繪製：

```
ggplot(kc_tax0, aes(SqFtTotLiving, TaxAssessedValue)) +
  theme_bw() +
  geom_point(alpha=0.1) +
  geom_density2d(color='white') +
  labs(x='Finished Square Feet', y='Tax-Assessed Value')
```

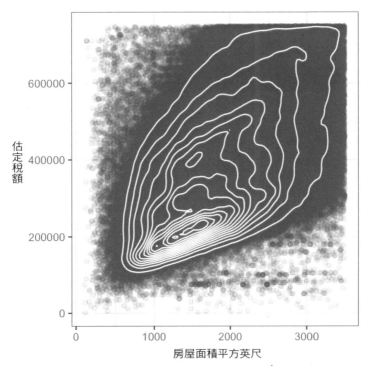

圖 1-9　估定稅額與房屋面積平方英尺的等高線圖

在 *Python* 中，可以使用 sebornk deplot 函式來繪製等高線圖：

```
ax = sns.kdeplot(kc_tax0.SqFtTotLiving, kc_tax0.TaxAssessedValue, ax=ax)
ax.set_xlabel('Finished Square Feet')
ax.set_ylabel('Tax-Assessed Value')
```

還有其他類型的圖表也可以顯示兩個數值變數之間的關係，如**熱力圖**。熱力圖、六邊形圖和等高線圖皆是二維密度的視覺化呈現，如此，它們在本質上與直方圖和密度圖相似。

兩個類別變數

彙總兩個類別變數有一種有用的方法，就是列聯表，一種按類別進行計數的表。表 1-8 列出了個人信貸等級與貸款情形之間的列聯表，資料由美國 P2P 借貸業務的領導品牌 Lending Club 所提供。信貸等級從 A（高）到 G（低）；貸款情形包含是全額償還、正常還款、逾期和壞帳（預計收不回的貸款餘額）。該表顯示計數和列總和百分比。與低等級貸款相比，高等級貸款的逾期/壞帳百分比非常低。

表 1-8 信貸等級與貸款情形的列聯表

等級	壞帳	正常還款	全額償還	逾期	合計
A	1562	50051	20408	469	72490
	0.022	0.690	0.282	0.006	0.161
B	5302	93852	31160	2056	132370
	0.040	0.709	0.235	0.016	0.294
C	6023	88928	23147	2777	120875
	0.050	0.736	0.191	0.023	0.268
D	5007	53281	13681	2308	74277
	0.067	0.717	0.184	0.031	0.165
E	2842	24639	5949	1374	34804
	0.082	0.708	0.171	0.039	0.077
F	1526	8444	2328	606	12904
	0.118	0.654	0.180	0.047	0.029
G	409	1990	643	199	3241
	0.126	0.614	0.198	0.061	0.007
合計	22671	321185	97316	9789	450961

列聯表中可以只統計計數，也可以包含欄百分比和總計百分比。Excel 中的樞紐分析表可能是最常用來建立列聯表的工具。在 *R* 語言中，descr 套件中的 CroosTable 功能可以建立列聯表，表 1-8 可以使用以下程式碼產生：

```
library(descr)
x_tab <- CrossTable(lc_loans$grade, lc_loans$status,
                    prop.c=FALSE, prop.chisq=FALSE, prop.t=FALSE)
```

在 *Python* 中可以使用 pivot_table 來建立樞紐分析表，而 aggfunc 引數可以獲得計數；若要計算百分比則會要包含更多的程式碼：

```
crosstab = lc_loans.pivot_table(index='grade', columns='status',
                                aggfunc=lambda x: len(x), margins=True) ❶

df = crosstab.loc['A':'G',:].copy() ❷
df.loc[:,'Charged Off':'Late'] = df.loc[:,'Charged Off':'Late'].div(df['All'],
                                                                     axis=0) ❸
df['All'] = df['All'] / sum(df['All']) ❹
perc_crosstab = df
```

❶ 引數的 margins 用來添加欄和列的加總。

❷ 我們複製了這個樞紐表，並且排除欄總和。

❸ 我們將列除以列總和。

❹ 並將欄位 'All' 除以其總和。

類別變數與數值變數

箱形圖（請參閱第 20 頁的「百分位數與箱形圖」）是一種簡單的視覺化比較方法，來比較根據類別變數分組的數值變數之分布。例如，我們可能想比較不同航空公司之間航班延誤的百分比。圖 1-10 顯示了一個月內由於航空公司控制原因所造成航班延誤的百分比：

```
boxplot(pct_carrier_delay ~ airline, data=airline_stats, ylim=c(0, 50))
```

pandas 的 boxplot 方法以 by 引數來將資料集分組，並個別繪製箱形圖：

```
ax = airline_stats.boxplot(by='airline', column='pct_carrier_delay')
ax.set_xlabel('')
ax.set_ylabel('Daily % of Delayed Flights')
plt.suptitle('')
```

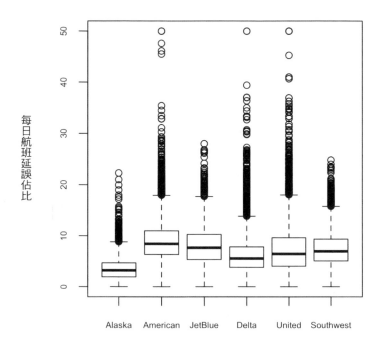

圖 1-10　航空公司控制原因所造成航班延誤百分比的箱形圖

從圖中可看出阿拉斯加航空（Alaska）延誤最少，而美國航空（American）的航班延誤最多，美國航空的下四分位數高於阿拉斯加航空的上四分位數。

由 Hintze 和 Nelson 提出的*小提琴圖* [Hintze-Nelson-1998] 是增強版的箱形圖，並以密度估計量為 y 軸。圖中密度被鏡像並作反轉，並且填滿而形成形狀，以產生了類似小提琴的圖形。小提琴圖的優點在於它可以顯示出箱形圖中無法察覺的細微差別；另一方面，箱形圖更能清晰顯示資料中的離群值。在 ggplot2 中，可以使用 geom_violin 函式來產生小提琴圖，程式碼如下：

```
ggplot(data=airline_stats, aes(airline, pct_carrier_delay)) +
  ylim(0, 50) +
  geom_violin() +
  labs(x='', y='Daily % of Delayed Flights')
```

Pyhont 中可以使用 seaborn 套件的 violinplot 方法來繪製小提琴圖：

```
ax = sns.violinplot(airline_stats.airline, airline_stats.pct_carrier_delay,
                    inner='quartile', color='white')
ax.set_xlabel('')
ax.set_ylabel('Daily % of Delayed Flights')
```

產生的圖表如圖 1-11，小提琴圖顯示阿拉斯加航空的分布聚集於 0 附近，美國達美航空（Delta）稍遜之；這種情形在箱形圖中則不明顯。在繪圖指令的程式碼中加上 geom_boxplot，可以將小提琴圖與箱形圖組合在一起（若有使用顏色，顯示的效果會更好）。

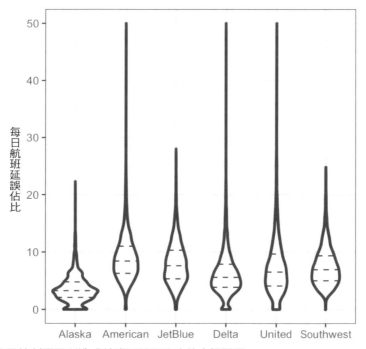

圖 1-11　航空公司控制原因所造成航班延誤百分比的小提琴圖

多個變數的視覺化

用於比較兩個變數的圖表類型（如散佈圖、六邊形圖和箱形圖）很容易透過條件的概念擴展到多個變數。舉例來說，前面的圖 1-8 顯示了房屋面積平方英尺與其估定稅額之間的關係。我們觀察到，似乎有一群集的房屋每平方英尺的估定稅額更高；再深入研究，圖 1-12 用郵遞區號編組來繪製圖表，以顯示房屋位置造成的影響。從這樣的圖表

中，我們能更清楚看到：某些地區（郵遞區號 98105、98126）的估定稅額比其他地區（98108、98188）更高。正是這種差異導致我們在圖 1-8 中觀察到的群集情形。

我們使用 ggplot2 及分組（*facet*）或條件變數的概念來繪製圖 1-12，在本例中是以郵遞區號分組：

```
ggplot(subset(kc_tax0, ZipCode %in% c(98188, 98105, 98108, 98126)),
       aes(x=SqFtTotLiving, y=TaxAssessedValue)) +
  stat_binhex(color='white') +
  theme_bw() +
  scale_fill_gradient(low='white', high='blue') +
  labs(x='Finished Square Feet', y='Tax-Assessed Value') +
  facet_wrap('ZipCode') ❶
```

❶ 使用 ggplot 函式的 facet_wrap 和 facet_grid 來指定條件變數。

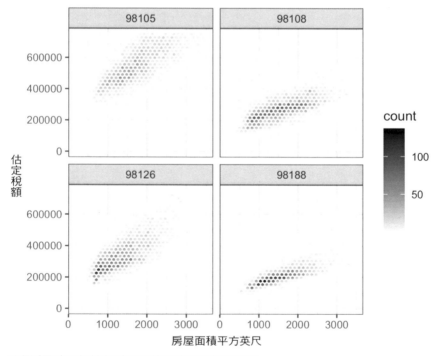

圖 1-12　以郵遞區號分組繪製房屋面積與估定稅額的關係

大部分的 *Python* 套件都基於 Matplotlib 來做資料視覺化。雖然原則上可以使用 Matplotlib 繪製分組子圖，但是程式碼可能會變得很複雜；幸運的是，seaborn 具有相對簡單的繪圖方法：

```python
zip_codes = [98188, 98105, 98108, 98126]
kc_tax_zip = kc_tax0.loc[kc_tax0.ZipCode.isin(zip_codes),:]
kc_tax_zip

def hexbin(x, y, color, **kwargs):
    cmap = sns.light_palette(color, as_cmap=True)
    plt.hexbin(x, y, gridsize=25, cmap=cmap, **kwargs)

g = sns.FacetGrid(kc_tax_zip, col='ZipCode', col_wrap=2) ❶
g.map(hexbin, 'SqFtTotLiving', 'TaxAssessedValue',
      extent=[0, 3500, 0, 700000]) ❷
g.set_axis_labels('Finished Square Feet', 'Tax-Assessed Value')
g.set_titles('Zip code {col_name:.0f}')
```

❶ 使用引數 col 和 row 來指定條件變數，對於單個條件變數，可是同時使用 col 和 col_wrap 將分組子圖彙整成多列。

❷ map 方法呼叫 hexbin 函式，將原始資料集依不同郵遞區號的分成子集。而 extent 定義了 x 軸和 y 軸的範圍。

圖形系統中條件變數的概念，最早出現於**格狀圖**（*Trellis graphics*），是由貝爾實驗室的 Rick Becker、Bill Cleveland 和 Bell Labs 等人提出的 [TrellisGraphics]。現今這個概念已經擴展到各種現代圖形系統中，例如 *R* 語言中的的 lattice [lattice] 和 ggplot2 套件，以及 *Python* 中的 seaborn [seaborn] 和 Bokeh [bokeh] 模組。條件變數對於 Tableau 和 Spotfire 等商業智能平台也是不可或缺的。隨著電腦強大的運算能力，現代的視覺化平台已經遠遠超越探索式資料分析最初的樣貌。然而，半個世紀前提出的重要概念和統計工具（如簡單的箱形圖）仍然是構成這些系統的基礎。

本節重點

- 六邊形圖和等高線圖是有用的工具，能一次對兩個數值變數進行圖形檢查，而不會被大量資料淹沒。

- 列聯表是查看兩個類別變數計數的標準工具。

- 箱形圖和小提琴圖允許針對類別變數來繪製數值變數。

延伸閱讀

- 由 Benjamin Baumer、Daniel Kaplan 和 Nicholas Horton 合著的《*Modern Data Science with R*》（Chapman & Hall/CRC Press, 2017）一書對「圖形語法」（a grammar for graphics 及 ggplot 套件名稱中的「gg」）有很完善的介紹。

- 由 ggplot2 作者 Hadley Wickham 所撰寫的《*ggplot2: Elegant Graphics for Data Analysis*》（Springer, 2009）提供很好的學習資源。

- 由 Josef Fruehwald 提供的 ggplot2 線上指南（*https://oreil.ly/zB2Dz*）。

本章總結

由 John Tukey 所開創的探索式資料分析（EDA）奠定了資料科學領域的基礎。EDA 的中心思想是，在任何資料專案中，第一步也是最重要的一步是要**查看資料**。透過彙總和視覺化資料，我們可以獲得對專案有價值的直覺和理解。

本章回顧了一些基本概念，從簡單的測量標準（例如位置和變異性的估計），到圖 1-12 這種豐富的視覺化展示（以探討多個變數之間的關係）。借助開源社群提供的多種工具和技術，並且結合 *R* 語言和 *Python* 的表達能力，我們得以創造了許多探索和分析資料的方式。探索式分析應該是任何資料科學專案的基石。

## 第二章

資料和抽樣分布

不少人都誤會大數據時代意味著抽樣時代的結束。事實上，在大數據時代，各種質量不一、相關性各異的資料激增，加強了抽樣工具的使用需求，因為抽樣可以有效處理各種資料並將偏差最小化。甚至在大數據專案中，通常也會使用抽樣來生成並導出開發預測模型。此外，抽樣更被廣泛用於各種測試，例如，比較網頁設計對點擊的影響。

本章的概念可用圖 2-1 來說明。圖表中的左側代表母體，在統計學中，假設母體遵循一個潛在但 **未知** 的分布。我們唯一可使用的是 **抽樣** 的資料及其分布，由圖表中的右側代表。為了要從左側的母體得到右側樣本，我們需要使用 **抽樣程序**，由圖中箭頭表示。傳統統計學所關注的主要為圖表左側的部分，即如何對母體人口使用一些強大的假設理論。現代統計已將關注移到圖表中的右側部分，因此也不需要再做出假設。

一般來說，資料科學家不需要擔心圖表中左側（即母體）的理論性質，而應該專注於抽樣程序和手上的資料。但是仍有一些值得注意的特殊情況。有些資料是透過可以建模的物理過程而產生的。最簡單的例子就是遵循二項分布的丟硬幣。在現實生活中的所有適用二項分布之情況，例如是否購買、是否存在詐欺、是否要點擊，都可以有效地建模成丟硬幣的過程；當然，一般還需要對硬幣正面向上的機率做一定的修正。在此種情況下，我們可以透過對母體的了解來從中獲得更多額外的發現。

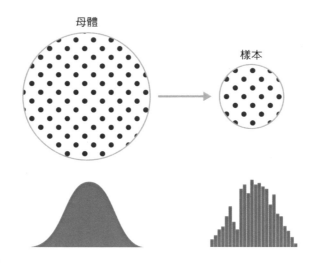

圖 2-1　母體與樣本

隨機抽樣和樣本偏誤

樣本是大型資料集中的一個子集，統計學家通常將大型資料集稱為**母體**。統計學中的母體與生物學中的母體是不一樣的。在統計學中，母體是指大量且已被定義的資料，有時也可以是指一個理論上的或是虛構的資料。

在**隨機抽樣**的過程中，以公平均等的機會從母體的所有可用成員中抽取，得到一個樣本。由隨機抽樣中所得到的樣本，稱為**簡單隨機樣本**。抽樣可以是**有放回的**，即在每次抽取後將抽中的觀察值再放回到母體中，並且可以在後續的抽取中有機會被重新抽中。抽樣也可以是**無放回的**，即一個觀察值在被抽中後，就不會再有機會參與後續的抽取。

在一般情況下，基於樣本進行估計模型時，資料的質量通常比資料的規模更具影響力。在資料科學中，資料的質量涉及資料的完整性、格式的一致性、乾淨程度和單個資料的準確度。在統計學中，資料的質量更涉及了抽樣的**代表性**這一個概念。

重要術語

樣本（*Sample*）

大型資料集中的一個子集。

母體（*Population*）

一個大型資料集，或是一個構想中的資料集。

N（或 *n*）

一般使用 N 表示母體的規模，n 表示樣本的規模。

隨機抽樣（*Random sampling*）

從母體中隨機取出元素到樣本中。

分層抽樣（*Stratified sampling*）

對母體進行分層，並從每一層中作隨機抽樣。

分層（*Stratum (pl., strata)*）

在母體中，具有共同特徵的同質性子集。

簡單隨機抽樣（*Simple random sample*）

在母體不分層的情形下，進行隨機抽樣所取得的樣本。

偏誤（*Bias*）

系統性的錯誤。

樣本偏誤（*Sample bias*）

抽取出的樣本無法有效並正確地代表母體。

有一個經典的例子是 1936 年由美國《文學文摘》雜誌所發起的一次民意調查，預測 Alf Landon 將擊敗 Franklin Roosevelt 在美國總統選舉贏得勝利。《文學文摘》在當時具有舉足輕重的地位，該民意調查的對象是該雜誌所有的訂閱者，再加上一些額外考慮的對象，規模合計超過 1000 萬人，並預測 Landon 將獲得壓倒性的勝利。一週以後，蓋洛普民意調查的創辦人 George Gallup 也發起了一次民意調查，調查對象只有大約 2,000 人，但準確地預測了 Roosevelt 會贏得選舉。這兩項民意調查的區別在於調查對象的選擇。

《文學文摘》所著重的在於調查對象的數量,而忽略了調查方法。他們的調查對象屬於在社會上有較高經濟地位的族群(即該雜誌的訂閱者,以及那些當時因為擁有電話和汽車等奢侈品而成為行銷目標客群的人),這導致調查結果中存在**樣本偏誤**,意即樣本以某種有意義的非隨機方式,不同於其代表的大規模母體。**非隨機性**(*nonrandom*)是一個非常重要的觀念,因為幾乎沒有樣本可以準確地代表母體,包括隨機抽樣在內。當差異具有意義時,就會發生樣本偏誤;並且若其他樣本也使用了同樣的抽取方式,其結果也會存在樣本偏誤。

自我選擇偏誤(*self-selection sampling bias*)

在 Yelp 等社群媒體上,我們可以看到一些有關餐廳、飯店、咖啡店等的評論,這些評論容易產生偏誤,因為寫評論的人並非隨機選取的,他們會主動地寫評論一定有一些出發點,有些是因為不好的體驗而撰寫評論,有些是與店家有合作關係,或者只是與不寫評論的人不同類型,這都會導致自我選擇偏誤的產生。值得注意的是,儘管自我選擇樣本可能無法可靠有效地表示事情的真實狀態,但在比對兩間相似的商店時,這些自我選擇樣本仍然為有效的,因為對比的雙方都存在著同樣的自我選擇偏誤。

偏誤

統計偏誤是指在測量或抽樣的過程中產生出一些系統性的測量誤差或抽樣誤差,我們應該將因隨機抽樣所導致的偏誤,和因偏見所導致的偏誤區分開來。以開槍射擊一個目標這一物理過程為範例。並不是每次射擊都可以擊中絕對靶心,或者說擊中的機會很低。雖然一個無偏差過程也會產生誤差,但是所產生的誤差是隨機的,且不會明顯地偏向任何一方,如圖 2-2 所示。圖 2-3 中的結果顯示了一個偏誤過程——在 x 和 y 方向上仍然存在隨機誤差,但是也存在偏誤。射擊點偏向落在右上象限。

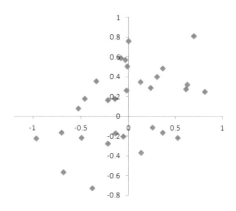

圖 2-2　正常瞄準之下的射擊情況分布圖

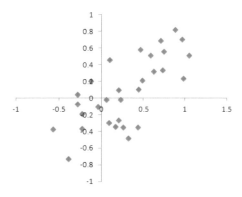

圖 2-3　瞄準有偏差之下的射擊情況分布圖

偏差有不同形式，或許可以被觀察到，也可能是看不見的。如果結果確實表示存在偏誤（例如，透過參考基準或是實際值），這通常表示我們指定了不正確的統計或機器學習模型，或是遺漏了某個很重要的變數。

隨機選擇

為了避免出現導致《文學文摘》預測 Landon 在選舉中戰勝 Roosevelt 這樣的樣本偏差問題，George Gallup（圖 2-4）採用了一種更科學的方法來取得可以代表美國選民的樣本。現今有許多方法可以實現樣本代表性，但這些方法的核心觀念都是隨機抽樣。

圖 2-4　George Gallup，因《文學文摘》的「大數據」失敗而聲名大噪

隨機抽樣並不容易實現，關鍵在於如何正確定義可取得的母體。假設我們想要生成一個具代表性的顧客畫像，我們需要進行一次顧客調查。該調查須具有代表性，然而其工作需要大量的人力。

首先，我們需要先定義顧客是誰。我們可以選擇所有有消費紀錄的顧客，那麼是否要包含過去所有的客戶？是否要考慮有退款的情況？是否要考慮內部測試購買的情形？是否要考慮經銷商、支付代理人及顧客？

下一步，我們需要指定抽樣的過程。抽樣可以是「隨機選取 100 名顧客」。當涉及從流程中抽樣時，例如即時客戶交易或為官網訪客，對時間的考慮很重要，例如平日工作天早上 10 點的官網訪客，與週末晚上 10 點的官網訪客可能不同。

在**分層抽樣**中，我們將母體分成多個層，並且在每一層中進行隨機抽樣。例如，在一次的政治民意調查中，可能需要了解美國白人、非裔美國人和西班牙裔美國人的選舉傾向。如果我們對母體做一次基本的隨機抽樣，所得到的樣本中可能非裔和西班牙裔美國人的人數過少，因此在分層抽樣中，需要對不同的層有不同比重的加權，以產生對等有效的樣本規模。

資料規模與資料質量：何時規模更重要

在大數據時代，令人驚訝的是，有時候資料規模越小，結果反而更好。在隨機抽樣上所花費的時間和精力，不僅可以縮小偏誤，還可以讓我們更關注在資料的探索和資料的質量上。例如，在缺失的資料和離群值中可能包含了一些有用的訊息。要從數百萬筆紀錄中找尋缺失值或評估離群值，成本可能會非常高，但是對於具有數千筆紀錄的樣本，這些事情則是完全可行的。此外，如果資料量過大，資料繪圖和人工檢測在進行上會遭遇很大的困難。

那麼，什麼時候會需要大量的資料呢？

Google 搜尋檢索系統就是一個體現大數據價值的經典案例，其中資料規模不僅很大，而且十分分散。如果以每個詞為欄，每個搜尋查詢為列，就成為一個矩陣；而矩陣中每個單元格中的值為 0 或 1，表示相應的查詢中是否包含對應的字詞。我們的目標是對一個查詢給出一個最佳預測的搜索目標。但是，英文單詞超過 15 萬多個，而 Google 每年會處理大約 1 億次的查詢，這產生了一個非常龐大的矩陣，其中大部分的值為「0」。

這是一個真實的大數據問題。只有累積了如此龐大規模的數據資料後，Google 才能為大部分的查詢提供有效的搜尋結果，累積的資料越多，搜尋的結果越好。對於一些常見的搜索詞彙，這並不是一個問題，因為對於在每段期間非常流行的主題，我們可以很快就發現有效的資料。而現代搜索技術的真正價值在於，能夠為各式各樣的搜索查詢傳回詳細而有用的結果，包括那些發生頻率僅為百萬分之一的搜索查詢。

舉例來說，我們要搜尋「Ricky Ricardo 與小紅帽」，在網際網路出現的早期，查詢的傳回結果可能是樂隊領袖、他所主演的電視劇「我愛露西」以及兒童劇「小紅帽」，但是現代搜尋引擎已具有數億條的搜尋檢索紀錄，因此搜索查詢可以精準地傳回「我愛露西」中的一集，Ricardo 在其中用英語和西班牙語為她襁褓中的兒子講述「小紅帽」的故事。

請留意，實際相關的紀錄可能只需要數千筆即可有效，但是為了獲得這樣的相關紀錄，可能需要處理數億筆資料，這裡所說的「相關紀錄」指的是紀錄中出現了搜尋詞或類似內容（連同有關使用者最終點擊的連結之訊息）。當然，隨機抽樣將不會有作用產生。另請參見第 73 頁的「長尾分布」。

樣本平均數與母體平均數

母體中的樣本平均數一般用符號 $\bar{x}$ 表示，而母體的平均數一般則用 μ 表示。為什麼要區分這兩者呢？這是因為樣本的訊息是可以觀測到的，而大規模的母體訊息來源通常來自規模較小的樣本，因此統計學家喜歡從符號上對這兩者加以區別。

延伸閱讀

- 在由 Nigel G. Fielding、Raymond M. Lee 和 Grant Blank 合著的《*The SAGE Handbook of Online Research Methods*》第二版（SAGE Publications, 2016）一書中，Ronald Fricker 撰寫了一章「Sampling Methods for Online Surveys」，其中對抽樣程序的介紹十分有用。本章包含了對隨機抽樣方法的一些改進，基於成本或可行性的考量，而這些改進經常被使用。

- 在 Capital Century 網站（*https://oreil.ly/iSoQT*）上可以看到有關《*文學文摘*》調查失敗的介紹。

選擇偏誤

Yogi Berra 有一句名言：「如果你不知道自己在尋找什麼，就努力去尋找吧，終究會發現它的！」

選擇偏誤可能是有意圖的，也可能是無意識的，是指以一種可導致誤導性或短暫性結論的方式，有選擇性地選取資料的操作。

重要術語

選擇偏誤（*Selection bias*）
　　偏誤來自於所選擇之觀察方式的偏誤。

資料窺探（*Data snooping*）
　　透過廣泛搜索資料以得到感興趣的結果。

> **大規模搜尋效應**（*Vast search effect*）
>
> 由於重複的資料建模，或使用大量的預測變數對資料建模所導致的偏誤或不可重製性。

如果我們指定一個假設，並使用精心設計的實驗去驗證，就能得到具有高信賴度的結論，但實際情況往往並非如此。人們通常只會查看可使用的資料，並試著識別出資料中的模式，但模式是真實的嗎？還是僅僅是**資料窺探**（即透過廣泛搜索資料，直到發現我們感興趣的現象）的結果？在統計學家中存在著這樣一個說法：「如果我們拷問資料的時間夠長，那麼它遲早會承認。」

透過實驗驗證一個假設所得到的現象，與透過研判可用資料而發現的現象，這兩者之間存在著差異。下面我們將透過一個實驗來解釋說明。

假設有一個人說他可以連續丟擲硬幣十次都正面朝上，而我們想要挑戰他，這就相當於做一次實驗。如果他繼續丟擲十次硬幣，仍然連續正面朝上，顯然這只能歸因於他可能具有某種特異功能，因為連續丟擲硬幣十次都正面朝上的機率為千分之一。

現在，假設在一個有兩萬名觀眾的體育場，我們透過轉播員要求全體兩萬名觀眾一起丟擲硬幣十次，如果有人做到連續十次都正面朝上，就請他站出來。這時我們會看到，整個體育場中很可能有人真的可以連續丟擲硬幣十次都正面朝上，這一事件的機率很高，甚至會高於 99%，即 1 減去沒有人可以連續丟擲硬幣十次都正面朝上的機率。很明顯地，我們事後從所有觀眾中選取能做到十次正面向上的人，並不代表他們真的具有特異功能，更像是運氣所致。

由於反覆地審查大規模資料集是資料科學中一個關鍵價值的主張，所以我們需要關注選擇偏誤的問題。資料科學家特別關注的一種選擇偏誤形式，就是被 John Elder 稱為 **大規模搜尋效應**的問題。John Elder 是美國 Elder 研究機構的創始人，該機構是一家令人敬重的資料探勘顧問公司。如果在大規模資料集中反覆運行不同的模型，並提出不同的問題，我們一定能發現一些有趣的現象。但是，我們所發現的結果是否真的具有意義？還是僅僅只是一些離群值？

為了避免此一問題，我們可以使用驗證集（holdout set）去驗證結果的成效，有時也可能會使用到多個驗證集。Elder 提倡使用一個被稱為 **目標混洗**（*target shuffle*）的方法（該方法在本質上就是一種置換檢驗，驗證資料探勘模型所預測的關聯性之有效性）。

在統計學中，除了大規模搜索效應之外，選擇偏差典型形式還包括了非隨機抽樣（參見第 48 頁的「隨機抽樣和抽樣偏誤」）、主觀隨機挑選（cherry-picking）資料、選取突出特定統計效應的時間區間，以及在結果看上去「具有意義」時停止實驗。

均值迴歸

均值迴歸是指對同一變數做連續測量時出現的一種現象，即在極端觀察值後，會出現更趨於中心的觀察值。對極端值給予特殊的關注和意義，會導致某種形式的選擇偏差。

「當年的新秀會在第二年表現低迷。」這是廣大的體育迷們非常熟悉的一個現象。從某個賽季開始職業生涯的新秀運動員中，總會有個人的表現優於其他人，但是從第二年開始，「當年的新秀」的表現通常都不如第一年。為什麼會這樣呢？

幾乎所有主要的體育活動，運動員的整體表現取決於兩個關鍵因素：

- 技能
- 運氣

均值迴歸是由某種形式的選擇偏差所導致的。在選擇運動成績最好的新秀時，技能和運氣可能會同時發揮作用。而在下一個賽季，儘管該運動員的技能依舊很好，但好運氣卻在很多情況下沒有降臨，因此他的成績會下滑，意即產生倒退。該現象最早是在 1886 年由 Francis Galton 發現的。他在撰寫論文時，將此現象與遺傳傾向做連結。例如，如果父親的身高很高，那麼子女的身高會趨向矮於父親，如圖 2-5 所示。

 從「返回」的意義上來看，均值迴歸完全不同於統計建模方法的線性迴歸。線性迴歸用於估計預測變數和輸出變數間的線性關係。

本節重點

- 指定一個假設，然後遵循隨機化和隨機抽樣原則收集資料，可確保避免產生偏誤。

- 所有其他形式的資料分析都有產生偏誤的風險，風險來自於資料的採集和分析的過程，包括在資料探勘中反覆地運行模型、在研究中窺探資料，以及事後選取有意義的事件。

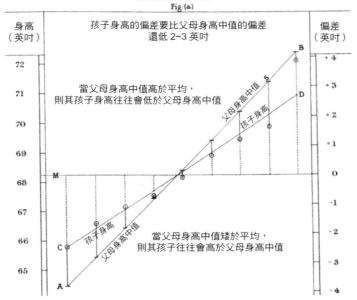

圖 2-5　Galton 的研究提出了均值迴歸的現象

延伸閱讀

- Christopher J. Pannucci 和 Edwin G. Wilkins 在其發表於《*Plastic and Reconstructive Surgery*》2010 年 8 月期刊上的論文「Identifying and Avoiding Bias in Research」中，評估了研究中可能會引起的各種偏誤（包括選擇偏誤）。

- Michael Harris 的文章「Fooled by Randomness Through Selection Bias」（*https://oreil.ly/v_Q0u*）從一個股票交易人士的角度，對股票交易中所考慮的選擇偏差問題做了有趣的評論。

統計量的抽樣分布

統計量的**抽樣分布**是指從同一母體中抽取多個樣本時，一些樣本統計量的分布情形。許多經典的統計學都關注如何從小樣本推導到更大的母體。

我們從母體中抽取樣本，通常是為了測量某一樣本統計量，或是使用統計學或機器學習模型進行建模。由於我們所得到的估算值或是模型是依據某一樣本，因此這其中可能存在著誤差，也可能會因抽取樣本的不同而有所差異。我們要了解這種差異為何，就需要關注抽樣的變異性。如果我們有的資料規模非常大，那麼我們可以從中抽取更多的樣本，進而直接觀察這些樣本統計量的分布情形。一般來說，只要資料容易取得，那麼我們會使用盡可能多一點的資料去計算估計量或模型，而不總是使用從母體中抽取更多的樣本的方式。

 區分各個資料的分布（即資料分布）和樣本統計量的分迴（即抽樣分布）是非常重要的。

樣本統計量（例如平均值）的分布要比資料本身的分布更加有規則，分布的形狀也更趨於正向分布的鐘形曲線，統計結果所依據的樣本規模越大，這樣的現象就越明顯。此外，樣本的規模越大，樣本統計量的分布就越窄。

以下方來自向 Lending Club 公司申請貸款者的年收入資料為例（有關資料的描述，請參閱第 239 頁的「預測貸款違約的範例」）。我們從資料中進行三次的抽樣，得到的三個樣本分別為：具有 1,000 個值的樣本、1,000 個由 5 個數獲得之平均數的均值樣本，以及 1,000 個由 20 個數獲得之平均數的均值樣本。圖 2-6 是依照這三個樣本所繪製出的直方圖。

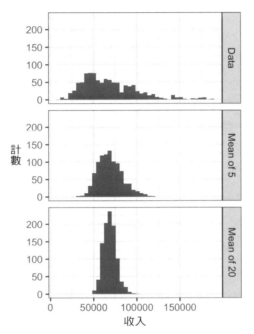

圖 2-6　貸款申請者年收入的樣本直方圖。從上到下的樣本分別為：1,000 名貸款申請者樣本（上）、n=5 的 1,000 個樣本（中），以及 n=20 的 1,000 個樣本（下）

各個資料值的樣本直方圖之分布很廣泛，並且往更高值的方向偏斜，這與對收入資料的預期一致。n = 5 和 n = 20 的均值樣本直方圖表現出一種更集中的趨勢，且形狀更趨向鐘形。下方為能生成上圖的 R 程式碼，其中使用了視覺化的套件 gglpot2：

```
library(ggplot2)
# 做一次簡單的隨機抽樣
samp_data <- data.frame(income=sample(loans_income, 1000),
                        type='data_dist')
# 對五個資料的平均值做抽樣
```

```
samp_mean_05 <- data.frame(
  income = tapply(sample(loans_income, 1000*5),
                  rep(1:1000, rep(5, 1000)), FUN=mean),
  type = 'mean_of_5')
# 對 20 個資料的平均值做抽樣
samp_mean_20 <- data.frame(
  income = tapply(sample(loans_income, 1000*20),
                  rep(1:1000, rep(20, 1000)), FUN=mean),
  type = 'mean_of_20')
# 將抽樣結果綁定到一個 data.frames 項目，並轉化為一個因子
income <- rbind(samp_data, samp_mean_05, samp_mean_20)
income$type = factor(income$type,
                     levels=c('data_dist', 'mean_of_5', 'mean_of_20'),
                     labels=c('Data', 'Mean of 5', 'Mean of 20'))
# 繪製直方圖
ggplot(income, aes(x=income)) +
  geom_histogram(bins=40) +
  facet_grid(type ~ .)
```

以下 *Python* 程式碼中使用 seaborn 的 FacetGrid 來呈現三個直方圖：

```
import pandas as pd
import seaborn as sns

sample_data = pd.DataFrame({
    'income': loans_income.sample(1000),
    'type': 'Data',
})
sample_mean_05 = pd.DataFrame({
    'income': [loans_income.sample(5).mean() for _ in range(1000)],
    'type': 'Mean of 5',
})
sample_mean_20 = pd.DataFrame({
    'income': [loans_income.sample(20).mean() for _ in range(1000)],
    'type': 'Mean of 20',
})
results = pd.concat([sample_data, sample_mean_05, sample_mean_20])

g = sns.FacetGrid(results, col='type', col_wrap=1, height=2, aspect=2)
g.map(plt.hist, 'income', range=[0, 200000], bins=40)
g.set_axis_labels('Income', 'Count')
g.set_titles('{col_name}')
```

中央極限定理

上述例子中的現象被稱為**中央極限定理**。該定理指出，即使原始的母體不符合常態分布，但只要樣本的規模夠大，且資料並不是偏離正常值很多，那麼從多個樣本得到的平均數將會呈現出我們所熟悉的鐘形常態曲線（參見第 69 頁的「常態分布」）。在計算抽樣分布來做推論時，即信賴區間和假說檢定中，中央極限定理允許我們使用 t 分布這樣類似的常態公式。

中央極限定理在傳統統計學教科書中得到了大量的關注，因為它是支持假說檢定和信賴區間的基礎，而這些就佔據了教科書內容的一半。資料科學家應該意識到這一作用；但由於在資料科學中，任何情況下都可以使用**自助法**（*bootstrap*）（參見第 62 頁的「自助法」），很少正式地使用假說檢定和信賴區間，因此中央極限定理在資料科學的實踐部分並非那麼重要。

標準誤差

標準誤差是一個單一的指標，用於匯總統計資料抽樣分布中的變異性，可以根據樣本值的標準偏差 s 和樣本規模 n 的統計量來估計標準誤差，公式如下：

$$標準誤差 = SE = \frac{s}{\sqrt{n}}$$

正如觀察圖 2-6 所得的現象，標準誤差會隨著樣本規模的增加而減小。另外，標準誤差與樣本規模的關係為 n **倍數的平方根**，如果要使標準誤差縮小一半，那麼樣本規模就需要增加四倍。

標準誤差公式的有效性是來自中央極限定理。事實上，我們不一定需要依賴中央極限定理來理解標準誤差，下面的方式也可以用於測量標準誤差。

1. 從母體中抽取一些全新的樣本；

2. 針對每個新樣本，計算統計量（例如平均值）；

3. 針對從第二個步驟所得到的統計量，計算其標準差，以此作為對標準誤差的估計。

在實務中，透過收集新的樣本去預估標準誤差的方式通常不可行，從統計意義上也存在很大的浪費。但幸運的是，我們完全不需要取新的樣本，可以直接使用**自助法**進行重抽樣。在現代統計學中，自助法已經成為估計標準誤差的標準方法，自助法幾乎適用於所有的統計量，它也不依賴中央極限定理或其他的分布假設。

標準差與標準誤差

不要將標準差和標準誤差混淆了！標準差是用於測量各個資料的變異性；
而標準誤差則是測量抽樣指標的變異性。

本節重點

- 樣本統計量的頻率分布表現了指標標準在各個不同抽樣間的變化情況。

- 抽樣分布可以使用自助法估計，也可以透過依賴於中央極限定理的公式計
  算得到。

- 標準誤差是一個關鍵的指標，它匯集了抽樣統計量的變異性。

延伸閱讀

David Lane 的線上多媒體統計學資源提供了一個有用的模擬環境（*https://oreil.ly/
pe7ra*）。你可以選擇抽樣統計量、樣本規模和迭代次數，並且可以將頻率分布結果視覺
化為直方圖。

自助法

要估計統計量或模型參數的抽樣分布，一個簡單又有效的方法是，從樣本本身中有放回
地抽取更多樣本，並對每次重抽樣再一次計算統計量或模型，這一過程被稱為**自助法**。
自助法不一定涉及有關資料或樣本統計量常態分布的任何假設。

重要術語

自助樣本（*Boostrap sample*）
　　從觀測的資料集中做有放回的抽樣而得到的樣本。

重抽樣（*Resampling*）
　　在觀測的資料中重覆抽取樣本的過程，其中包括自助過程和排列置換過程。

從概念上來看，我們可以這樣來了解自助法：將原始樣本複製數千數萬次，得到一個虛構的母體，這其中包含原始樣本的全部資料，只是規模更大了，然後我們從這一虛構的母體中抽取樣本，並以此來預估抽樣的分布。自助法的觀念如圖 2-7 所示。

自助法理論

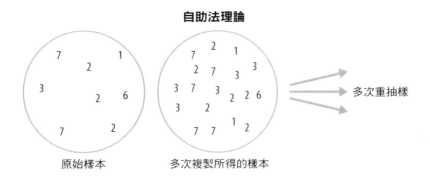

圖 2-7　自助法的觀念

在實務中，其實不必真正地大量複製樣本。我們只需在每次抽取後，將觀察值再放回母體中，即**有放回地抽樣**。這種方式有效地創建了一個無限的母體，確保其中任意一個元素在每一次抽樣中，被抽取的機率皆維持不變。使用自助法對規模 n 的樣本進行均值重抽樣的算法，進行如下：

1. 抽取一個樣本，記錄完畢後再放回母體。

2. 第一個步驟重覆 n 次。

3. 記錄 n 個重抽樣的平均值。

4. 重覆步驟 1~3 數次，例如 r 次。

5. 使用 r 個結果：

　　a. 計算它們的標準偏差（這個估計了樣本的標準誤差）

　　b. 繪製成直方圖或箱形圖

　　c. 找出信賴區間

R 的值可以是任何一個數，我們稱其為自助法的迭代次數。進行的迭代次數越多，對標準誤差或信賴區間的預測就越準確。上述過程的結果得出了樣本統計量或估計模型參數的一個自助集合，可以從該自助集合中察看統計量或參數的變異性。

R 語言的 boot 套件將上述的步驟過程組合成一個函數。例如：下面的程式碼將自助法應用於貸款者的收入資料：

```
library(boot)
stat_fun <- function(x, idx) median(x[idx])
boot_obj <- boot(loans_income, R=1000, statistic=stat_fun)
```

函數 stat_fun 計算由索引 idx 指定的給定樣本的中位數。結果如下：

```
Bootstrap Statistics :
    original    bias    std. error
t1*   62000  -70.5595    209.1515
```

我們從結果中可以看到，中位數的原始估計為 62,000 美元。自助法分布表顯示估計值的**偏差**約為 –70 美元，標準誤差為 209 美元。在算法的連續運作之間，結果將略有不同。

Python 主要套件沒有提供自助法的引導方法。自助法可以使用 scikit-learn 方法中的 resample 來實現：

```
results = []
for nrepeat in range(1000):
    sample = resample(loans_income)
    results.append(sample.median())
results = pd.Series(results)
print('Bootstrap Statistics:')
print(f'original: {loans_income.median()}')
print(f'bias: {results.mean() - loans_income.median()}')
print(f'std. error: {results.std()}')
```

自助法也可以運用於多變數的資料。這時該方法使用資料列作為抽樣單位，如圖 2-8 所示，進而可以在自助資料上運行模型，估計模型參數的穩定性（或變異性），或是改進模型的預測能力。我們也可以使用分類和迴歸樹（又稱**決策樹**）在自助資料上運行多個樹模型，並平均多個樹所給出的預估值（或是使用分類，並選擇多數人的投票），這通常要比使用單個樹的預測性更好。這一過程被稱為 *Bagging* 袋裝法。Bagging 一詞是由「bootstrap aggregating（引導聚集算法）」的縮寫，另參見第 260 頁的「袋裝法與隨機森林」。

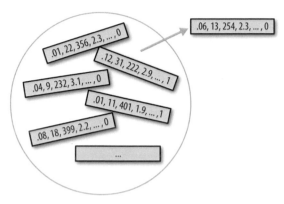

圖 2-8　多變數的自助法抽樣

自助法反覆重抽樣的概念很簡單。在經濟學和人口統計學家茱莉安・西蒙（Julian Simon）於 1969 年所出版的教科書《*Basic Research Methods in Social Science*》中，匯總了多個重抽樣的例子，其中也包括了一些自助法的案例。但是，由於反覆重抽樣的計算量太大，在計算能力能廣泛使用之前，這種方式是行不通的。該技術在 20 世紀 70 年代末 80 年代初期才由史丹福大學的統計學家 Bradley Efron 命名。當時他在許多的學術期刊文章及一本著作中使用了「自助法」一詞，該技術才在那些使用統計學方法的非統計學研究人員中獲得了更廣泛的應用，主要用於一些在數學上不具備解決方法的指標或模型。儘管均值的抽樣分布方式在 1908 年就已經確立了，但當時對其他指標的抽樣分布方式依然尚未確立。自助法可用於確定樣本大小，用不同的 n 值進行試驗，以了解樣本分布如何受到影響。

自助法在首次被提出來時，受到了非常大的懷疑，因為大家都覺得太不可思議了，這些懷疑都源自於對自助法目標的誤會。

 自助法並不會彌補小規模樣本，它不會創造新的資料，也不會填補現有資料集中的漏洞。它只會告訴我們，從最原始樣本這樣的母體中進行抽樣時，大量額外樣本的行為。

重抽樣與自助法

正如前面所介紹的，某些情形下，**重抽樣**這詞等於**自助法**，在更多的情況下，**重抽樣**還包括了置換過程（參見第 97 頁的「置換檢驗」）。置換過程組合了多個樣本，並且抽樣過程可能是無放回的。但是不管在任何情況下，**自助法**都是指對觀測資料集做有放回的抽樣。

本節重點

- 自助法（即對資料進行有放回的抽樣）是一種評估樣本統計量變異性的強大工具。

- 自助法能夠以類似的方式應用於各種案例中，無須深入探究抽樣分布的數學近似。

- 自助法可以在不使用數學近似的情況下，估計統計量的抽樣分布。

- 當應用於預測模型時，匯總多個自助樣本預測（裝袋）優於使用單個模型。

延伸閱讀

- Bradley Efron 和 Robert Tibshirani 所共同著作的《*An Introduction to the Bootstrap*》（Chapman & Hall, 1993）是第一本專門介紹自助法的書籍，目前依然廣受好評。

- Peter Hall 發表於《*Statistical Science*》2003 年 5 月刊（第 18 卷第 2 期）中的論文「A Short Prehistory of the Bootstrap」，從多個不同角度對自助法進行了描述解釋，其中也介紹了 Julian Simon 於 1969 年首次發表的自助法。

- 在 Gareth James、Daniela Witten、Trevor Hastie 和 Robert Tibshirani 撰寫的《*An Introduction to Statistical Learning*》（Springer, 2013）一書中，有幾個章節專門介紹自助法，特別著重在 Bagging 袋裝法。

信賴區間

要了解一個樣本估計量中潛在的誤差情形，除了使用前面所介紹過的次數表、直方圖、箱形圖和標準誤差等方式外，信賴區間也是其中一種方法。

人類天生就對不確定性沒有好感，特別是專家們，他們很少說：「我不知道。」從事分析的人員或管理者雖然會承認不確定性的存在，但是很少會過於相信單一個數值所呈現的估計量，即**點估計**。為了解決這一普遍性問題，我們可以使用一個範圍，而不是單一個值來表示估計量，即信賴區間，它的基礎就是統計的抽樣原理。

信賴區間通常以覆蓋程度的形式給出，用（高）百分比表示，例如 90% 或 95%。其中一種對 90% 信賴區間的解釋為，該區間涵蓋了樣本統計量自助抽樣分布之中心 90% 的部分（參見第 62 頁的「自助法」）；更一般而言，在採用類似抽樣過程的情況下，樣本統計量的 x% 信賴區間，代表著該區間在 x% 的情況下包含類似的樣本估計量。

舉一個例子說明，給定樣本規模 n，並指定了一個我們有興趣的統計量，計算自助法信賴區間的算法如下：

1. 從資料中有放回地抽取規模為 n 的隨機樣本（重抽樣）。

2. 記錄重抽樣中我們有興趣的統計量。

3. 重複步驟 1、2 多次，例如 r 次。

4. 對於 x% 信賴區間，從 r 個重抽樣結果的分布兩端分別修剪 [(100-x) / 2]% 的結果。

5. 修剪點就是 x% 自助法信賴區間的區間極限值。

圖 2-9 顯示了基於樣本規模為 20、平均值為 55,734 美元的樣本，申請貸款者的平均年收入的 90% 信賴區間。請注意，55,734 美元是子集中 20 筆資料的平均值，而不是自助法得出的平均值 55,836 美元。

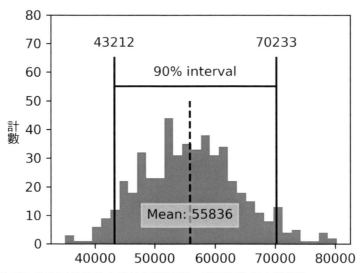

圖 2-9　申請貸款者年收入平均值的自助法信賴區間，該區間的樣本規模為 20

對於大多數的統計量或模型參數，自助法是一種通用的工具來產生信賴區間。在半個多世紀以前，由於統計學教材和軟體一直都缺少計算機的統計分析，它們只好使用一些由公式（尤其是 t 分布，參見第 75 頁的「學生 t 分布」）所產生出的信賴區間。

當然，在取得抽樣結果之後，我們真正關心的是「真實值落在某個特定區間中的機率是多少」。雖然這並不是信賴區間真正要回答的問題，但最終也成為大部分人用來解釋答案的方式。

與信賴區間有關的機率問題，最起初是這樣表示的：「給定抽樣方法和母體，那麼某件事發生的機率是多少？」，換一個角度說明就是：「給定一個抽樣結果，請問某一件事（對母體來說是對的事）發生的機率是多少？」，這一個問法涉及了更複雜的計算，且更難以作出估計。

由信賴區間所得到的百分比被稱為**信賴水準**，信賴水準越高，信賴區間就越寬；此外，樣本規模越小，信賴區間也會越寬，即代表不確定性越大。這兩個關係都是成立的：如果你想要在資料更少的情形下提高信賴水準，那麼就需要讓信賴區間的寬度足夠，才能確保我們取樣的真實性。

對資料科學家來說，信賴區間是一種工具用以了解樣本結果可能會有的變化情況。當資料科學家使用這一個資訊時，他們既不像研究人員是為了發表學術論文，也不是為了向監督機構提交結果，而是為了想了解某個估計量的潛在誤差情況，並確定是否需要更大的樣本。

本節重點

- 信賴區間是一種以區間範圍來表示估計量的常見方式。

- 資料越多，樣本估計量的變異性越小。

- 所能容忍的信賴水準越低，信賴區間的寬度就越窄。

- 自助法是一種構建信賴區間的有效方式。

延伸閱讀

- 用於確認信賴區間的自助法，可參考 Peter Bruce 所撰寫的《*Introductory Statistics and Analytics: A Resampling Perspective*》（Wiley, 2014），或是 Robin Lock 及其他四位 Lock 家族成員合著的《*Statistics: Unlocking the Power of Data*》第二版（Wiley, 2016）。

- 相對於其他學科而言，需要了解測量精準度的工程師會更頻繁地使用信賴區間。Thomas Ryan 所撰寫的《*Modern Engineering Statistics*》（Wiley, 2017）除了介紹信賴區間，還介紹了另一種非常有用但鮮為人知的工具：**預測區間**。預測區間不同於由平均值等匯總的統計量，它給出了圍繞單一個值的區間情形。

常態分布

呈現鐘形曲線的常態分布是傳統統計學中的一個標誌性概念[1]。事實上，由於樣本統計量的分布大多呈現出常態分布的形狀，這也使得常態分布成為一種推導用來計算樣本統計量分布公式的強大工具。

---

1 鐘形曲線的代表性或許被高估了；因統計學導論課程的教學理念而出名的美國 Mount Holyoke 學院統計學家 George W. Cobb 曾在 2015 年 11 月的《*American Statistician*》中指出「標準統計學導論課程完全圍繞著常態分布發展，這超出了常態分布中心位置的實用性。」

在常態分布中（如圖 2-10 所示），68% 的資料位於平均值的一個標準差之內，95% 的資料落在兩個標準差之內。

關於常態分布有一個常見的誤解：常態分布之所以被稱為常態分布，是因為其中絕大部分的資料都符合常態分布，即資料值是常態的。然而，資料科學專案所使用的大部分變數（事實上是大多數的原始資料）通常都不符合常態分布（參見第 73 頁的「長尾分布」）。常態分布源自於有很多統計量在抽樣分布中是屬於常態分布，即便如此，只有在經驗機率分布或自助法分布不可用時，才會使用常態性假設作為最後的方法。

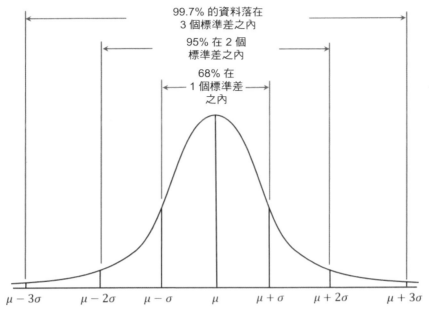

圖 2-10　常態分布曲線

 常態分布又稱為高斯分布，命名源自 18 世紀末 19 世紀初偉大的德國數
學家卡爾·弗里德里希·高斯（Carl Friedrich Gauss）。常態分布還曾有
「誤差分布」這一別名。從統計學的角度來看，誤差代表著實際值與樣
本平均數等統計學估計量間的差異。舉例來說：標準偏差（參見第 14 頁
的「變異性估計」）是基於實際值與平均值間的誤差。高斯對常態分布的
貢獻在於他對天體測量誤差的研究，這一誤差也已被證明是符合常態分布
的。

標準常態分布與 QQ 圖

在**標準常態分布**中，x 軸的單位為距離平均值的標準差。為了使資料能夠與標準常態分
布做對比，我們需要將資料值減去平均值，然後再除以標準差，我們稱這一過程為**正規
化**或**標準化**（參見第 243 頁的「標準化（正規化，z 分數）」）。特別注意，這裡所說的
「標準化」與資料庫紀錄的標準化（即轉換為通用格式）無關。此外，我們稱轉化值為
z 分數，因此常態分布又被稱為 **z 分布**。

QQ 圖用於視覺化地確認樣本與常態分布間的近似程度。QQ 圖對 *z* 分數從低到高進行排序，並將每個值的 *z* 分數繪製在 y 軸上。x 軸的單位是該值的常態分布所對應的分位數。由於資料是正規化的，所以單位的個數所對應於資料值與平均值間的距離是標準差的倍數。如果資料點大致都落在對角線上，那麼我們可以認為樣本分布是相似地符合常態分布的。圖 2-11 顯示了從常態分布中隨機產生的 100 個值的樣本的 QQ 圖。正如我們所期待的，資料點十分接近對角線。該圖可用 *R* 語言的 qqnorm 函數生成：

```
norm_samp <- rnorm(100)
qqnorm(norm_samp)
abline(a=0, b=1, col='grey')
```

在 *Python* 中，可以使用 scipy.stats.probplot 來製作 QQ 圖：

```
fig, ax = plt.subplots(figsize=(4, 4))
norm_sample = stats.norm.rvs(size=100)
stats.probplot(norm_sample, plot=ax)
```

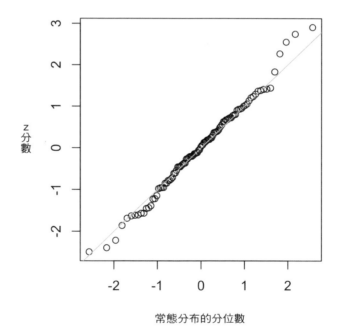

圖 2-11　從常態分布中隨機生成具有 100 個值的樣本的 QQ 圖

將資料轉換為 z 分數（即標準化或正規化資料），並不會使資料符合常態分布，這只是將資料轉化到與標準常態分布相同的尺度上，通常是為了要比對使用。

本節重點

- 常態分布在統計學的發展中擁有非常重要的地位，因為它允許從數學觀點上近似不確定性和變異性。
- 雖然原始資料通常不符合常態分布，但誤差通常是符合的；對於大規模的樣本平均數和總和也是一樣的。
- 要將資料轉換為 z 分數，需要先減去資料的平均值，再除以標準差，如此一來所產生的資料才可以與常態分布進行比對。

長尾分布

儘管常態分布在統計學的歷史上有非常重要的地位，但資料大多都不符合常態分布，這剛好與它的名稱相反。

重要術語

尾（*Tail*）
　　頻率／次數分布的狹長部分，其中相對極端值出現的頻率很低。

偏態（*Skew*）
　　分布的一尾部分長於另一個尾部。

儘管常態分布非常適用於誤差和樣本統計量的分布，也非常有效，但它沒辦法表達出原始資料的分布特性。有時候，資料的分布是高度**偏態**（即不對稱）的，如借款者的收入資料；有時候，資料也會是離散的，如二項分布資料。對稱分布和不對稱分布都可能有**長尾效應**。資料分布的尾端，對應到資料中的極端值，包括極大值和極小值。在實務

中，長尾問題（以及如何避免出現長尾問題）備受關注。Nassim Taleb 提出了*黑天鵝理論*，該理論預測異常事件（如股市崩盤）發生的可能機率，遠大於常態分布的預測。

股票收益很清楚地展現了資料的長尾本質。圖 2-12 顯示了 Netflix 股票（NFLX）日收益情形的 QQ 圖，可使用下列的 *R* 語言程式碼產生：

```
nflx <- sp500_px[,'NFLX']
nflx <- diff(log(nflx[nflx>0]))
qqnorm(nflx)
abline(a=0, b=1, col='grey')
```

對應的 *Python* 程式碼如下：

```
nflx = sp500_px.NFLX
nflx = np.diff(np.log(nflx[nflx>0]))
fig, ax = plt.subplots(figsize=(4, 4))
stats.probplot(nflx, plot=ax)
```

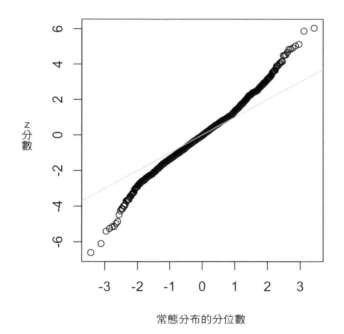

圖 2-12　NFLX 股票日收益的 QQ 圖

與圖 2-11 相比，圖 2-12 中資料點的低點遠低於對角線，而高點也遠高於對角線。這意味著，相較於期待資料符合常態分布的情形，我們更可能觀測到一些極端值。圖 2-12 還顯示了另一種常見的現象，即資料點的分布接近落在一倍平均值標準差範圍內之資料所構成的線。Tukey 將此現象稱為資料「在中間部分是常態的」，但具有更長的尾部（參見 [Tukey-1987]）。

 大量的統計學文獻研究了統計分布如何模擬觀測資料的問題。我們應該謹慎地使用以資料為中心的方法，它們不僅僅涉及科學，同樣也具有藝術性。從表面上來看，資料是會變化的，但卻也具有一致性。資料的分布可能具有多種形狀和類型。在對特定情況建模時，通常必須借助於一些領域和統計學知識，才能確定適合哪種分布類型。例如，我們可能從一伺服器獲得了許多連續的 5 秒期間內的網路流量資料，有助於確定對「每個時間區間的事件」建模的最佳分布是否符合泊松分布（參見第 83 頁的「泊松分布」）。

本節重點

- 大部分的資料都不符合常態分布。

- 假設資料符合常態分布，這可能導致對極端事件產生錯誤的估計（即「黑天鵝」事件）。

延伸閱讀

- Nassim Nicholas Taleb 撰寫的《*The Black Swan*》第二版（Random House, 2010）。

- K. Krishnamoorthy 撰寫的《*Handbook of Statistical Distributions with Applications*》第二版（Chapman & Hall/CRC Press, 2016）。

學生 t 分布

t 分布所呈現的形狀與常態分布相同，但是尾部更長更厚。t 分布被廣泛使用於描述樣本統計量的分布，樣本平均數的分布通常也與 t 分布一致，並且根據樣本的大小，存在一系列不同的 t 分布。樣本越大，t 分布的形狀越趨向常態分布。

重要術語

n

    樣本規模。

自由度（*Degrees of freedom*）

    自由度是一個參數，允許根據不同的樣本規模、統計量和組數對 t 分布進行調整。

---

t 分布又被稱為**學生 *t* 分布**，因為它是在 1908 年由 W. S. Gosset 以「學生」（Student）為作者名發表在期刊《*Biometrika*》上。當時格賽特的老闆吉尼斯啤酒廠不想讓競爭者知道自己使用了統計方法，因此堅持要求格賽特以匿名形式發表該論文。

Gosset 在該論文中欲解決的問題是：「如果從一個大規模的母體中抽取一個樣本，那麼樣本平均數的抽樣是怎麼分布呢？」他從重抽樣實驗開始著手進行。在一個包含了 3,000 名罪犯的身高和左手中指長度的觀測資料集中，隨機抽取了 4 個樣本。該研究屬於優生學領域，所使用的是犯罪資料，關注的議題是發現犯罪傾向與罪犯身體或精神間的關聯。他在 x 軸上繪製了標準化後的結果（即 *z* 分數），在 y 軸上繪製了頻率。因此得到了一個他稱之為「**學生 *t***」的函數，並將該函數與樣本結果重疊，繪製了比對的情況，如圖 2-13 所示。

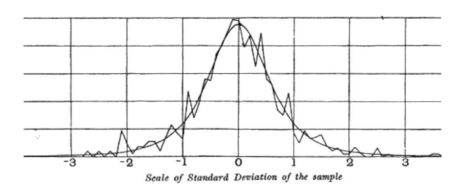

圖 2-13 Gosset 重抽樣實驗的結果，以及所配適的 t 曲線（引用自他於 1908 年發表在 Biometrika 期刊上的文章）

我們可以將一組不同的統計量標準化之後，與 t 分布進行比對，並且依據抽樣變異性來估計信賴區間。假設我們考慮一個規模樣本為 n 的樣本，其中樣本平均數 $\bar{x}$ 已經計算出來。如果 s 是樣本的標準差，那麼樣本平均數周邊 90% 的信賴區間可由下方公式得出：

$$\bar{x} \pm t_{n-1}(0.05) \cdot \frac{s}{\sqrt{n}}$$

其中，$t_{n-1}(0.05)$ 是自由度為 $(n-1)$ 情況下的 t 統計量（參見第 116 頁的「自由度」），它代表在 t 分布的兩端分別裁掉了 5%。t 分布能夠為樣本平均數的分布、兩個樣本平均數間的差異、迴歸參數等統計量提供參考。

如果在 1908 年計算能力就能廣泛被使用，那麼毫無疑問地，統計量的計算從一開始就會更依賴計算密集的重抽樣方式。由於當時沒有電腦，統計學家轉而採用數學和函數的方法，例如，使用 t 分布去近似抽樣分布。雖然到了 20 世紀 80 年代，計算能力的發展使得重抽樣的實驗得以在實務上進行，但是教科書和軟體中依然使用 t 分布和其他類似的分布。

要讓 t 分布準確地解釋樣本統計量的特性，需要樣本統計量的分布形狀類似於常態分布。t 分布之所以能被廣泛使用是基於這樣的一個事實：即便底層的母體資料並不符合常態分布，但樣本統計量通常是符合常態分布的，這一現象被稱為**中央極限定理**（參見第 61 頁的「中央極限定理」）。

 資料科學家需要了解 t 分布和中央極限定理中的哪些內容？這個問題的答案是：其實並不需要了解太多。t 分布是用於經典的統計推論中，在資料科學中並不是那麼的重要。對於資料科學家而言，他們著重在理解並量化和分析不確定性與變異性。這時，以實驗為依據的自助抽樣可以解決大多數與抽樣誤差相關的問題，但是，資料科學家還是時常會在統計學軟體和 R 的統計過程中遇到 t 統計量，例如在 A/B 測試和迴歸中，因此，了解這些分布的目的對於資料科學家來說也是非常有幫助的！

本節重點

- 實際上有一系列的 t 分布，它與常態分布相似，但是尾部較厚。
- t 分布被廣泛作為樣本平均數分布、兩個樣本平均數間的差異、迴歸參數等的參考基礎。

延伸閱讀

- 網路上提供了 W. S. Gosset 於 1908 年發表在《*Biometrika*》期刊上的原始論文 PDF 檔案。（*https://oreil.ly/J6gDg*）
- 在 David Lane 提供的網路資源（*https://oreil.ly/QxUkA*）中，可以看到有關 t 分布的標準處理方式。

二項分布

「是／否」這樣的（二項）結果是資料分析的核心，因為它通常是決策或其他過程的結果。例如：買或不買、點擊或不點擊、存活或死亡等等。**試驗**（*trials*）的概念對於了解二項分布非常重要；在一組試驗中，每次的試驗會有兩種可能的結果，每種結果的發生都有一個明確的機率。

舉例來說，丟擲一個硬幣 10 次是一個包含了 10 次二項試驗的實驗，每次的試驗結果有兩種可能的結果，即正面朝上或反面朝上（如圖 2-14 所示）。「是／否」和「0 或 1」這樣的結果稱為**二元結果**，這兩種結果不一定都會有 50% 的機率。事實上，只要兩種結果的機率總和為 1 就可以了。統計學的慣例作法是，將結果為「1」的實驗稱為一次**成功**的結果，而且通常將「1」分配給較不常見的結果。這裡所用的**成功**一詞，並不是表示結果是我們需要的或是對我們有利的，而是表示實驗確實傾向於得出我們有興趣的結果。例如：我們可能對預測貸款拖欠或是詐欺交易感興趣，這些事情是相對較不常見的，因此我們可以將這類事件定義為「1」或是「成功」。

圖 2-14　北美野牛硬幣的反面

試驗（*Trial*）

一次能得出離散值的事件，例如：丟擲硬幣一次。

成功（*Success*）

一次試驗的結果是我們所感興趣的。

同義詞

1（相對於 0）

二項（*Binomial*）

具有兩個結果。

同義詞

是 / 否、0/1、二元

二項試驗（*Binomial trial*）

具有兩種可能結果的實驗。

同義詞

伯努利試驗（Bernoulli trial）

二項分布（*Binomial distribution*）

在多次實驗中（例如 *n* 次），成功次數的分布。

同義詞

伯努利分布（Bernoulli distribution）

二項分布是在假定每次試驗的成功機率為 *p*，在實驗次數 *n* 的情況下，成功次數 *x* 的機率分布。根據 *x*、*n* 和 *p* 的值不同，二項分布也分有不同系列。舉例來說：

如果點擊網路連結轉換為購買行為的機率是 0.02，那麼觀測到 200 次點擊卻沒有購買的機率是多少？

R 語言的 dbinom 函數可以用於計算二項機率：

```
dbinom(x=2, size=5, p=0.1)
```

這個指令返回的結果為 0.0729，這個值代表了若每次實驗成功的機率 $p = 0.1$ 時，在 $size = 5$ 次的實驗中，觀測到 $x = 2$ 的機率。而關於我們前面的舉例，使用 $x = 0$，$size = 200$ 和 $p = 0.02$，然後使用 dbinom 函數，所得出的機率為 0.0176。

我們通常所感興趣的是要在 n 次實驗中確定 x 的機率，或較少成功之事件的機率。在這種情況下，我們應該使用 R 語言的 pbinom 函數：

```
pbinom(2, 5, 0.1)
```

這個指令的結果為 0.9914，即在 5 次成功機率是 0.1 的實驗中，所觀察到成功的次數不多於 2 次。

$Python$ 的 scipy.stats 模組也可以用於各種的統計分布。對於二項分布，需要使用 stats.binom.pmf 和 stats.binom.cdf 函數：

```
stats.binom.pmf(2, n=5, p=0.1)
stats.binom.cdf(2, n=5, p=0.1)
```

二項分布的平均值是 $n \times p$，也可以將平均值視為 n 次試驗的期望成功次數，其中每次試驗的成功機率是 p。

二項分布的變異數是 $n \times p(1 - p)$。如果試驗的次數夠多（尤其是當 p 接近於 0.5 時），二項分布幾乎會等同於常態分布。事實上，計算大規模樣本的二項機率對計算能力的要求很高，因此大多數統計程序會使用具有一定平均數和變異數的常態分布來計算近似值。

本節重點

- 二元結果在建模中非常重要，因為它們表示了基本的決策情況，例如是否購買、是否點擊、存活或死亡等等。

- 二項試驗是一種具有兩種可能結果的實驗，其中一種結果的機率為 p，另一種結果的機率為 $1 - p$。

- 當 n 很大且 p 不接近於 0（或 1）時，二項分布可以透過常態分布來預測。

延伸閱讀

- 可以閱讀一個名為「quincunx」的線上彈珠模擬程式，它解釋了二項分布（*https://oreil.ly/nmkcs*）。

- 二項分布是統計學導論中的主要內容，在所有的統計學導論教材中，都會有一到兩個章節來介紹二項分布。

卡方分布

統計學中有一個很重要的觀念是**期望偏離**，特別是在類別統計方面。期望大致被定義為「資料中沒有異常或值得注意的束西」，例如，變數之間或可預測模式之間中沒有關聯性。這也被稱為「虛無假設」或「虛無模型」（參見第 94 頁的「虛無假設」）。舉例來說，你可能會想測試兩個變數之間是否獨立（例如，列的變數代表性別；欄的變數代表升遷），並且在資料表中的每一格都有對應所算出來的數值。這種用來衡量結果是否偏離虛無期望的獨立性之統計，我們稱之為卡方分布。它是觀察值和期望值之間的差，除以期望值的平方根，然後再平方，並從所有類別中求總和。此過程將統計量標準化，因此可以將其與其他相關分布進行比較。還有一種更普遍的說法是，卡方統計量是對一組觀察值「配適」一個指定分布程度的統計方式（卡方適合度檢驗）。這對於確定多種治療（「A/B/C…測試」）是否在效果上對彼此不同。卡方分布是指該統計值在從虛無模型中進行重複重抽樣，有關詳細算法，請參見第 124 頁的「卡方檢定」。較低的卡方值表示它們緊密遵循預期的分布；較高的卡方值則代表它們與預期截然不同。卡方分布也有一系列有關不同自由度的分布，例如，觀察次數（參見第 116 頁的「自由度」）。

本節重點

- 卡方分布通常與屬於類別的主題或項目的數量有關。

- 卡方統計用來衡量與虛無模型中期望值的偏離程度。

延伸閱讀

- 卡方分布在統計學中有現今的地位，應歸功於偉大的統計學家 Karl Pearson 和假說檢定的發明，我們可以藉由閱讀 David Salsburg 的著作《*The Lady Tasting Tea: How Statistics Revolutionized Science in the Twentieth Century*》（W. H. Freeman, 2001）來了解更多。

- 更詳盡的說明，請參閱本書有關卡方檢定的章節（第 124 頁）。

F 分布

在科學實驗中，跨組測試多種方法是非常常見的程序，可以想成是在同一塊田地中的不同區塊裡施灑不同的肥料。這類似於我們前面提到有關卡方分布中的 A/B/C 測試（參見第 81 頁的「卡方分布」），不同的地方是，我們所處理的是測量的連續值，而不是計算值。在這種情形下，我們有興趣的是組平均之間的差異大於常態隨機變異下的預期之程度。F 分布即是對此進行測量，它是組平均之間的變異性與每個組內變異性（也稱為殘差變異性）的比率。該比較稱為變異數分析（參見第 118 頁的「ANOVA 變異數分析」）。F 統計量的分布是透過隨機置換其中所有組平均數相等的資料（例如虛無模型）將產生的所有值的機率分布。F 分布也有一系列有關不同自由度的分布，例如，組數（參見第 116 頁的「自由度」），F 的計算在變異數分析部分進行了說明。F 統計量還用於線性迴歸，以將迴歸模型所作的變化與資料的整體變化進行比較。F 統計量是 *R* 語言和 *Python* 中迴歸和 ANOVA 程序自動產生的一部分。

本節重點

- F 分布用於涉及測量資料的實驗和線性模型。
- F 統計量對由因子引起的變化與整體的變化進行比較。

延伸閱讀

George Cobb 所著的《*Introduction to Design and Analysis of Experiments*》（Wiley, 2008）包含對變異數分解極好的說明，這有助於理解變異數分析和 F 統計量。

泊松分布及其相關分布

一些過程是根據一個假定的整體速率來隨機產生事件，例如某個網站的訪問情況、一個收費站的汽車經過情況等等；也可能是散佈於空間中的，例如每平方米紡織品上的瑕疵情況、每 100 行程式碼中有拼寫錯誤的情況。

Lambda

單位時間內或單位空間中，事件發生的機率。

泊松分布（*Poisson distribution*）

單位時間內或單位空間中，事件數量的頻率分布。

指數分布（*Exponential distribution*）

在時間或距離上，從一個事件到下一個事件的頻率分布。

韋伯分布（*Weibull distribution*）

廣義形式上的指數分布。韋伯分布允許事件發生的速率隨時間而變化。

泊松分布

我們可以根據已有的資料數據來估算單位時間內或單位空間中的平均事件數量，不僅如此，我們可能也想知道在單位時間或單位空間之間事件的差異情況。泊松分布可以透過對很多單位抽樣來告訴我們，單位時間內或單位空間中事件的分布情形。例如，對於回答排隊問題，泊松分布就非常有效，舉例來說：「如果要確保在 95% 的情況下，可以完全處理任意 5 秒內回傳到伺服器的網路流量，那我們需要多大的容量？」

泊松分布中有一個關鍵的參數——λ（lambda），它表示在指定時間或空間間隔中，事件發生數量的平均。此外，泊松分布的變異數也是 λ。

在模擬排隊問題中使用泊松分布來產生隨機數是一種很常見的方法。*R* 語言的 rpois 函數可用來完成此功能，該函數只接受兩個參數，即隨機數的數量和 lambda：

```
rpois(100, lambda=2)
```

所對應的 scipy 函數是 stats.poisson.rvs：

```
stats.poisson.rvs(2, size=100)
```

上面的指令將從 $\lambda = 2$ 的泊松分布產生 100 個隨機數。例如，如果平均每分鐘有 2 次客戶打服務電話進來，那麼上面的指令可以模擬 100 分鐘內服務電話響起的情況，並返回每 1 分鐘內電話響起次數。

指數分布

指數分布可以對各次事件之間的時間分布情況建立模型，例如，網站有訪客的時間間隔、汽車經過收費站的時間間隔等。它所使用的參數 λ 與泊松分布一樣。在工程領域中，指數分布可用於故障時間的建模；在作業流程管理中，指數分布可用於對每次服務電話所需要花的時間進行建模。使用 *R* 語言得出從指數分布產生隨機數時，需指定兩個參數，分別是產生隨機數的數量 n 和每個時間週期內的事件數量 rate。舉例說明如下：

```
rexp(n=100, rate=0.2)
```

Python 的 `scipy` 是用 scale 而不是 rate 來指定指數分布；而 scale 是 rate 的倒數。相對應的 *Python* 程式碼如下：

```
stats.expon.rvs(scale=1/0.2, size=100)
stats.expon.rvs(scale=5, size=100)
```

上面的程式碼使用每個時間週期內平均事件數量為 0.2 的指數分布產生 100 個隨機數。它可以用於模擬每分鐘電話響起 0.2 次的情況下，100 次電話的時間間隔情形（時間單位為分鐘）。

在針對泊松分布或指數分布的研究中，有一個關鍵的假設是速率 λ 在所考慮的時間週期內是保持不變的。從總體上來看，這一假設很少是合理的。例如，公路或資料網路上的流量會隨著一天中的不同時段或者一週中的不同日子而有所變化，但是，我們可以將時間或空間分割為幾乎同等的幾個部分，這樣就可以在其中進行分析或模擬。

失敗率估計

在許多實務的應用中，事件發生的機率 λ 是已知的，或者可以從已知資料中估計出來，但是對於極少發生的事件，卻未必如此。例如，飛機引擎發生故障的機率十分罕見，所以對於指定的引擎類型，幾乎沒有資料可以用於估計發生故障的時間間隔。如果完全沒有資料的話，就幾乎沒有基礎可以用來估算事件的發生機率。然而，我們仍然可以做一些猜測：假設經過 20 小時後沒有發生事件，那麼就可以確定事件發生的機率不會是每小時一次。我們可以透過模擬或者直接計算機率，來評估不同的假設事件發生機率，並估計出一個臨界值（發生機率不可能比它低）。如果我們有一些資料，但是這些資料不足以對事件發生機率做出準確可靠的估計時，那麼這時就可以應用「卡方適合度檢驗」（參見第 124 頁的「卡方檢定」）來檢測各種發生的機率，以確定它們對觀測資料的配適情況。

韋伯分布

在許多情況下，事件發生的機率並不會隨著時間的變化而一直保持相同。如果事件的變化週期遠大於該事件在一般情況下的發生週期，這並沒有任何問題，我們只需要將分析分割為多個間隔，並保持每段間隔中的事件發生機率相對一樣就好。但是，如果事件發生的機率在每一個間隔中也是多變的，那麼指數分布或泊松分布就失去功能了。在機械故障的問題中，機器發生故障的風險會隨著時間的增長而增加，這時可能就會發生這種情況。韋伯分布是指數分布的一種延伸，它透過指定**形狀參數** β 來允許事件發生的機率有變化。如果 $\beta > 1$，代表事件發生的機率會隨著時間而增加；反之，如果 $\beta < 1$，則代表事件發生的機率會隨著時間而降低。由於韋伯分布是用來分析發生故障的時間，而非發生的機率，因此分布的第二個參數則是表示特徵生命週期，而不是每個時間間隔中事件的發生機率。該參數也被稱為*尺度參數*，用 η 表示。

使用韋伯分布時，需要估計 β 和 η 這兩個參數。我們可以使用軟體來對資料建模，用以產生最適合韋伯分布的模擬估計。

在使用 *R* 語言於韋伯分布以產生隨機數時，需要指定三個參數，即產生隨機數的數量 n、形狀參數 shape 和尺度參數 scale。舉例說明如下：下面使用形狀參數為 1.5、特徵生命週期為 5,000 的韋伯分布，以產生 100 個隨機數字：

```
rweibull(100, 1.5, 5000)
```

在 *Python* 中，使用 stats.weibull_min.rvs 函數可以得出相同結果：

```
stats.weibull_min.rvs(1.5, scale=5000, size=100)
```

本節重點

- 如果事件發生的機率為常數，可用泊松分布對單位時間內或空間中的事件數量進行建模。

- 你也可以使用指數分布對兩個事件間的時間間隔或距離建模。

- 如果事件的發生機率會隨著時間而有所變化（例如，機器故障的機率增加），那麼就可以使用韋伯分布來建模。

延伸閱讀

- Thomas Ryan 所著作的《*Modern Engineering Statistics*》（Wiley, 2007）中，有一個章節專門介紹了工程應用中所使用的機率分布。

- 從以下的兩個網站中（*https://oreil.ly/1x-ga*）（*https://oreil.ly/9bn-U*）可以閱讀到更多從工程觀點來說明韋伯分布的應用。

本章總結

在大數據時代，當需要準確的估計時，隨機抽樣原則仍然很重要。與僅僅使用可方便獲得的資料相比，隨機抽樣可以縮小偏誤，並產生更高質量的資料集。我們應了解各種抽樣和資料產生的分布，這樣才能夠量化估計中可能由於隨機變化而引起的潛在誤差。此外，我們也應該了解自助法是對觀測資料進行有放回的抽樣；對於確定樣本估計量中可能存在的誤差，自助法是一種很實用的方法。

## 第三章

統計實驗與顯著性檢驗

實驗的設計是實踐統計學的基礎,也幾乎可以應用於所有研究領域。實驗設計的目的是為了要設計出能夠確認或推翻某個假設的實踐。資料科學家經常需要進行連續的實驗,尤其是在用戶介面和產品行銷方面。本章回顧了傳統的實驗設計,並討論了資料科學中的一些常見挑戰。此外,還將介紹一些其他在統計推論中常用的概念,並解釋它們的定義和與資料科學間的關聯性。

當你看到有關引用統計顯著性、t 檢定或 p 值的內容時,這一般是在經典統計推論的「資料工作流」中,如圖 3-1 所示。統計推論開始於某個假說,例如:「藥物 A 優於現有的標準藥物」或是「價格 A 比現有的價格 B 更有利潤」。實驗(例如 A/B 實驗)是用於驗證假說的,因此我們會希望所設計出的實驗能得出結論性的結果。在實驗中會收集並分析資料,進而得出結論。推論(*inference*)一詞反映出了一個目的:將從有限資料中所得到的實驗結果,應用在更大的程序或母體。

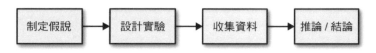

圖 3-1　經典統計推論的資料工作流

A/B 測試

一個 A/B 測試會將實驗分成兩個組別來進行，進而確認兩種處理方式、產品、過程等之中何者較優秀。一般來說，在兩組實驗中，會有一組是採用現有的標準來處理，或者是不執行任何處理，我們稱之為「對照組」，另一組即為「實驗組」。實驗中一個典型的假設是實驗組要優於對照組。

重要術語

處理方式（*Treatment*）
　　實驗對象所接觸的東西，例如：藥品、價格、網路標題等等。

實驗組（*Treatment group*）
　　執行特定處理方式的一組對象。

對照組（*Control group*）
　　執行標準處理方式或不執行任何處理的一組對象。

隨機分派（*Randomization*）
　　隨機地分配實驗對象以進行處理的過程。

實驗對象（*Subjects*）
　　接受處理者，例如網站的訪問者、病人等。

檢定統計量（*Test statistic*）
　　用於檢驗處理效果的指標。

A/B 測試的結果非常容易測量，因此被廣泛運用於網站設計和行銷之中。下方列出了一些有關 A/B 測試的例子：

- 測試兩種土壤的處理，以確定哪種土壤更有利於栽種。
- 測試兩種治療方式，以確定哪種療法對抑制癌症更有效果。
- 測試兩種定價，以確定哪種定價的淨利更高。

- 測試兩種網路標題，以確定哪個標題可以帶來更多的點擊量（如圖 3-2 所示）。

- 測試兩則網路廣告，以確定哪則廣告可以轉換成更多的實際購買行為。

圖 3-2　行銷人員對兩種網站頁面設計持續進行對比測試

一個合適的 A/B 測試是有**對象**的，對象會被分配給兩組處理中的其中一組。這個對象可以是人、一種植物的種子或是一個網站的訪客。特別需要留意的是，對象是需要接受處理的。在理想的情況下，對象是**隨機分派**給一組處理，這樣兩組實驗組之間的任何差異，只可能是由下面這兩個因素所導致的：

- 不同的處理方式所造成的影響。

- 將對象分配到不同處理過程中的運氣因素。有一些對象的效果本來就很好，但隨機分派可能會導致效果好的對象都集中在 A 處理或是 B 處理。

此外，在 A/B 測試中，我們也需要注意用於比較 A、B 兩組的**檢驗統計量**（即指標）。在資料科學中，最常用的指標標準是二元變數，例如：點擊或不點擊、買或不買、作弊或不作弊等等。我們可以將比較結果歸納成一個 2×2 的表格，如表 3-1 所示，用於實際價格測試。（在第 103 頁的「統計顯著性和 p 值」中有更進一步的說明）

表 3-1　電子商務實驗結果的 2×2 表格

結果	價格 A	價格 B
點擊轉換為購買	200	182
點擊沒有轉換為購買	23,539	22,406

在比較中所使用的指標，可以是連續變數（例如購買數量、利潤等等）；也可以是計次的（例如住院天數、訪問的頁面數量）。兩者間的結果顯示存在著差異。如果我們關注的並不是點擊廣告所帶來的轉換情形，而是每次頁面瀏覽所獲利的情況，那麼在常見的軟體輸出結果中，表 3-1 的價格測試結果大致如下：

> 價格 A 的營收 / 瀏覽頁面數：mean = 3.87, SD = 51.10
> 價格 B 的營收 / 瀏覽頁面數：mean = 4.11, SD = 62.98

結果中的「SD」代表各組中的標準差。

有一些統計軟體（包含 R 語言和 Python）會在預設的情況下產生輸出結果，但這不能代表所有的輸出資料都是有用的或是與結果是有關的。我們可以由上面的資訊中看出，標準差並非十分有用。它們表明資料中可能存在大量的負值，但我們也知道，收入值是不可能為負的。這是由於資料集是由少量較大的值（代表點擊轉換為購買），以及大量的零值（代表點擊沒有轉換為購買）組成。此類資料的變異性很難用單一一個數值來作結論。相對於標準差而言，平均數的平均絕對偏差（A 是 7.68、B 是 8.15）是更合適的指標。

為什麼要有對照組？

在實驗中，為何我們不能跳過對照組，而只對一個組進行我們所關注的處理，然後再將結果與之前的經驗進行比對呢？

若是沒有對照組的話，我們就無法確保「其他條件都是一樣的」，也無法確認所有差異確實是由於處理方式（或偶發）導致的。除了處理方式，對照組與進行處理的組皆具有相同的條件。若是我們只對比「基準」或先前的經驗，那麼除了處理方式之外，可能還存在其他一些有差異的因素。

單盲研究與雙盲研究

在單盲研究中,受試者本身並不知道自己所接受的是 A 測驗還是 B 測驗。如果受試者知道自己所接受的處理,這會對結果產生影響。**雙盲研究**則是研究者和助手(例如參與醫學研究中的醫生和護士)都不知道哪個對象接受了哪一種處理。如果處理的進行是透明公開的,那麼盲測是無法進行的,例如電腦的認知療法相較於心理學家的認知療法。

在資料科學中,A/B 測試通常用於網站相關應用,其中的處理可以是網頁的設計、產品的定價、標題內容遣詞用字等等,這些是需要思考如何依循隨機化的原則。一般來說,受試者是網站的訪客,在標準的 A/B 測試中,雖然我們可能需要蒐集多種行為指標,且這些指標都是我們有興趣的,但是為了要在 A/B 測試中得出一個結論,我們需要預先確定一個指標,即**檢驗統計量**。如果在實驗已經開始進行**之後**才去選擇要檢驗哪一個統計量時,這通常都會被研究人員的喜好所影響。

為什麼只做 A/B 測試,沒有 C、D⋯組呢?

A/B 測試廣泛地被應用在行銷和電商領域,但是這並不是唯一一種統計實驗的類型,我們還可以再加入其他類型的實驗,也可以對受試者做重複的測量,例如:參與一些藥物實驗的受試者其實很少、實驗成本高且需要不斷地尋找問題所在,因此在實驗過程中,有多次機會終止實驗並得出結論。

傳統統計實驗的設計所關注的是如何回答有關具體處理的效果問題。對於下方所列出的 2 個問題,資料科學家更重視的是問題 2:

定價 A 和定價 B 之間的差異是否存在統計顯著性?

在多種可能的定價中,哪一種的定價最好呢?

有鑑於此,資料科學家採用了另一種相對新穎的實驗設計方法:**多臂老虎機**(參見第 132 頁的「多臂老虎機算法」)。

獲得許可權限

在進行科學研究或醫療研究時,如果受試者是人,那麼會需要獲得他們的許可及獲得特定機構審查委員會的批准,方能進行研究。而作為持續營運的一部分所進行的商業研究幾乎都不是這麼進行的。在多數的情況下,例如:價格訂定的研究、網站標題該用哪個或應該提供何種報價等的研究,這種方式的接受度已經很高。然而,在 2014 年,Facebook 就在這個已被普遍接受的問題上遇到了瓶頸。Facebook 當時使用情緒分析將新聞貼文分類為正面及負面,然後更改了向使用者顯示的正面和負面的平衡。他們隨機地向一些使用者推播正面的貼文,同時也向另一些隨機使用者推播了負面貼文。之後 Facebook 發現,閱讀正面情緒貼文的使用者更傾向發布正面情緒的貼文,反之亦然。儘管該研究的影響程度很小,但是 Facebook 在使用者不知情的情況下進行研究,因而遭到了很多批評。有一些人覺得,如果 Facebook 在研究中像一些已經有嚴重憂鬱的使用者推播負面情緒的貼文,那麼有可能會導致這些使用者崩潰,並將他們更推向了邊緣化。

本節重點

- 將實驗對象分為兩組或是多組,各組中的條件完全相同,只有所接受的處理方式不同而已。

- 在理想的情況中,實驗對象是被隨機分派給各組的。

延伸閱讀

- 兩組進行比對(即 A/B 測試)是傳統統計學中一種最基本的測試。幾乎任何統計學入門用書都會完整地介紹 A/B 測試的設計原則和推論過程。Peter Bruce 的著作《*Introductory Statistics and Analytics: A Resampling Perspective*》(Wiley, 2014)中著重介紹了如何在資料科學中使用 A/B 測試和重抽樣。

- 在網站測試中,對於邏輯的測試可能與統計學的測試方式同樣都具有挑戰性。可以從 Google Analytics 網站中關於實驗的章節(*https://oreil.ly/mAbqF*)開始學習。

- 網路上有很多大量有關的 A/B 測試的指南，我們需要謹慎地接收這些建議，例如：「等到大約 1,000 名訪問者之後，確認測試進行維持一週」，在統計學中，此類通用經驗法則是毫無意義的（參見第 135 頁的「統計檢定力與樣本規模」）。

假說檢定

假說檢定，又被稱為**顯著性測驗**，在公開發表的傳統統計學研究中隨處可見。假說檢定的目的是確定一個觀測到的效果是否是由隨機機會造成的。

重要術語

虛無假設（*Null hypothesis*）
　　指完全歸因於偶發性的假設。

對立假設（*Alternative hypothesis*）
　　與虛無假設相反，即實驗者希望能證實的假設。

單向檢定（*One-way test*）
　　在假說檢定中，只從一個因子上計算偶發性的結果。

雙向檢定（*Two-way test*）
　　在假說檢驗中，從正、反兩個因子上計算偶發性的結果。

在一個 A/B 測試（參見第 88 頁的「A/B 測試」）中，我們通常會預先構想一個假設，例如：假設定價 B 可能會帶來更好的利潤。為什麼我們需要作一個假設？為什麼不能僅用實驗結果，然後選擇處理結果更好的那一組？

上述問題的答案在於，我們人類在思想上傾向低估天然隨機行為的範圍。一個典型的例證就是難以預料的極端事件，即「黑天鵝事件」（參見第 73 頁的「長尾分布」）。另一個例證是人們傾向將隨機事件曲解為具有某種顯著性的模式。因此，假說檢定才會被提出，目的是使研究人員能夠避免對隨機性的誤判。

曲解隨機性

我們可以發現，人們傾向於在實驗中低估隨機性。舉例來說：請一些朋友構想丟擲 50 次硬幣的結果，並寫下一系列隨機的 H（正面朝上）和 T（反面朝上），然後讓這些朋友實際去丟擲 50 次硬幣並記錄結果。兩個都完成後，我們將真正的丟擲結果與一開始構想的丟擲結果做比對，我們可以很容易就看出哪個結果是真實的，因為在真實的結果中，會出現一組連續的 H 或 T。在一組 50 個**真實**的丟擲結果中，看到連續 5 至 6 個 H 或 T 是很正常的；然而我們大部分的人在構想隨機丟擲硬幣結果時，若已經連續寫了 3 或 4 個 H，那麼我們會告訴自己，為了讓這些結果看起來比較隨機，下一個應該要換成 T。

另外，丟擲硬幣的實驗還說明了一個問題：如果在現實世界中**的確**看到了類似連續出現 6 個 H 的情況，例如一個標題比另一個標題好 10%，我們會傾向於將其歸因於真實情況，而非巧合。

在一個設計合適的 A/B 試驗中，處理 A 和處理 B 之間任何可以觀測到的差異，一定是由下面兩個因素之一所導致的：

- 分配對象中的隨機可能性。
- 處理 A 和處理 B 之間的真實差異。

統計假說檢定是對 A/B 測試（或是任何隨機測試）的進一步分析，目的在於評估隨機性是否可以合理地解釋 A 組和 B 組之間所觀察到的差異。

虛無假設

假說檢定所使用的邏輯是：有鑑於人們傾向於對異常的隨機行為作出反應，並將其解釋為有意義的真實行為，因此我們要從實驗中證明，組別之間的差異要比偶發性可能導致的差異更為極端。這其中包含了一個基礎假設，即各個處理是平等的，且組別間的差異完全是由偶發性所導致的，我們稱其為**虛無假設**。事實上，我們希望能證明虛無假設是**錯誤**的，並證明 A 組和 B 組的結果差異比偶發性可能導致的差異更大。

有一種實踐的方法是透過抽樣置換過程，對 A 組和 B 組的結果作隨機混合，並且反覆地將資料分配為規模相近的組別，之後查看實驗所得到的差異與觀測差異同樣極端的頻率。來自 A、B 組混合並洗牌後的結果，以及重抽樣的過程中體現了 A 組和 B 組相等且可互換的虛無假設，亦被稱為「虛無模型」。（參見第 96 頁的「重抽樣」）

對立假設

假說檢定本身不僅包含虛無假設，還包括一個可與其相抵銷的對立假設。接下來透過一些例子來說明：

- 虛無假設是「A 組和 B 組的平均值間沒有差異」，則對立假設是「A 不同於 B」（可能更大或更小）。

- 虛無假設是「A ≤ B」，則對立假設是「B > A」。

- 虛無假設是「B 不會比 A 大 X%」，則對立假設是「B 比 A 大 X%」。

總而言之，虛無假設與對立假設加起來必須涵蓋所有的可能性。假說檢定的結構將取決於虛無假設的性質。

單向假說檢定與雙向假說檢定

通常 A/B 測試是依據一個已建立的預設選項（例如 A）去測試一個新的選項（例如 B），並且假定除非證明 B 優於 A，否則我們將堅持使用 A。在此種情況下，我們需要一個假說檢定來避免傾向於 B 的偶然性。我們並不在意是否會受到偶發性的欺騙，因為除非能證明 B 更好，不然我們仍會堅持 A。因此，我們需要一種有因子的對立假設（即 B 比 A 好）。這種情況下，我們可以使用**單向**假說檢定（單尾），這代表極端偶發性只會導致從一個方向上記入 p 值。

如果我們想要用假說檢定來避免被任一方向的偶發性所欺騙，那麼對立假設應該是**雙因子**的（即 A 不同於 B，可能更大或更小）。在這種情況下，我們需要使用**雙向檢定**，代表極端偶發性導致可以從任一方向上記入 p 值。

單向檢定通常依循著 A/B 測試的決策過程，即需要指定一個選項，並且除非能夠證明另一個選項更好，否則將指定該選項為「預設」的。然而，包括 R 語言和 *Python* 中的 scipy 函數在內的一些軟體預設的輸出結果通常提供的是雙向檢定，且統計學家為了避免爭議，也多會選擇更為保守的雙向檢定。要使用單因子或是雙向檢定，這是一個很難抉擇的問題，但是該問題與資料科學的關係並不大。在資料科學中，p 值的計算精準度其實並不是那麼重要。

本節重點

- 虛無假設是一種邏輯構造，體現了沒有特殊事件的發生，並且所觀察到的任何影響都是由於隨機機會造成的。

- 假說檢定假定虛無假設為真，創建了「虛無模型」（一種機率模型），並且檢驗所觀察到的影響是否是該模型的合理結果。

延伸閱讀

- Leonard Mlodinow 的著作《*The Drunkard's Walk: How Randomness Rules Our Lives*》（Pantheon, 2008）一書中綜述了「隨機性克制了我們的生活」的方式。

- David Freedman、Robert Pisani 和 Roger Purves 的經典統計學教材《*Statistics*》第四版（W. W. Norton, 2007），該書以非數理論的陳列方式，並詳盡地介紹了大部分統計學內容，其中也包括假說檢定。

- Peter Bruce 的著作《*Introductory Statistics and Analytics: A Resampling Perspective*》（Wiley, 2014）中，從重抽樣角度介紹了假說檢定的概念。

重抽樣

在統計學中，**重抽樣**是指從觀測資料中反覆地抽取資料值，目標是評估一個統計量中的機遇變異性。重抽樣還可以用於評估並提高一些機器學習模型的準確度。例如，對於使用多個自助法資料集所構建的決策模型，可以透過**袋裝法**過程計算其平均值（參見第 260 頁的「袋裝法與隨機森林」）。

重抽樣的過程主要有兩種類型，即**自助法**和**置換檢驗**。自助法用於評估一個估計量的可靠程度，在先前已經做過介紹。本節將介紹用於檢驗假設的置換檢驗，它通常會牽涉到兩組或多組樣本。

重要術語

置換檢驗（*Permutation test*）
　　將兩組或多組的樣本組合在一起，並將觀察值隨機地重新分配給重抽樣。

同義詞
　　隨機化檢驗、隨機置換檢驗、準確檢驗

重抽樣（*Resampling*）
　　在觀測的資料中重覆抽取樣本。

有放回／無放回（*With or without replacement*）
　　在抽樣的過程中，所抽取的元素在進行下一次抽取前是否要放回樣本中。

置換檢驗

在**置換**的過程中會牽涉到兩組或多組的樣本，通常會是 A/B 測試或其他假說檢定中的組別。**置換**代表著改變一組值的順序。要對一個假設進行**置換檢驗**，首先要先把從 A 組和 B 組（當然還可以包括其他更多組，如 C、D 等）中所得到的結果組合在一起。這就是虛無假設的邏輯體現，即無論處理指定給哪一個組別，都是無差別的，然後我們從組合集中隨機抽取出各個組，並查看組別間的差異情形，以實現對假設的檢驗。下述步驟為置換過程：

1. 將各個組得到的結果組合為一個資料集。

2. 對組合得到的資料作隨機混合，然後再從中有放回地隨機抽取一個規模與 A 相同的重抽樣樣本。

3. 在剩下的資料中，從中有放回地隨機抽取一個規模與 B 相同的重抽樣樣本。

4. 若還有 C、D 甚至更多組，再重複進行同樣的步驟。

5. 無論對原始樣本計算的是哪一種的統計量或估計量（例如組別間比例的差異），現在對重抽樣進行重新計算，並將結果記錄下來。這就是一次置換迭代。

6. 重複上述步驟 *R* 次，就可以產生檢驗統計量的置換分布。

現在我們回去查看所觀測到的組間差異，並與置換差異進行比對。如果觀測到的差異位於置換差異內，那麼置換檢驗的結果並不能證明任何事情，因為所觀測到的差異落在偶發可能產生的差異範圍內。然而，若觀測到的差異大部分落在置換分布以外，那麼我們就可以得出「與偶發性無關」的結論。如果要用專業術語來說，我們稱差異為**統計顯著性**。（參見第 103 頁的「統計顯著性和 p 值」）

置換檢驗範例：網站黏著度分析

有一間公司提供了較高收費的服務，現在這間公司想要測試兩種不同網頁呈現畫面，哪一種可以帶來更高的營業額。由於該公司所提供的服務價格較高，因此銷量並不好且銷售週期很長。要想確定哪一種網站的顯示頁面效果更好，該公司需要花費很長的時間才能累積到足夠多的銷售資料。因此，該公司決定使用一種代理變數來測量結果，並以詳盡描述公司服務的內部頁面來作測試。

代理變數是一種可以代表我們所真正關注的變數；因真正關注的變數可能無法使用，也可能測量的成本太高或花費時間太長。例如：在氣候的研究中，遠古冰河的含氧量被用作溫度的代理變數。最好至少有一點關於真正變數的資料，這樣可以評估真正變數與代理變數間的關聯程度。

在本例中，一個潛在的代理變數是首頁上的點擊數。當然，更好的代理變數是訪客在頁面上所停留的時間。我們可以認為，若一個網站顯示頁面能吸引人們關注更長的時間，那麼它就可能會帶來更高的營業額。因此，我們這裡所採用的指標是頁面 A 與頁面 B 的平均工作階段時間。

由於檢驗中所使用的網站頁面是公司內部專用，因此並不會有大量的訪客進入。另外要注意的是，我們使用 Google Analytics（GA）來測量平均網頁停留時間，然而 GA 無法測量在一工作階段中的最後一個頁面上所花費的時間，除非訪客在該頁面上有一些互動行為，像是點擊或滾動網頁，否則 GA 將會把此工作階段最後一個頁面上的停留時間設為 0；單頁的工作階段也是如此。因此我們需要對資料做額外的處理，才能將其考慮在內。基於該項特性，我們從兩種不同的網站頁面顯示中共得到了 36 個工作階段時間，

其中 A 是 21 個、B 是 15 個。為了更簡單的進行比對，我們使用 ggplot 來完成箱形圖的並排繪製。

```
ggplot(session_times, aes(x=Page, y=Time)) +
  geom_boxplot()
```

pandas boxplot 指令使用關鍵字引數 by 來產生圖形：

```
ax = session_times.boxplot(by='Page', column='Time')
ax.set_xlabel('')
ax.set_ylabel('Time (in seconds)')
plt.suptitle('')
```

生成的箱形圖如圖 3-3 所示，圖中顯示了頁面 B 比頁面 A 有更長的工作階段時間。使用 R 語言計算各組的平均值方式如下：

```
mean_a <- mean(session_times[session_times['Page'] == 'Page A', 'Time'])
mean_b <- mean(session_times[session_times['Page'] == 'Page B', 'Time'])
mean_b - mean_a
[1] 35.66667
```

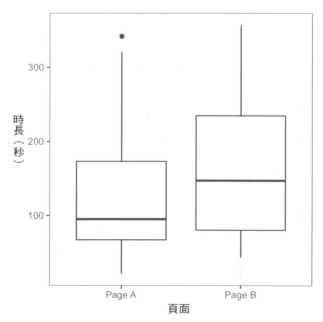

圖 3-3　頁面 A 和頁面 B 的工作階段時間

在 *Python* 中，我們首先按頁面過濾 pandas 資料框的資料，然後確定 Time 欄位的平均值：

```
mean_a = session_times[session_times.Page == 'Page A'].Time.mean()
mean_b = session_times[session_times.Page == 'Page B'].Time.mean()
mean_b - mean_a
```

頁面 B 的平均工作階段時間比頁面 A 多了 35.67 秒，但問題在於，這一差距是否落在隨機性可能產生的範圍內，即是否為統計顯著。要回答這一問題，有一種方法是應用置換檢驗，將所有工作階段時間組合在一起，然後反覆進行隨機混合，再將資料分為一個具有 21 個觀察值的組（頁面 A，$n_A = 21$），和一個有 15 個觀察值的組（頁面 B，$n_B = 15$）。

我們需要一個函數用以進行置換檢驗，該函數可以將 36 個工作階段時間隨機分配給一個具有 21 個元素的組別（頁面 A）和一個有 15 個元素的組別（頁面 B）。*R* 語言的函數程式碼如下：

```
perm_fun <- function(x, nA, nB)
{
  n <- nA + nB
  idx_b <- sample(1:n, nB)
  idx_a <- setdiff(1:n, idx_b)
  mean_diff <- mean(x[idx_b]) - mean(x[idx_a])
  return(mean_diff)
}
```

在 *Python* 中的置換檢驗程式碼如下：

```
def perm_fun(x, nA, nB):
    n = nA + nB
    idx_B = set(random.sample(range(n), nB))
    idx_A = set(range(n)) - idx_B
    return x.loc[idx_B].mean() - x.loc[idx_A].mean()
```

該函數的工作原理是，無放回地抽樣 n_B 次並指定分配給 B 組，剩下 n_A 次抽樣分配給 A 組。函數會返回兩組平均值之間的差異。我們指定 $n_B = 15$，$n_A = 21$，並調用該函數 $R = 1,000$ 次，然後將所生成的工作階段時間之差異分布繪製成直方圖。我們能使用 *R* 的 hist 函式，程式碼如下：

```
perm_diffs <- rep(0, 1000)
for (i in 1:1000) {
  perm_diffs[i] = perm_fun(session_times[, 'Time'], 21, 15)
}
hist(perm_diffs, xlab='Session time differences (in seconds)')
abline(v=mean_b - mean_a)
```

在 *Python* 中，我們可以使用 `matplotlib` 函數來生成相似的圖形：

```python
perm_diffs = [perm_fun(session_times.Time, nA, nB) for _ in range(1000)]

fig, ax = plt.subplots(figsize=(5, 5))
ax.hist(perm_diffs, bins=11, rwidth=0.9)
ax.axvline(x = mean_b - mean_a, color='black', lw=2)
ax.text(50, 190, 'Observed\ndifference', bbox={'facecolor':'white'})
ax.set_xlabel('Session time differences (in seconds)')
ax.set_ylabel('Frequency')
```

圖 3-4 為所生成的直方圖。我們可以從圖中看出，對於頁面的工作階段時間，隨機置換的平均差異通常會超出所觀測到的差異（圖中的垂直線）。在我們的結果中，這種情況發生在 12.6% 的情況下：

```python
mean(perm_diffs > (mean_b - mean_a))
---
0.126
```

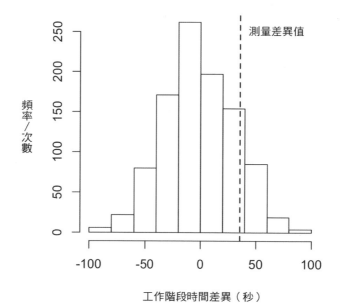

圖 3-4　頁面 A 與頁面 B 工作階段時間差異的頻率分布

由於模擬中使用了隨機值，因此百分比會有所不同。例如，在 *Python* 中，我們得到了
12.1%：

```
np.mean(perm_diffs > mean_b - mean_a)
---
0.121
```

以上結果都表示，在頁面 A 和頁面 B 之間觀察到的工作階段時間差異恰好落在機遇變異
的範圍內，因此在統計上並不顯著。

徹底置換檢驗和自助置換檢驗

置換過程除了使用前面介紹的隨機混合過程（又稱為**隨機置換檢驗、隨機檢驗**）之
外，還有兩個重要的變形：

- 徹底（*exhaustive*）置換檢驗
- 自助（*bootstrap*）置換檢驗

徹底置換檢驗並不是由隨機混合並分組的資料，而是嘗試所有有可能的分組。徹底置換
檢驗只適合規模較小的樣本。如果進行大量的重複混合，那麼隨機置換檢驗的結果就會
接近於徹底置換檢驗的結果，並在極限上很靠近。徹底置換檢驗有時又被稱為**精確性檢
定**，因為其統計屬性確保了虛無模型不會被檢驗為比 alpha 水準更「顯著」（參見第 103
頁的「統計顯著性和 p 值」）。

自助置換檢驗是在置換檢驗第二步驟和第三步驟的抽取中，進行**有放回**地抽樣，而不是
無放回的。這樣，重抽樣的過程不僅建立了隨機分配處理方式的過程，還建立了從母體
中隨機抽取對象的過程。這兩個都是統計學的過程，但是它們之間的差別太過於複雜，
因此不被資料科學的實務所關注。

置換檢驗：資料科學的底線

在探索機遇變異性時，置換檢驗是一種十分有用的啟發式過程，它很容易編碼，也很容
易理解和解釋。針對基於公式的統計學中那些形式主義和「假決定論」，置換檢驗提供
了確實可行的方法。

而不同於依賴統計學公式的方法，重抽樣的一個優點在於其給出了一種更加接近於「萬
能」的推斷方法。它所適用的資料可以是數值，也可以是二元的；樣本規模可以相同，
也可以不同；並且不需要假設資料是符合常態分布的。

> **本節重點**
>
> - 置換檢驗將多個樣本組合在一起,並再進行隨機混合。
>
> - 對混合過後的值做分組並重抽樣,然後計算我們有興趣的統計量。
>
> - 重複上述過程,並在表格中記錄重抽樣的統計量情況。
>
> - 對比統計量的觀察值與重抽樣的分布,就可以判定觀測到的樣本間差異是否是由機遇所導致的。

延伸閱讀

- Eugene Edgington 和 Patrick Onghena 合著的《*Randomization Tests*》第四版(Chapman & Hall/CRC Press, 2007),但記得不要被非隨機抽樣的內容所吸引了。

- Peter Bruce 的著作《*Introductory Statistics and Analytics: A Resampling Perspective*》(Wiley, 2014)。

統計顯著性和 p 值

統計顯著性是統計學家用以衡量一項實驗,或是對現有資料的研究,所產生的結果是否會比偶然情況下可能得出的結果更為極端。如果產生的結果超出了機遇變異的範圍,我們則稱之為統計顯著。

> **重要術語**
>
> **p 值**(*p-value*)
>
> 對於一個加入了虛無假設的機會模型,p 值是指得到與觀測結果一樣不尋常或極端的結果的機率。
>
> **α 值**(*alpha*)
>
> 在實際結果是統計顯著的情況下,α 值是指機遇結果必須超出「不尋常性」機率的門檻。

型一錯誤（*Type 1 error*）

　　錯誤地將一個由機遇導致的結果歸類為真。

型二錯誤（*Type 2 error*）

　　錯誤地將一個為真的結果歸類為由機遇導致的。

以表 3-2 為例，表中的資料為網站測試的結果。

表 3-2　電子商務實驗結果的 2×2 表格

結果	價格 A	價格 B
點擊轉換為購買	200	182
點擊沒有轉換為購買	23,539	22,406

價格 A 的轉換情況比價格 B 好將近 5%（0.8425% = 200/(23539+200)*100，0.8057% = 182/(22406+182)*100，差異為 0.0368%），當業務量很大的時候，這一差異就會具有很顯著的意義。當我們擁有 4 萬 5 千個資料集時，我們可以將其視為「大數據」，沒有必要再進行統計顯著性實驗，統計顯著性實驗主要是針對小規模樣本中的抽樣變異性。但是，我們也發現，在上述例子中的轉換率非常低，甚至低於 1%，以致於實際上有意義的值只有幾百個。實際上，所需要的樣本規模取決於轉換率。我們可以使用重抽樣來檢驗價格 A 與價格 B 之間的轉換差異，是否在**機遇變異**的範圍之內。這裡所提到的機遇變異，是指在機會模型中加入「兩者在轉換率上不存在差異」這一個虛無假設之後，由模型所產生出的機遇變異性（參見第 94 頁的「虛無假設」）。接下來的置換過程，主要目的在於回答「如果兩種價格具有相同的轉換率，那機遇變異會產生 5% 的差異嗎？」。

1. 將所有的樣本結果放在同一個集合中，同一個集合即代表假定兩種價格具有相同的轉換率。在本例中，我們一共有 382 個 1（200+182）和 45,945 個 0（23,539+22,406），如此一來，轉換率為 382 / (45,945 + 382) = 0.008246= 0.8246%。

2. 在集合中作隨機抽樣，從中抽出規模為 23,739（與價格 A 的 *n* 值相同）的重抽樣，並記錄抽樣中的 1 的個數。

3. 記錄集合中剩餘的 22,588（與價格 B 的 *n* 值相同）個資料中的 1 的個數。

4. 記錄兩者中 1 的比例在百分位數上的差異。

5. 重複第二至四步驟多次。

6. 計算其中差異大於或等於 0.0368% 的頻率。

下方我們使用網站黏著度分析中定義的函數 `perm_fun`，來建立隨機置換之轉換率差異的直方圖：

```
obs_pct_diff <- 100 * (200 / 23739 - 182 / 22588)
conversion <- c(rep(0, 45945), rep(1, 382))
perm_diffs <- rep(0, 1000)
for (i in 1:1000) {
  perm_diffs[i] = 100 * perm_fun(conversion, 23739, 22588)
}
hist(perm_diffs, xlab='Conversion rate (percent)', main='')
abline(v=obs_pct_diff)
```

在 *Python* 的對應程式碼如下：

```
obs_pct_diff = 100 * (200 / 23739 - 182 / 22588)
print(f'Observed difference: {obs_pct_diff:.4f}%')
conversion = [0] * 45945
conversion.extend([1] * 382)
conversion = pd.Series(conversion)

perm_diffs = [100 * perm_fun(conversion, 23739, 22588)
              for _ in range(1000)]

fig, ax = plt.subplots(figsize=(5, 5))
ax.hist(perm_diffs, bins=11, rwidth=0.9)
ax.axvline(x=obs_pct_diff, color='black', lw=2)
ax.text(0.06, 200, 'Observed\ndifference', bbox={'facecolor':'white'})
ax.set_xlabel('Conversion rate (percent)')
ax.set_ylabel('Frequency')
```

所生成的直方圖如圖 3-5 所示，顯示的是 1,000 次重抽樣的結果。在本例中，我們觀察到的差異 0.0368% 落在隨機差異的範圍內。

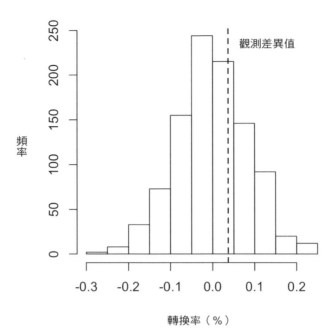

圖 3-5　價格 A 和價格 B 的轉換率差異的頻率分布

p 值

在衡量統計顯著性時，簡單地運用繪圖來檢查並不是一個非常精確的方法，人們所更關注的是 *p* 值。p 值表示機遇模型所產生的結果比觀測到的結果更極端的頻率。當估計置換檢驗的 p 值時，我們可以採用置換檢驗中產生大於或等於觀測差異值的檢驗次數所佔的比例。

```
mean(perm_diffs > obs_pct_diff)
[1] 0.308
```

```
np.mean([diff > obs_pct_diff for diff in perm_diffs])
```

在 *R* 語言和 *Python* 中，皆使用 1 代表事實、0 代表錯誤。

結果顯示 p 值為 0.308，這代表在超過 30% 的情況下，從隨機性而得的差異有可能大於或等於觀測差異。

在本例中，我們不需要使用置換檢驗也可以得到 p 值。根據二項分布，我們可以使用常態分布來近似估計 p 值。可使用 *R* 語言的 `prop.test` 函式來執行操作：

```
> prop.test(x=c(200, 182), n=c(23739, 22588), alternative='greater')

        2-sample test for equality of proportions with continuity correction

data:  c(200, 182) out of c(23739, 22588)
X-squared = 0.14893, df = 1, p-value = 0.3498
alternative hypothesis: greater
95 percent confidence interval:
 -0.001057439  1.000000000
sample estimates:
     prop 1       prop 2
0.008424955 0.008057376
```

在函數的輸出中,引數 x 表示各組的成功次數,引數 n 是實驗次數。

而使用函數 scipy.stats.chi2_contingency 來運算表 3-2 的數值如下:

```
survivors = np.array([[200, 23739 - 200], [182, 22588 - 182]])
chi2, p_value, df, _ = stats.chi2_contingency(survivors)

print(f'p-value for single sided test: {p_value / 2:.4f}')
```

由常態分布近似所產生的 p 值為 0.3498,接近於使用置換檢驗所得到的 p 值。

α 值

若完全由研究人員的判斷力去確定一個結果「太不尋常」是偶然產生的,統計學家絕對不會贊成這種做法。在統計學家看來,正確的做法是提前設定一個門檻,例如「超過機遇(虛無假設)結果 5%」,這樣的門檻被稱為 α 值。α 值的常見取值是 5% 和 1%。α 值的選取具有一定的隨意性,該過程無法確保在 x% 的情況下做出正確的決策,原因在於我們所要解決的問題並不是「隨機發生的機率是多少」,而是「假定一個隨機模型,出現極端結果的機率是多少」,這樣我們需要對隨機模型的適當性進行反向推論,但在這判斷過程中沒有任何可以依據的機率,這一問題一直困擾著統計學家。

p 值的爭議

近年來,對 p 值的使用一直存在著相當大的爭議。一份心理學期刊甚至禁止在其收到的論文中使用 p 值,理由是如果只根據 p 值作為論文可以出版的決定,這會導致一些質量不好的論文研究得以發表。有太多的研究人員只是大概了解 p 值的真正意義,就根據資料和各種可能的假設而開始進行檢驗,直到找到一種可以產生顯著 p 值的組合,而由此寫一篇適合發表的論文。

真正的問題在於，我們希望 p 值能包含更多的意義，並且*希望 p 值能夠表達*：

　　結果由機遇所導致的機率。

此外，我們希望該值越低越好，這樣就可以獲得某一假設得到證明的結論。這也是不少期刊編輯對 p 值的解釋。但是 p 值實際上所代表的是：

　　給定一個機遇模型，模型所得出的結果與所觀測到的結果同樣極端的機率。

這兩者之間的差異並不明顯，但確實存在差異。顯著的 p 值並不能引導我們沿著一條看似正確的證明道路走下去。如果我們真的理解 p 值的真正意義，那麼就會知道以此得出「統計顯著」結論的邏輯基礎其實並不穩。

在 2016 年 3 月，美國統計協會（ASA）在經過內部審議後，發表了一份關於使用 p 值的警告性聲明（*https://oreil.ly/WVfYU*），其中也揭示了人們對 p 值的誤會。聲明中特別針對研究人員和期刊編輯，列出以下 6 點準則：

1. p 值可以表示資料與指定統計模型間的不兼容程度。

2. p 值並不能預測所研究的假設為真之機率，也不能測量僅透過隨機性產生資料的機率。

3. 不應該僅依據 p 值是否超過了給定的門檻，就得出一個科學結論，或做出一個商業或政策決定。

4. 正確的推論過程需要具有全面性的報告和完整的透明度。

5. p 值，或統計顯著性，無法測量效果的規模，也無法測量結果的重要性。

6. p 值本身並不能很好地作為有關模型或假設的證據。

實務顯著性

即使結果具有統計意義，也並不意味著它具有實際意義。一個沒有實際意義的微小差異，若是由足夠大的樣本所產生的，那麼該差異在統計上也會具有重大意義。夠大的樣本可以確保那些小又無意義的影響仍然能夠大到可以排除機遇，排除掉機遇並不能使重要的結果從本質上被講成是不重要的。

型一錯誤和型二錯誤

在評估統計顯著性時，可能會出現下面兩種類型的錯誤：

- 型一錯誤：錯誤地將僅由機遇導致的效果判定為真。

- 型二錯誤：錯誤地將實際為真的效果判定為假的（即由機遇所導致的）。

事實上，型二錯誤並不是一種錯誤，它是由於判斷樣本的規模太小，而無法檢驗到效果。如果 p 值不足以表現統計顯著性（例如，超過 5%），那麼我們應該稱其為「效果未驗證」。只要增大樣本規模，可能就會產生較小的 p 值。

顯著性檢驗（即假說檢定）的基本功能就是防止我們被隨機性愚弄。因此，我們通常可以透過建構顯著性檢驗最小化型一錯誤。

資料科學與 p 值

資料科學家所做的工作一般並不會發表在科學期刊上，因此對 p 值意義的辯論是頗具有學術性的。如果資料科學家想了解一個看上去有意義且有用的模型結果是否落在機遇變異的範圍內，p 值是一種有用的指標。p 值作為一種在實驗中使用的決策工具，不應該被視為一種決定性的因素，反而應該被視為是另一種可以輔助決策的信息。例如：有時可以將 p 值作為一些統計學或機器學習模型的中間輸入值，根據 p 值來決定一個特徵應該包含在模型中，或是應該從模型中排除。

本節重點

- 顯著性檢驗可以用於確定觀測到的效果是否落在虛無假設模型的機遇變異範圍內。

- 給定一個虛無假設模型，p 值表示模型所產生的結果與觀測到的結果同樣極端的機率。

- α 值是虛無假設隨機模型「不尋常性」的門檻。

- 相對於資料科學而言，顯著性檢驗在正式的研究報告中更顯得重要，但是近年來，即便是在研究報告中，p 值的重要性也一直在下降。

延伸閱讀

- Stephen Stigler 在《*Chance*》期刊第 21 期第 4 卷（2008）：12 中的論文「Fisher and the 5% Level」對 Ronald Fisher 1925 年出版的《*Statistical Methods for Research Workers*》（Oliver & Boyd）一書作了綜述，其中更關注 5% 的顯著性水準。

- 參見第 93 頁的「假說檢定」和其中章節的延伸閱讀。

t 檢定

顯著性測驗分為很多種不同方式，要使用哪一種方式取決於資料是屬於計數資料還是測量數據、樣本規模以及所要測量的內容。其中一種非常常見的測驗就是 t 檢定，以學生的 t 分布所命名，最初是由 W. S. Gosset 開發的，用於估計單個樣本平均值的分布（請參閱第 75 頁的「學生 t 分布」）。

重要術語

檢驗統計量（*Test statistic*）

　　對我們所關注的差異或效果的指標。

t 統計量（*t-statistic*）

　　標準化後的通用檢驗統計量，例如平均值。

t 分布（*t-distribution*）

　　一種用於比較所觀測到的 t 統計量的參考分布。對於 t 檢定而言，其參考分布是由虛無假設所產生的。

所有顯著性檢驗都要求需要指定一個**檢驗統計量**以衡量我們感興趣的效果，並確定我們所觀察到的效果是否落在機遇變異的範圍內。在重抽樣檢驗中（請參見第 97 頁的「置換檢驗」中有關置換的討論），資料規模並不是那麼重要。我們可以從資料本身創建參考（虛無假設）分布，並以此根據來使用檢驗統計量。

在 1920、1930 年代，統計學假說檢定成形時，當時還無法將資料隨機洗牌幾千次以進行重抽樣檢驗。但是統計學家發現，t 檢驗對置換（混合）分布是一個很好的近似值。t 檢驗是基於 Gosset 所提出的 t 分布，可以在非常常見的兩樣本比較（A/B 測試）中使

用，只要樣本中的資料是數值型的。但是，為了排除受到尺度因素的影響，在使用 t 分布時，必須使用標準化形式的檢驗統計量。

經典的統計學教材在介紹 t 檢驗時，會列出多個公式，其中一個是 Gosset 所提出的 t 分布，此外還會介紹如何對資料進行標準化，以利與標準 t 分布做比較。但是在本書中，我們不會提供這些公式，因為這些公式已經被涵蓋在 *R* 與 *Python* 等統計軟體的常用指令中。在 *R* 語言中，我們可以使用函式 **t.test**：

```
> t.test(Time ~ Page, data=session_times, alternative='less')

        Welch Two Sample t-test

data:  Time by Page
t = -1.0983, df = 27.693, p-value = 0.1408
alternative hypothesis: true difference in means is less than 0
95 percent confidence interval:
     -Inf 19.59674
sample estimates:
mean in group Page A mean in group Page B
          126.3333             162.0000
```

在 *Python* 中，使用函式 **scipy.stats.ttest_ind**：

```
res = stats.ttest_ind(session_times[session_times.Page == 'Page A'].Time,
                      session_times[session_times.Page == 'Page B'].Time,
                      equal_var=False)
print(f'p-value for single sided test: {res.pvalue / 2:.4f}')
```

另一種假設是，頁面 A 的工作階段時間平均值小於頁面 B 的平均時間。p 值為 0.1408 相當接近於置換測試的 p 值 0.121 和 0.126（參見第 98 頁的「置換檢驗範例：網站黏著度分析」）。

我們可以藉由使用重抽樣，建構出一個能夠反映觀測資料和要檢驗之假設的解決方案，而不需要再關注資料是數值型的還是二元、樣本的規模是否平衡、樣本變異數或其他因素的變異性等因素。如果使用統計公式，許多變異性都可以用公式來表示，但是這些公式可能並不是那麼好理解。統計學家需要依靠公式去探索問題，但資料科學家並不如此，資料科學家不需要過於鑽研講究假說檢定和信賴區間的細節，這些是研究人員在準備論文時就需要釐清的。

延伸閱讀

- 任何一本統計學入門書都會介紹 t 統計量及其用途。本書將推薦兩本：第一本是由 David Freedman、Robert Pisani 和 Roger Purves 合著的經典統計學教材《*Statistics*》第四版（W. W. Norton, 2007）；另一本是由 David S. Moore、William I. Notz 和 Michael A. Fligner 合著的《*The Basic Practice of Statistics*》第八版。

- 有關 t 檢驗和重抽樣過程的同步處理，本書推薦閱讀由 Peter Bruce 撰寫的《*Introductory Statistics and Analytics: A Resampling Perspective*》（Wiley, 2014），或者是 Robin Lock 及其四位家族成員所合著的《*Unlocking the Power of Data*》第二版。

多重檢定

正如我們先前有提到，統計學中有一句話：「如果折磨資料足夠長的時間，它終將供認。」這意味著，如果我們可以從許多不同且足夠的角度查看資料並提出夠多的問題，我們幾乎可以時常發現具有統計顯著性的效果。

舉例來說，我們給定隨機產生的 20 個預測變數和一個結果變數，如果進行一組 20 次 α = 0.05 水準的顯著性檢驗，那麼很可能會有至少一個預測因子會（錯誤地）顯示為統計顯著，我們稱其為**型一錯誤**。在計算型一錯誤的機率時，可以先計算在 0.05 水準上所有預測因子被**正確**檢驗為非統計性顯著的機率。在本例中，**一個預測因子被正確地檢驗為非統計顯著的機率**為 0.95，那麼全部 20 個預測因子被正確地檢驗為非統計顯著的機率為 $0.95 \times 0.95 \times 0.95...$，即 $0.95^{20} = 0.36$ [1]。至少一個預測因子將被錯誤地檢驗為顯著的機率，就是 1 – *所有預測因子都是非統計顯著的機率* = 0.64。這被稱為 *alpha 膨脹*（*alpha inflation*）。

---

1 在乘法規則中，*n* 個獨立事件一起同時發生的機率，是每個事件發生的機率的乘積。例如，如果兩個人每人各去擲一次硬幣，兩次都正面朝上的機率是 $0.5 \times 0.5 = 0.25$。

上述的問題涉及到資料探勘中過度配適的問題，即「使模型配適雜訊」。若我們添加的變數越多，或者運行的模型越多，則偶然出現「重要」事物的可能性就越大。

重要術語

型一錯誤（*Type 1 error*）
> 錯誤地得到一個效果為統計顯著的結論。

錯誤發現率（*False discovery rate*）
> 在多重檢驗中，型一錯誤的發生機率。

Alpha 膨脹（*Alpha inflation*）
> 是一種多重測試的現象，即發生型一錯誤的可能性（α）會隨著我們執行的測試次數變多而增加。

校正 *p* 值（*Adjustment of p-values*）
> 用於在同一資料上進行多重檢驗。

過度配適（*Overfitting*）
> 模型中包含過多變數，配適了雜訊。

在監督式學習任務中，會給出一個驗證集，讓模型得以評估從來沒見過的資料，進而降低風險。在沒有標記驗證集的統計學和機器學習任務中，仍然存在著由統計雜訊而得出結論的風險。

在統計學中，有一些程序可以在特定的情況下解決這個問題。例如，在比較多個處理組別的結果時，我們可以提出多個問題：對於處理 A、B 和 C，我們可以提出以下問題：

- A 是否不同於 B？
- B 是否不同於 C？
- A 是否不同於 C？

另一個例子是在臨床試驗中，我們可能希望查看多個階段的治療結果。在每個階段，我們都可以提出許多問題，並且每個問題都會增加被隨機性欺騙的機會。為了解決這一問題，統計學提出了一種校正程序，相較於單一假設檢定所設置的統計顯著性界線，此校正程序設置了更嚴格的統計顯著性界線。這些校正程序通常涉及到根據校正檢驗的次數來「劃分 α 值」。這會導致每個測試的 α 值較小（即，統計顯著性上的條件更為嚴格）。「Bonferroni 校正」就是這樣一種程序，它只需將 α 除以觀測次數 n 即可。在比較多個組均值時使用的是另一個 Tukey 的「誠實顯著差異」或 *Tukey's HSD*。該檢驗適用於組均值之間的最大差異，將其與基於 *t* 分布的基準進行比較（大致等同於將所有值改組在一起，得出與原始組大小相同的重抽樣組，然後找出重抽樣組均值之間的最大差異）。

然而，多重比較的問題超出了這些高度結構化案例的範圍，並且涉及到重複資料「挖泥」（dredging）的現象，這種現象引起了折磨資料的說法。換句話說，在資料夠複雜的情況下，如果我們沒有從中找到感興趣的東西，那麼就說明了我們沒有花足夠的時間盡力去查看資料。現在可供使用的資料比以往任何時候都還要多，在 2002 年至 2010 年之間發表的期刊論文的數量也成長了不少。這為在資料中發現有意義的內容提供了很多偶然性，其中包括了下列多重性的問題：

- 如何雙雙比對地查看多組間的差異情形。

- 對於以各種方式構建的資料子集，要如何查看結果？例如：「我們並未在母體中發現顯著的處理效果，但在 30 歲以下的未婚女性這一子集中，卻發現了顯著的處理效果」。

- 如何嘗試使用多種統計模型。

- 如何在模型中加入多個變數。

- 如何詢問多個不同的問題，即不同的可能結果。

錯誤發現率

錯誤發現率，最初是用於描述一組給定的假說檢定錯誤地辨別顯著效果的比率。隨著基因體研究的發展，錯誤發現率變得越來越有用。在基因檢測的項目中，會進行大量的統計檢驗。在這些情況下，錯誤發現率可以用在檢驗協定中，而單個錯誤「發現」是指假說檢定的結果（例如，在兩個樣本之間）。研究人員也希望能透過設置檢驗過程的參數去控制一定水準的錯誤發現率。此外，錯誤發現率也適用於資料探勘的分類情況，指在分類後的類別 1 中，將 0 錯誤標記為 1 的機率；或者，換句話說，它是代表「標記為 1」的這個發現錯誤的機率。我們通常處理的情況是有大量的 0，而少量的 1 才是我們所關注的。（參見第 5 章及第 223 頁的「稀有類別的問題」）

因著多種不同的原因，尤其是包括「多重性」這一般性的問題，更多的研究並不一定代表更好的研究。例如，在 2011 年製藥公司拜耳發現，當它試圖複製 67 項科學研究時，它只能完全複製其中的 14 項，有幾乎三分之二的研究內容根本無法複製。

無論如何，在任何情況下，由於針對高度定義和結構化的統計檢驗之校正程序過於具體和缺乏靈活性，以致於無法被資料科學家普遍使用。就多重性問題而言，資料科學家的做法是：

- 對於預測建模，可以透過交叉驗證（參見第 154 頁）和使用驗證樣本來降低得到虛假模型的風險。虛假模型的效能在很大程度上是隨機性的結果。

- 對於其他過程，如果沒有已標記過的驗證集可以驗證模型，就需要遵循以下原則：

  — 應意識到查詢和操作的資料越多，隨機性可能發揮的作用越大。

  — 重抽樣和模擬捷思法（simulation heuristics）可以為隨機性提供測試基準，如此就可以將觀察結果與基準測試進行比較。

延伸閱讀

- David Lane 的線上統計教學課程中簡要的介紹了如何使用 Dunnett 檢驗來校正多重比較（*https://oreil.ly/hd_62*）。

- Megan Goldman 針對 Bonferroni 校正程序有更詳細的解釋（*https://oreil.ly/Dt4Vi*）。

- 若要深入了解如何使用更靈活的統計過程來調整 p 值，可以閱讀 Peter Westfall 和 Stanley Young 所合著的《*Resampling-Based Multiple Testing*》（Wiley, 1993）。

- 有關資料分割和在預測建模中使用驗證樣本的討論，請參考 Galit Shmueli、Peter Bruce、Nitin Patel、Peter Gedeck、Inbal Yahav 和 Kenneth Lichtendahl 所合著的《*Data Mining for Business Analytics*》（Wiley, 2007–2020，*R*、*Python*、Excel 和 JMP 版本）一書中的第 2 章。

自由度

在許多的統計檢驗的文件和設置中，我們時常會看到有關自由度的概念。自由度被應用於從樣本資料中計算所得到的統計量，指可以自由變化的值之個數。例如，對於一個具有 10 個值的樣本，如果知道了樣本的平均值以及樣本中的其中 9 個值，那麼我們就可以計算第 10 個值，即只有 9 個值是自由變化的。由於自由度適用於許多機率分布，因此會影響到分布所形成的形狀。

自由度是由很多統計檢驗的一種輸入項目。例如，在變異數和標準差的計算中，分母 $n-1$ 就是指自由度。為什麼要使用自由度呢？當我們在使用樣本來估計母體的變異數時，如果在分母中只使用 n，則最終得出的估計值會稍微偏小。如果在分母中使用 $n-1$，則估計將不會有偏差。

重要術語

n（樣本規模）

在資料中，我們所觀測到的數量。

d.f.

自由度（degrees of freedom）的縮寫。

各種假設的標準檢定（t 檢定、F 檢定等）佔據了傳統統計學課程或教材中的大部分內容。當要將樣本統計量用於傳統統計學公式時，需將其標準化，而自由度是標準化計算的一部分，以確保標準化後的資料與合適的的參考分布（t 分布、F 分布等）互相匹配。

自由度對於資料科學來說是否也同樣重要呢？答案並非如此，至少對顯著性檢驗來說並非如此。一方面，在資料科學中，我們很少使用正式的統計檢驗；另一個方面是，資料的規模是非常大的，以致於對資料科學家而言，分母是 n 還是 $n-1$ 並不會有什麼太大的影響。

但是，在資料科學中，有一種情況是與自由度相關的：就是在迴歸（包括邏輯迴歸）中使用因子變數。如果在迴歸算法中使用了完全冗餘的預測變數，則某些迴歸算法就會產生阻塞，該問題經常出現在將類別變數因子分解為二元標示（虛擬變數）時。以星期為例，儘管一週中有七天，但指定一週中的某天只有六個自由度。例如，一旦我們知道某天並不是星期一到星期六，那麼就會知道它一定是星期天。因此，如果在迴歸中包含了星期一到星期六，就代表著也加入了星期天，但由於**多重共線性**（*multicollinearity*）的誤差，將導致迴歸失敗。

延伸閱讀

此網站中有一些介紹自由度的課程（*https://oreil.ly/VJyts*）。

ANOVA 變異數分析

若我們不是要對兩個組別進行 A/B 測試，而是要對比多個包含數值資料的組別（例如 A、B、C 和 D），那麼我們就可以使用變異數分析（*ANOVA, analysis of variance*）。變異數分析是一種可以檢驗多個組別之間統計顯著性差異的統計方法。

重要術語

兩兩比對（*Pairwise comparison*）
　　對於有多個組別的情況，在兩個組別之間進行假說檢定（例如比對均值）。

Omnibus 檢定（*Omnibus test*）
　　一種可以測定多個組別平均值之間變異數的單一假說檢定。

變異數分解（*Decomposition of variance*）
　　從整體統計量中（例如，從整體均值、處理均值以及殘差之中），分離出各個值的貢獻情形。

F 統計量（*F-statistic*）
　　一種標準化的統計量，用於衡量多個組別平均值之間的差異是否會超過隨機模型的預測。

在表 3-3 中，顯示了 4 個網頁的黏著度，具體表現為在頁面上停留的秒數。這 4 個網頁是隨機切換的，因此每一位網站的訪客都是隨機地進入其中一個畫面。每一個頁面一共有 5 位訪客，表 3-3 中的每一欄（column）都是一組獨立的資料。第一個頁面的第一位訪客與第二個頁面的第一位訪客並沒有關聯。需要特別注意，在此類型的網路測試中，是無法完全實踐經典的隨機抽樣，即無法做到每一位訪客都是從龐大的母體中隨機選擇的。一旦有訪客進入了其中一個頁面，就需要記錄該訪客。訪客之間可能存在一些系統性的差異，取決於一天當中的訪問時間、一週中的訪問日期、一年中的訪問季節、訪客的網路狀態、訪客所使用的設備等因素。在審核實驗結果時，這些因素都將被視為潛在的偏差。

表 3-3　4 個網站頁面的黏著度（單位：秒）

	頁面 1	頁面 2	頁面 3	頁面 4
	164	178	175	155
	172	191	193	166
	177	182	171	164
	156	185	163	170
	195	177	176	168
平均	172	185	176	162
總平均				173.5

現在，我們遇到了一個困難（如圖 3-6 所示）。若我們只對兩個組別進行比較，那麼事情會非常簡單，只需要檢查各組均值間的差異就可以了。然而對於 4 組的均值，存在以下 6 種可能的比較：

- 頁面 1 與頁面 2 相比
- 頁面 1 與頁面 3 相比
- 頁面 1 與頁面 4 相比
- 頁面 2 與頁面 3 相比
- 頁面 2 與頁面 4 相比
- 頁面 3 與頁面 4 相比

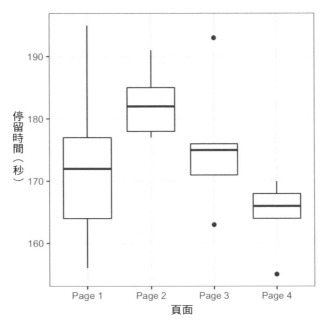

圖 3-6 4 組的箱形圖顯示了組別間的顯著差異

我們所進行的**兩兩比對越多**，我們就越有可能被隨機性所矇騙（參見第 112 頁的「多重檢定」）。我們不需要比較各個頁面之間所有的可能對比，而是透過一個整體的多項檢驗來解決這個問題：「所有的頁面是否具有相同的黏著度呢？而它們之間的差異是由於在四個頁面之間隨機分配了一組通用的工作階段時間所造成的嗎？」

這裡我們所使用的檢驗過程就是變異數分析。下面將列出針對網站黏著度所進行的 A/B/C/D 測試的重抽樣過程，我們可以從中發現變異數分析的基礎：

1. 將所有資料合併成一個箱子。

2. 隨機混合，並從箱子中抽出 4 組樣本，每組樣本有 4 個值。

3. 記錄每一組的均值。

4. 記錄 4 個平均之間的變異數。

5. 重複第 2~4 個步驟多次（例如，1,000 次）。

如此一來，重抽樣的變異數超過觀測的變異數的比率，就是 p 值。

這裡的置換檢驗比我們在第 97 頁中介紹的置換檢驗來得複雜。但幸運的是，我們可以直接使用 lmPerm 套件所提供的 aovp 函數來實現置換檢驗的計算：

```
> library(lmPerm)
> summary(aovp(Time ~ Page, data=four_sessions))
[1] "Settings:  unique SS "
Component 1 :
          Df R Sum Sq R Mean Sq Iter Pr(Prob)
Page       3     831.4    277.13 3104  0.09278 .
Residuals 16    1618.4    101.15
---
Signif. codes:  0 '***' 0.001 '**' 0.01 '*' 0.05 '.' 0.1 ' ' 1
```

輸出結果中，Pr(Prob) 列所顯示的就是 p 值，此例中為 0.09278。換句話說，給定相同的潛在黏著度，有 9.3% 的時候，四頁之間的響應率可能與實際觀察到的相差很大，只是由於偶然的緣故。這種不太可能發生的機率（improbability）低於傳統的統計門檻 5%，因此我們得出結論，這四個頁面之間的差異可能是偶然產生的。

Iter 欄顯示了置換檢驗的迭代次數 3，其他欄分別對應於傳統 ANOVA 表中的相應欄位，我們之後將會介紹。

在 *Python* 中，我們可以使用以下程式碼來計算置換檢驗：

```python
observed_variance = four_sessions.groupby('Page').mean().var()[0]
print('Observed means:', four_sessions.groupby('Page').mean().values.ravel())
print('Variance:', observed_variance)

def perm_test(df):
    df = df.copy()
    df['Time'] = np.random.permutation(df['Time'].values)
    return df.groupby('Page').mean().var()[0]

perm_variance = [perm_test(four_sessions) for _ in range(3000)]
print('Pr(Prob)', np.mean([var > observed_variance for var in perm_variance]))
```

F 統計量

如同我們可以使用 t 檢定來代替置換檢驗，以利於比較兩組的平均值，基於 F 統計量的變異數分析也有其統計檢定。F 統計量是基於組平均值的變異數（即處理效果）與由於殘差而引起的變異數之比率；該比率越高，代表結果的統計顯著性越大。如果資料遵循常態分布，則根據統計學理論，統計量也應具有一定的分布。由此可知，p 值是可以被計算出的。

在 *R* 語言中，我們可以使用函數 aov 來計算 *AVONA* 表：

```
> summary(aov(Time ~ Page, data=four_sessions))
          Df Sum Sq Mean Sq F value Pr(>F)
Page       3  831.4   277.1    2.74 0.0776 .
Residuals 16 1618.4   101.2
---
Signif. codes: 0 '***' 0.001 '**' 0.01 '*' 0.05 '.' 0.1 ' ' 1
```

在 *Python* 中，可以使用 statsmodels 套件來得出 ANOVA：

```
model = smf.ols('Time ~ Page', data=four_sessions).fit()

aov_table = sm.stats.anova_lm(model)
aov_table
```

使用 *R* 語言和 *Python* 所得到的輸出幾乎是一樣的。

Df 代表自由度，Sum Sq 代表平方和，Mean Sq 則是「均變異數」（mean-squared deviations 的縮寫），F value 則是 F 統計量。總平均的平方和等於總平均（與 0 的差值）平方後再乘以觀測數 20。根據定義，總平均的自由度是 1。

處理均值的自由度為 3（因為一旦三個處理值的數確定了，那麼總平均也就確定了，這樣另一個處理的均值就不會改變）。處理均值的平方和是處理均值與總平均間差值的平方和。

殘差的自由度為 16（20 個觀察值，其中 16 個值可以在設定總體平均數和處理平均數之後變化），SS 是各個觀察值與處理均值之間差值的平方和。均方（MS）是平方和除以自由度。

F 統計量是處理的均分根除以誤差的均方根。F 值僅僅取決於 F 統計量，並且參考標準的 F 分布來比較，以確定處理均值間的差異是否會大於機遇變異的預測差異。

變異數分解

資料集的觀察值可以看成多個成分的總和。對於一個資料集中的任意一個觀察值，可以拆解為總平均、處理效果和殘差值。我們將這一過程稱為「變異數分解」。

1. 從總平均開始（對於網站頁面的黏著性資料，總平均為 173.75）。
2. 加入處理效果，這可能為負值（對於網站頁面的黏著性資料，獨立變數為網站頁面）。
3. 加入殘差值，這也有可能是負的。

如此一來，對 A/B/C/D 測試表（表 3-3）中左上角值（即 164）的變異數分解如下：

1. 從總平均開始：173.75。
2. 加上處理（組）效果：-1.75 ＝組均值 172 – 173.75。
3. 加上殘差值：-8 ＝ 164 – 172。
4. 得到結果：164。

二因子變異數分析

在前面介紹過的 A/B/C/D 測試是一種「單向」變異數分析，其中只會有一種變化因子（組）。我們可以加入第二個因子，例如「週末與工作日」，並在每一對組合上收集資料（分為週末 A 組、工作日 A 組、週末 B 組等等），如此一來就會形成一個「雙向變異數分析」。我們可以使用類似於單向變異數分析的實現方式，透過識別交互效應來實現雙向變異數分析。在確定了總平均效果和處理效果後，我們需要將各組中的週末和工作日所觀測到的結果分成子集，並且找出各個子集的均值與處理均值之間的差異。

我們可以看到，變異數分析（包括二因子變異數分析）是邁向完全統計模型（例如迴歸與邏輯迴歸）的第一步。完全統計模型可以針對多個因子和因子的影響情況去建構不同的模型（參見第 4 章）。

延伸閱讀

- 在 Peter Bruce 的《*Introductory Statistics and Analytics: A Resampling Perspective*》（Wiley, 2014）一書中，有專門一個章節在介紹變異數分析。

- George Cobb 的《*Introduction to Design and Analysis of Experiments*》（Wiley, 2008）一書中，完整地介紹了變異數分析，很適合閱讀。

卡方檢定

在處理網站測試中，通常需要一次檢驗多個處理，這就超出了 A/B 測試的範圍。卡方檢定適用於計數資料，它可以檢驗資料與預期分布的合適程度。在統計實踐中，卡方統計量的最常見用法是與 $r \times c$ 列聯表一起使用，用以評估對變數間獨立性的虛無假設是否合理。

卡方檢定最一開始是由 Karl Pearson 於 1990 年所發表（*https://oreil.ly/cEubO*）。「卡方」（*chi*）是來自於 Pearson 在文章中使用的希臘字母 X。

$r \times c$ 代表「列數」×「欄數」,例如:2×3 代表表格有兩列三欄。

卡方檢定:一種重抽樣的方法

假設我們要對 1,000 名訪問者進行測試三種不同的標題 A、B 和 C,測試結果如表 3-4 所示。

表 3-4　3 種不同標題的網站檢驗結果

	標題 A	標題 B	標題 C
點擊	14	8	12
未點擊	986	992	988

我們從表 3-4 中可以發現,各個標題之間存在明顯的差異。雖然實際的點擊量很少,但是標題 A 的點擊量幾乎是標題 B 的兩倍。在重抽樣的過程中可以檢驗所觀測到的點擊量是否與隨機性可導致的程度有所差異。對於網站的標題檢驗,我們需要知道點擊量的「預期」分布。在本例中,我們使用虛無假設,即所有 3 種標題都具有相同的點擊率,這時全部的點擊率為 34/3,000。基於此假設,我們產生了表 3-5 所示的列聯表。

表 3-5　3 種不同標題在點擊率相同(虛無假設)的情況下之期望值

	標題 A	標題 B	標題 C
點擊	11.33	11.33	11.33
未點擊	988.67	988.67	988.67

Pearson 殘差(*Pearson residual*)R 的定義如下:

$$R = \frac{\text{Observed} - \text{Expected}}{\sqrt{\text{Expected}}}$$

R 表示實際計數與預期計數之差距程度（請見表 3-6）。

表 3-6　皮爾遜殘差

	標題 A	標題 B	標題 C
點擊	0.792	-0.990	0.198
未點擊	-0.085	0.106	-0.021

卡方統計量（chi-square statistic）是皮爾遜殘差的平方和，計算公式如下：

$$X = \sum_{i}^{r} \sum_{j}^{c} R^2$$

其中，r 和 c 分別是列聯表中的列與欄。在本例中，卡方統計量的值為 1.666。那麼這是否有超出隨機模型中可能合理發生的情況呢？

我們可以使用下面給出的重抽樣過程進行檢驗：

1. 產生一個矩陣，其中包含 34 個 1（點擊量）和 2,966 個 0（未點擊量）。

2. 對矩陣中的的資料進行隨機混合，然後從中獨立地抽出 3 組樣本，每組樣本的規模為 1,000，並計算每組樣本中 1 的個數（點擊量）。

3. 找出各組中混合計數和預期計數之差的平方，然後相加。

4. 重複第 2 個步驟和第 3 個步驟數次（例如 1,000 次）。

5. 計算重抽樣偏差的平方和超過觀察值的頻率，就會得出 p 值。

使用 R 語言的 chisq.test 函數，就可以計算重抽樣的卡方統計量。有關本例的網站點擊量資料，卡方檢驗計算如下：

```
> chisq.test(clicks, simulate.p.value=TRUE)

        Pearson's Chi-squared test with simulated p-value (based on 2000 replicates)

data:  clicks
X-squared = 1.6659, df = NA, p-value = 0.4853
```

上述檢驗說明了結果完全是由隨機性所獲得的。

在 *Python* 中運行置換檢驗，可使用以下程式碼：

```python
box = [1] * 34
box.extend([0] * 2966)
random.shuffle(box)

def chi2(observed, expected):
    pearson_residuals = []
    for row, expect in zip(observed, expected):
        pearson_residuals.append([(observe - expect) ** 2 / expect
                                  for observe in row])
    # 回傳平方和
    return np.sum(pearson_residuals)

expected_clicks = 34 / 3
expected_noclicks = 1000 - expected_clicks
expected = [34 / 3, 1000 - 34 / 3]
chi2observed = chi2(clicks.values, expected)

def perm_fun(box):
    sample_clicks = [sum(random.sample(box, 1000)),
                     sum(random.sample(box, 1000)),
                     sum(random.sample(box, 1000))]
    sample_noclicks = [1000 - n for n in sample_clicks]
    return chi2([sample_clicks, sample_noclicks], expected)

perm_chi2 = [perm_fun(box) for _ in range(2000)]

resampled_p_value = sum(perm_chi2 > chi2observed) / len(perm_chi2)
print(f'Observed chi2: {chisq:.4f}')
print(f'Resampled p-value: {resampled_p_value:.4f}')
```

卡方檢定：統計理論

統計學中的漸近統計理論有提到，卡方統計量的分布可以透過**卡方分布**來近似（參見第 81 頁的「卡方分布」）。適當的標準卡方分布由自由度來決定（請參見第 116 頁的「自由度」）。自由度與列聯表中的列數（r）和欄數（c）有關，如下所示：

$$自由度 = (r-1) \times (c-1)$$

卡方分布的形狀通常是偏斜的，右邊具有長尾。圖 3-7 顯示了自由度分別為 1、2、5 和 20 的卡方分布情況。觀測統計量在卡方分布中的位置越遠，則 p 值越小。

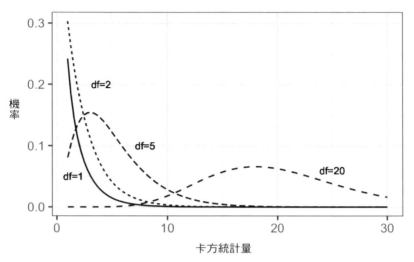

圖 3-7　不同自由度下的卡方分布

R 語言的 chisq.test 函數在計算 p 值時，使用了卡方分布作為參考分布：

```
> chisq.test(clicks, simulate.p.value=FALSE)

        Pearson's Chi-squared test

data:  clicks
X-squared = 1.6659, df = 2, p-value = 0.4348
```

在 *Python* 中，可以使用 scipy.stats.chi2_contingency 函數：

```
chisq, pvalue, df, expected = stats.chi2_contingency(clicks)
print(f'Observed chi2: {chi2observed:.4f}')
print(f'p-value: {pvalue:.4f}')
```

在本例中，卡方所計算得出的 p 值略小於重抽樣的 p 值，這是因為卡方分布只是對統計量實際分布的一種近似而已。

Fisher 精確性檢定

卡方分布可以近似上述所提到的混洗重抽樣檢驗過程的效果，但是它並不適合用於計數非常低（只有個位數，特別是少於 5 個）的情形。在這種情形下，重抽樣的過程本身就能得出更精準的 p 值。而實際上，大多數統計軟體都可以實際列出*所有*可能出現的置換情況和其頻率，進而確定觀測結果的極端程度。這一操作被稱作為 *Fisher 精確性檢定*

（*Fisher's exact test*），命名源自於偉大的統計學家費雪爾（R. A. Fisher）。用 *R* 語言來實現基本的 Fisher 精確性檢定是非常簡單的：

```
> fisher.test(clicks)

        Fisher's Exact Test for Count Data

data:  clicks
p-value = 0.4824
alternative hypothesis: two.sided
```

所得出的 p 值為 0.4824，非常接近使用重抽樣方法所獲得的 p 值 0.4853。

在一些情形下，雖然有一些計數的值很低，但是其他的值非常高，例如轉換率的分母值。由於難以計算所有可能的置換情況，這時就需要做混洗置換檢驗，而不是完全的精確檢驗。在上述 fisher.test 函式中，指定引數 simulate.p.value=TRUE or FALSE 就可以控制是否要使用這種近似，設置引數 B 的值可以控制迭代次數，而引數 workspace 則限定了計算精確結果所使用的計算資源。

而在 *Python* 中則沒有函數可以簡單地實現 Fisher 精確性檢定。

檢視科學研究中的詐欺行為

一個有意義的例子來自美國塔夫茨大學（Tufts University）的研究員 Thereza Imanishi-Kari，她在 1991 年時被指控在研究過程中捏造數據資料，美國國會議員 John Dingell 也涉入其中。此案最終導致她的同事 David Baltimore 辭去了洛克菲勒大學（Rockefeller University）校長的職務。

在本案中，有一個很重要的證據就是來自於她實驗室數據中數字預期分布的統計證據，其中每個觀察結果都有很多位數。調查人員將重點放在觀測資料中間位數中各個數字的分布情況，預期數字會遵循均勻隨機（uniform random）分布，也就是說，數字將隨機發生的，每個數字都有相等的發生機率（儘管首位數字可能主要是一個值，而最後的數字可能會受到四捨五入的影響）。表 3-7 列出了案例中實際資料中各個數字出現的頻率：

表 3-7　實驗資料中間位數中各個數字出現的頻率

數字	頻率
0	14
1	71
2	7
3	65
4	23
5	19
6	12
7	45
8	53
9	6

資料中 315 個數字的分布如圖 3-8 所示，我們可以看到，這一定不是隨機產生的。

調查人員計算了觀察值與期望值的偏差情形，其中發現，期望值是每個數字在嚴格平均分布中出現的頻率為 31.5。為了證明實際分布遠超過了正常機遇變異的範圍，調查人員使用了卡方檢定（或是也可以使用重抽樣過程）。（備註：Imanishi-Kari 在經過漫長的訴訟過程後，最終仍獲得了豁免）

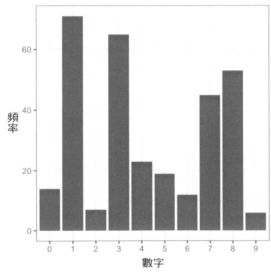

圖 3-8　Imanishi-Kari 實驗資料頻率的直方圖

與資料科學的關聯

卡方檢定的大多數標準用法（以及 Fisher 精確性檢定）與資料科學的關聯性其實並不是那麼緊密。在大多數的資料科學實驗中，不論是 A/B 測試，或是 A/B/C... 測試，實驗目的並不是要簡單地確定統計顯著性，而是要得出最佳的處理。對此，多臂吃角子老虎機（參見第 132 頁的「多臂老虎機算法」）可以給出更完整的解決方案。

在資料科學中，卡方檢定（尤其是 Fisher 精確性檢定）的其中一個應用是用來確定合適的網站實驗樣本規模。在此類實驗中，儘管會有大量的頁面展示，但是點擊率通常都非常低。過小的計數率可能會導致實驗無法得出正確的結論，這時就可以使用 Fisher 精確性檢定、卡方檢定等檢驗方式，來計算檢定力和樣本規模（參見第 135 頁的「統計檢定力與樣本規模」）。

在資料科學中，有一些研究人員會廣泛地使用卡方檢定，用以確定難以捉摸的統計顯著 p 值，進而使自己的研究成果適合發表。在資料科學的應用中，並不是將卡方檢驗或類似的重抽樣模擬作為正式的顯著性檢驗，而是更多地將此類檢驗方法作為一種過濾，用來確定某個效果或特徵是否值得進一步納入考量。例如，此類方法可以用於空間統計學和製圖，以確認空間資料是否符合每個指定的虛無分布（舉例來說，集中在某一區域的犯罪率是否大於隨機性所允許的程度）。此類方法還可以用於機器學習中的自動特徵選擇，以評估某種特徵在各個特徵中的普遍性，並透過判定是否符合機遇變異的範圍，來識別某個類別的普遍性異常高或低的特徵。

本節重點

- 統計學中一種常見的過程是檢驗觀測情形與獨立性假設是否一致，例如購買特定產品的傾向是否與性別無關。

- 卡方分布是一種加入了獨立性假設的參考分布，由觀測情形計算所得到的卡方統計量，必須與卡方分布進行比對。

延伸閱讀

- 20 世紀初，R. A. Fisher 提出了「Lady Tasting Tea」（女士品茶）的有名案例，該案例至今仍依然簡單且有效地說明了 Fisher 精確性檢定。在網路上搜尋「Lady Tasting Tea」（女士品茶）可以發現一些很不錯的文章。

- Star Trek 的網站提供了一個很好的卡方檢定教學課程（*https://oreil.ly/77DUf*）。

多臂老虎機算法

多臂老虎機算法（multi-arm bandit algorithm）是一種檢驗方法，尤其適合用於網站測試。相較於傳統的統計學實驗設計方法，它有明顯的優化並且能更快地做出決策。

重要術語

多臂吃角子老虎機（*Multi-arm bandit*）

一種假想的老虎機，提供多個拉桿可以選擇，每個拉桿對應到不同的獲益，用於模擬多處理方式的實驗。

臂（*Arm*）

表示實驗中的一個處理方式，例如「網站測試中的標題 A」。

獲勝（*Win*）

透過實驗模擬老虎機上的獲勝，例如「訪客點擊了連結」。

傳統的 A/B 測試需要根據特定的設計在實驗中蒐集資料，用以回答某個具體的問題，例如：「處理 A 和處理 B 哪個更好？」假定一旦問題得到了解答，就立刻結束實驗，然後繼續操作結果。

或許你現在已經發現了使用這一方法的問題。第一，當我們得到的答案並不是結論性的，即「效果未得到證明」。換句話說，實驗結果可能會建議一種效果，但是我們並沒有足夠的樣本去證明這一效果，也就無法確定效果是否符合傳統的統計標準，這也就沒有回答到我們應該做出什麼決策的問題。第二，我們可能希望在實驗得到結論之前，就開始利用先前已經獲得的結果。第三，我們希望能根據實驗結束後所獲得的其他資料，去更改我們的決策，或是嘗試其他的事情。傳統的實驗方法和假說檢定的方法可以回溯到 1920 年代，這些方法是相當死板的。隨著具有強大計算能力的電腦和軟體出現，我們可以使用一些更強大且靈活的方法。此外，資料科學（包括商業活動）並不十分關注統計顯著性，反而更注重整體工作和結果的優化。

吃角子老虎機算法在網站測試中非常受歡迎，因為它可以一次測試多個處理，相較於傳統的統計設計，它能更快地得到結論。該算法以賭博中所使用的老虎機命名，也被稱為「單臂老虎機」，因為該算法在配置上實現了能穩定地從賭客手上獲得金錢。我們可

以想像有一台多個拉桿的老虎機，每個拉桿以不同的速率付款，這就是所謂的多臂老虎機，也是該算法完整名稱的由來。

我們的目標是盡可能地贏最多的錢，也就是說，要越早認出並確定可以獲勝的拉桿越好，但是挑戰在於我們不知道各個老虎機拉桿的回報速率，只知道拉動老虎機拉桿的結果。我們先假設無論拉的是哪一個拉桿，每次「獲勝」將得到相同數量的回報，不同的地方是只在乎獲勝的機率，然後再更進一步假設我們初次嘗試拉動每個拉桿 50 次，並得到以下結果：

　　拉桿 A：拉動 50 次，獲勝 10 次。

　　拉桿 B：拉動 50 次，獲勝 2 次。

　　拉桿 C：拉動 50 次，獲勝 4 次。

有一種極端的做法：「拉桿 A 看起來像是獲勝者」，因此我們放棄嘗試拉動其他拉桿，只要一直拉動「拉桿 A」。這樣的做法充分地利用了初始實驗結果。如果拉桿 A 的確更容易獲勝，那我們就可以儘早從中獲利。但另一方面，如果拉桿 B 和拉桿 C 事實上更好，那我們就會失去發現這一點的偶然性。還有另一種極端做法：「這看起來完全是隨機的，讓我們繼續以一樣的可能性來拉動各個拉桿」。這一做法可以有最大的機會展現其他拉桿的結果。但是在過程中，我們的處理看起來並不是最好的。問題在於這一個做法會持續多長時間？老虎機算法採用了一種混合方法：一開始，我們更頻繁地拉動拉桿 A，充分利用該拉桿一開始所看上去更好的結果，但是我們並不是放棄拉桿 B 和拉桿 C，只是較少拉動它們而已。如果拉桿 A 持續表現得很好，我們就會繼續少拉動拉桿 B 和拉桿 C，而更頻繁地拉動拉桿 A。但是如果拉桿 C 的表現越來越好，拉桿 A 的結果開始變差，這時我們可以減少拉桿 A 的拉動，轉而更頻繁地拉動拉桿 C。如果其中一個拉桿被證明比拉桿 A 還要好，只是由於隨機性而導致它未能在初始實驗中顯示出來，那麼偶然性在進一步的檢驗中就得以表現出來。

現在，我們將算法應用在網站測試，這次的測試不再是多個老虎機拉桿，而是多個要在網站上測試的報價、標題、顏色等等。使用者可以點擊（即代表商家的「獲勝」），也可以不點擊。一開始，各個報價的展示是隨機而且公平的。隨著測試的進行，如果一個報價開始優於其他報價，那麼網站可以更頻繁地顯示該報價（即拉動拉桿）。但問題來了，我們應該如何確定修改拉動速率的算法參數呢？拉動拉桿的速率應該改成多少？何時要更改呢？

下面給出了一個簡單的算法，該算法被稱為 A/B 測試的 ε- 貪婪算法（epsilon-greedy algorithm）：

1. 產生一個介於 0 和 1 之間的隨機數。

2. 如果隨機數落在 0 和 ε 之間（其中，ε 是一個介於 0 和 1 之間的數字，通常非常小），則丟擲一次硬幣（硬幣得到正面和反面的機率均為 50%）。

   a. 如果硬幣正面朝上，顯示報價 A。

   b. 如果硬幣反面朝上，顯示報價 B。

3. 如果隨機數大於或等於 ε，顯示為迄今為止具有最高回應率的報價。

ε 是控制該算法的唯一參數。如果 ε = 1，最終會得到一個標準的簡單 A/B 測試，每個實驗對象在處理 A 和處理 B 之間隨機分配。如果 ε = 0，最終會得到一個純粹的貪心算法，貪心算法不需要做進一步的實驗，只要將實驗對象（即網站訪客）分配給表現最好的處理就可以了。

有一種更複雜的的算法是使用了湯普森抽樣（Thompson's sampling）方法。我們可以在每一個階段中做一次「抽樣」（拉桿動作），以最大化選擇最佳拉桿的可能性。當然，我們其實並不知道哪一個拉桿最好，而問題就在這裡，但隨著每一次連續的抽樣，我們都可以獲利，進而得到更多的資訊。湯普森抽樣採用了貝氏方法，首先使用了 Beta 分布來假設獲利的先驗分布。Beta 分布常用於指定貝氏問題中的先驗情形。隨著每一次抽取訊息的累積，透過更新累積訊息，我們就可以更好地來優化下一次的抽取，直到選到最好的拉桿為止。

吃角子老虎機算法可以有效地面對三種以上的處理，並趨向「最佳」選擇的方向。對於傳統的統計檢驗過程而言，三種以上處理決策的複雜性，遠超過了傳統的 A/B 測試，因此吃角子老虎機算法較具有優勢。

本節重點

- 傳統的 A/B 測試基於隨機抽樣過程，會導致過度地使用非最優的處理方式。

- 相比之下，吃角子老虎機算法改進了抽樣過程，加入了在實驗過程中學到的資訊，並減少了非最優處理的頻率。

- 吃角子老虎機算法還有助於更有效地應對兩種以上的處理。

- 吃角子老虎機具有多種不同的算法，能夠解決如何將抽樣機率從非最優處理移轉到（假設的）最優處理的問題。

延伸閱讀

- John Myles White 撰寫的《*Bandit Algorithms for Website Optimization*》（O'Reilly, 2012）一書中，對吃角子老虎機算法進行了很好的概要介紹。White 在書中也提供了 *Python* 程式碼，以及評估吃角子老虎機算法性能的模擬結果。

- 有關湯普森抽樣更多（技術性）的介紹，可以參考 Shipra Agrawal 和 Navin Goyal 的論文「Analysis of Thompson Sampling for the Multi-armed Bandit Problem」（*https://oreil.ly/OgWrG*）。

統計檢定力與樣本規模

在進行網站測試時，要如何確定測試時間呢（即每個處理需要顯示多少次）？儘管在網路中可以找到許多有關如何進行網站測試的操作指南，但是並沒有一個很好的一般性指導。測試時間主要取決於實現期望目標的頻率。

重要術語

效果規模（*Effect size*）
　　在統計檢驗中，期望能檢測到的效果的最小規模，例如點擊率提高 20%。

檢定力（*Power*）
　　給定樣本規模後，檢測到給定效果規模的機率。

顯著水準（*Significance level*）
　　在檢驗中所使用的統計顯著水準。

在計算樣本規模時，其中一個步驟是要詢問「一個假說檢定能否真正揭示處理 A 和處理 B 之間的差異？」p 值作為假說檢定的結果，不僅僅取決於處理 A 和處理 B 之間真正的差異，還取決於抽取中的運氣因素，即如何選取實驗組。但是，處理 A 和處理 B 之間的實際差異越大，這種差異被實驗揭示的可能性就越大；相反地，如果差異越小，那麼就需要更多的資料才能檢測到這種差異。在棒球運動中，要區分打擊率為 0.350 的打者和打擊率 0.200 的打者，不需要很多的打數，但要區分打擊率為 0.350 的打者和打擊率 0.280 的打者，則需要更多的打數。

檢定力是指在一定的樣品特性（尺寸和變異性）下，檢測到指定**效果規模**的機率。舉例來說，我們可以假設在 25 個打數中，區分打擊率為 0.330 的打者和打擊率為 0.200 的打者的機率為 0.75。這時，效果規模就是 0.130（兩者打擊率上的差異）。而「檢驗」代表著假說檢定會拒絕「無差異」的虛無假設，並得出具有實際效果的結論。因此，在兩名打者的 25 個打數（$n = 25$）實驗中，效果規模為 0.130，（假說）檢定力為 0.75，即 75%。

我們可以看到，檢定力中有幾個步驟是可以被替換的，很容易加入多種所需的統計假說和公式（以指定樣本的變異性、效果規模、樣本規模以及用於假說檢定的 alpha 水準等，和計算檢定力）。事實上，已經有專門的統計軟體可以計算檢定力。資料科學家在發表論文或其他工作中，大多不需要按部就班地經過各個步驟來計算檢定力，但是在某些情況下，可能還是需要收集一些 A/B 測試的資料，而資料的蒐集或處理則會產生成本。這時，如果能大致地了解到底需要收集多少資料，將會有助於避免出現收集了一些資料卻不能得到結論性結果的情況。下方給出了一種相當直觀的替代方法：

1. 從一些假設資料開始，這些資料代表了我們對所得資料的最佳猜測（可能基於先驗資料）。例如，一個箱子中，包含了 20 個 1 和 80 個 0，用於表示一名打擊率為 0.200 的打者，或包含「在網站上花費的時間」的觀察值。

2. 在第一個樣本中加入所需的效果規模，以建立第二個樣本。例如，第二個箱子中，包含了 33 個 1 和 67 個 0，或者在每個初始的「在網站上花費的時間」增加了 25 秒。

3. 從每個箱子中，抽取規模為 n 的自助樣本。

4. 對兩個自助樣本進行置換（或基於公式的）假說檢定，並記錄兩者之間的差異是否具有統計顯著性。

5. 重複第 3 步驟和第 4 步驟多次,並確定差異為統計顯著的頻率。這就是估計的檢定力。

樣本規模

檢定力的計算最常用於估計所需要的樣本規模。

例如,假設我們要查看點擊率的情形,即點擊次數佔顯示次數的比例,並檢驗既有廣告和新廣告之間的比對情況。那麼在此研究中,我們需要累積多少次的點擊呢?如果我們只關注能顯示出巨大差異的結果(例如 50% 的差異),那麼只需要使用較小規模的樣本就可以了;但若是我們關注的是微小的差異情形,就會需要規模更大的樣本。有一種標準方法是制定一個策略,指定新廣告必須比既有的廣告好百分之多少(例如 10%),否則將維持既有的廣告。這個目標就被稱為「效果規模」,它決定了樣本的規模。

舉個例子:假設當前的點擊率約為 1.1%,而我們尋求 10% 的提升,即升至 1.21%,因此我們創造了 2 個箱子,在箱子 A 中 1 佔了 1.1%(例如,箱子中有 110 個 1 和 9,890 個 0),箱子 B 中 1 佔了 1.21%(例如,箱子中有 121 個 1 和 9,879 個 0)。我們先嘗試從每個箱子中做 300 次抽取(對於廣告來說,就是做 300 次「展示」)。假設我們第一次抽取的結果如下:

　　箱子 A:3 個 1

　　箱子 B:5 個 1

顯然地,任何假說檢定都會認為這種差異(5 比 3)是在機遇變異的範圍內,但是要讓任意假說檢定都可以可靠地展示出差異情況,這裡所使用的樣本規模(每個組中 $n = 300$)和效果規模(差異 10%)太小。

現在,我們可以嘗試來增大樣本規模(試試顯示 2,000 次),並要求點擊率提升更大的幅度(例如提升至 50%,而不是 10%)。

假設目前的點擊率仍然是 1.1%,但是我們現在把它提升 50%,即提升到 1.65%。然後同樣創造兩個箱子,箱子 A 中的 1 仍然佔 1.1%(例如 110 個 1 和 9,890 個 0),而箱子 B 中的 1 佔 1.65%(例如 165 個 1 和 9,868 個 0)。現在,我們嘗試對每個箱子做 2,000 次抽取,假設第一次抽取的結果如下:

　　箱子 A:19 個 1

　　箱子 B:34 個 1

針對該差異情況（34 比 19）的顯著性檢驗表明，儘管它比先前的差異（5 比 3）更接近顯著，但仍然是「不顯著的」。為了計算檢定力，我們需要多次重複上述的過程，或是使用可以計算檢定力的統計軟體，但是我們的初始抽取說明了，即便是要檢測到 50% 的提升，廣告也需要做上千次的展示。

總而言之，在計算檢定力或所需的樣本規模時，有四個因素是可替換的，分別是：

- 樣本規模
- 要檢測的效果規模
- 執行檢測的顯著水準，即 α 值
- 檢定力

如果指定了其中三個成分，那麼就可以計算得出第四個因素。最常見的情形是需要計算樣本規模，因此必須指定其他三個因素。在使用 *R* 或 *Python* 時，也需要指定對立假設為「更大」以作單向檢定（參見第 95 頁的「單向假說檢定與雙向假說檢定」）。下方為 *R* 語言所使用的 pwr 套件，涉及兩個因素的測試，其中兩個樣本的規模相同：

```
effect_size = ES.h(p1=0.0121, p2=0.011)
pwr.2p.test(h=effect_size, sig.level=0.05, power=0.8, alternative='greater')
--
    Difference of proportion power calculation for binomial distribution
                                                (arcsine transformation)

            h = 0.01029785
            n = 116601.7
    sig.level = 0.05
        power = 0.8
  alternative = greater

NOTE: same sample sizes
```

函數 ES.h 可用來計算效果規模。我們可以看到，如果我們希望 80% 的效果，我們需要的樣本量接近 120,000 次。如果我們希望提高 50%（p1=0.0165），則樣本量將減少為 5,500 次展示。

statsmodels 套件包含了一些可用於檢定力計算的方法。在這裡，我們使用 proportion_effectsize 來計算效果規模，並使用 TTestIndPower 來解決樣本規模：

```
effect_size = sm.stats.proportion_effectsize(0.0121, 0.011)
analysis = sm.stats.TTestIndPower()
result = analysis.solve_power(effect_size=effect_size,
                              alpha=0.05, power=0.8, alternative='larger')
print('Sample Size: %.3f' % result)
--
Sample Size: 116602.393
```

本節重點

- 在確定樣本規模之前，須提前確定要執行的統計檢驗。

- 必須指定要檢測效果的最小規模。

- 此外也必須指定檢測這一效果規模（檢定力）所需的機率。

- 最後，還必須指定執行檢驗的顯著水準（α 值）。

延伸閱讀

- Thomas Ryan 所撰寫的《*Sample Size Determination and Power*》（Wiley, 2013）一書，對此問題做出了全面的綜述，適合閱讀。

- 針對該問題，統計顧問 Steve Simon 以敘事的風格撰寫了一篇引人入勝的文章，請參閱 *https://oreil.ly/18mtp*。

本章總結

實驗設計的原則是，將實驗對象隨機放入進行兩種或多種不同處理的組中。良好的實驗設計可以讓我們對每一種處理的效果得出有效的結論。在實驗中，最好包括一個「不做任何改變」的對照組。雖然正式的統計推論（包括假說檢定、p 值、t 檢定等）佔據了傳統統計學的課程和教材中大部分的內容，但是資料科學並不需要這些形式化的內容。然而，我們仍然需要認識到機遇變異性對人類大腦的愚弄。直觀的重抽樣過程（包括置換和自助法），使得資料科學家可以衡量機遇變異對資料分析的影響程度。

## 第四章

迴歸與預測

統計學中最常見的目標可能就是回答下列問題：變數 X（很多情況下是 $X_1, ..., X_p$）與變數 Y 是否有關係呢？兩者若有關係，那麼關係為何？是否可以使用這種關係去預測 Y？

沒有其他在統計與資料科學之間的聯繫比在預測領域更大；具體來說，預測結果（目標）的變數是基於其他的「預測」變數。在結果已知的資料上訓練模型，然後在結果未知的資料上進行後續應用的過程，我們稱其為**監督式學習**。資料科學與統計資料之間的另一個重要聯繫是在**異常檢測**領域，其迴歸診斷最初是用於資料分析和改進可用於檢測異常紀錄的迴歸模型。

簡單線性迴歸

簡單線性迴歸提供了兩個變數變化幅度之間的關係的模型。例如，Y 隨著 X 的變大而變大，或者 Y 隨著 X 的變大而減小 [1]。相關性是衡量兩個變數間相關情形的另一種方法，我們已經在第 31 頁的「相關性」時介紹過。這兩者之間的差別在於，相關性衡量的是兩個變數的關聯**程度**，而迴歸則是量化了兩個變數之間關係的**本質**。

---

[1] 本章各節的內容版權屬於本書作者 Peter Bruce、Andrew Bruce 和 Peter Gedeck, © 2020 Datastats, LLC。使用須經許可。

重要術語

反應變數（*Response*）

想要預測的變數。

同義詞

因變數、變數 Y、目標、結果

自變數（*Independent variable*）

用於預測反應的變數。

同義詞

變數 X、特徵、屬性

紀錄（*Record*）

一個表示特定個體或實例的向量，由因子和結果值組成。

同義詞

列、案例、實例、示例

截距（*Intercept*）

迴歸線的截距，即當 $X = 0$ 時的預測值。

同義詞

b_0、β_0

迴歸係數（*Regression coefficient*）

迴歸線的斜率。

同義詞

斜率、b_1、β_1、參數估計值、權重

配適值（*Fitted values*）

從迴歸線所獲得的估計值 $\hat{Y}_i$。

同義詞

預測值

殘差（*Residuals*）

觀察值和配適值之間的差異。

同義詞

誤差

最小平方法（*Least squares*）

一種透過最小化殘差的平方和而配適迴歸的方法。

同義詞

普通最小平方法

迴歸方程式

對於「X 發生一定的改變時，Y 的改變程度」問題，簡單線性迴歸可以做出準確的估計。問題中的變數 X 和變數 Y 是可以互換的，只是使用的相關係數不同。對於迴歸問題，我們使用線性關係（即一條直線）從變數 X 來預測變數 Y，表示為：

$$Y = b_0 + b_1 X$$

該公式可解釋為：「Y 等於 X 乘以 b_1，再加上常數 b_0」。其中，我們稱 b_0 為**截距**（或常量），b_1 為 X 的**斜率**。儘管**係數**這一名稱通常用於 b_1，但是在 R 語言的輸出中，b_1 和 b_0 都被稱為**係數**。變數 Y 被稱為**反應變數**或**因變數**，因為它需要倚賴 X。而變數 X 被稱為**預測變數**或**自變數**。機器學習領域的人士習慣於將 Y 稱為**目標**，將 X 稱為**特徵向量**，而在本書中我們將會以預測值和特徵來表示。

我們可以來看圖 4-1 的散佈圖。圖中顯示了工人的棉塵接觸年限（Exposure）與肺部容量測量（即尖峰呼氣流速值，PEFR）。那麼 PEFR 與 Exposure 的相關性如何？只根據圖 4-1 是很難解釋清楚的。

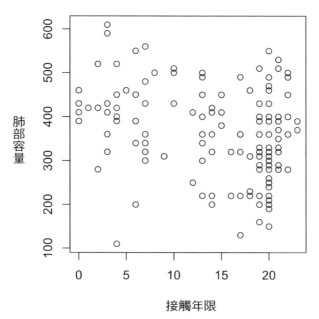

圖 4-1　工人的棉塵接觸年限與肺部容量的散佈圖

簡單線性迴歸試圖找到「最優的」直線，去預測響應 PEFR 與預測變數 Exposure 之間的函數關係：

$$\text{PEFR} = b_0 + b_1\text{Exposure}$$

R 語言提供了 lm 函數，可以用於配適線性迴歸：

```
model <- lm(PEFR ~ Exposure, data=lung)
```

函數 lm 表示**線性模型**（*linear model*），符號「~」代表變數 PEFR 是由變數 Exposure 所預測的。使用此模型定義，截距將自動包括在內並進行配適。如果要從模型中排除截距，則需要編寫模型定義，如下所示：

```
PEFR ~ Exposure - 1
```

列印 model 對象，將產生下列結果：

```
Call:
lm(formula = PEFR ~ Exposure, data = lung)
```

```
Coefficients:
(Intercept)     Exposure
    424.583       -4.185
```

截距 b_0 為 424.583，可以解釋為「一名未接觸棉塵的工人的 PEFR 預測值」。迴歸係數 b_1 可解釋為「工人接觸棉塵的年限每增加一年，那麼他的 PEFR 測量值將降低 4.185」。

在 *Python* 中，我們可以從 scikit-learn 套件中使用 LinearRegression（在 stats models 組合中有一個線性迴歸的實現，更相似於 *R* 語言（sm.OLS），我們稍後會使用到）：

```python
predictors = ['Exposure']
outcome = 'PEFR'

model = LinearRegression()
model.fit(lung[predictors], lung[outcome])

print(f'Intercept: {model.intercept_:.3f}')
print(f'Coefficient Exposure: {model.coef_[0]:.3f}')
```

根據此模型所產生的線性迴歸，如圖 4-2 所示。

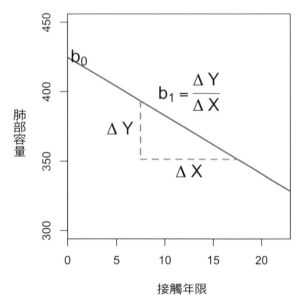

圖 4-2　用於配適肺部資料的斜率和截距

配適值與殘差

配適值和**殘差**是迴歸分析中兩個很重要的觀念。一般來說，資料並不會精準地落在迴歸線上，因此在迴歸方程式中，應該包括一個誤差項 e_i：

$$Y_i = b_0 + b_1 X_i + e_i$$

我們通常使用 $\hat{Y}_i$ 來表示配適值，即**預測值**。配適值的計算公式為：

$$\hat{Y}_i = \hat{b}_0 + \hat{b}_1 X_i$$

$\hat{b}_0$ 和 $\hat{b}_1$ 表示公式中的係數，不是已知的，而是估計出來的。

帽子符號：估計值與已知值

帽子符號用於區分估計值和已知值。因此符號 $\hat{b}$ 代表未知參數 b 的估計值。那麼，統計學家為什麼要區分估計值和實際值呢？這是因為估計值具有不確定性，而實際值是固定不變的[2]。

將原始值減去預測值，就可以得到**殘差** $\hat{e}_i$：

$$\hat{e}_i = Y_i - \hat{Y}_i$$

在 R 語言中，可以使用函數 predict 和函數 residuals 來計算配適值和殘差：

```
fitted <- predict(model)
resid <- residuals(model)
```

而透過 scikit-learn 的 LinearRegression 模型，我們在訓練資料上使用預測方法來獲得配適值，然後獲得殘差。正如我們看到的，scikit-learn 中的所有模型都會遵循的一般模式：

```
fitted = model.predict(lung[predictors])
residuals = lung[outcome] - fitted
```

圖 4-3 說明了迴歸線配適肺部資料的殘差。殘差是從資料到線的垂直虛線長度。

2　在貝氏統計中，實際值假定為具有指定分布的隨機變數。在貝氏的上下文中，存在著後驗分布和先驗分布，而不是未知參數的估計。

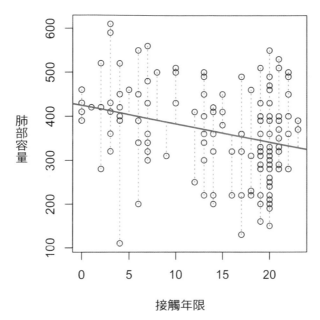

圖 4-3　迴歸線所給出的殘差（特別注意，圖 4-2 與圖 4-3 的 y 軸尺度不同，因此斜率也明顯不同）

最小平方法

那麼模型是如何模擬資料的呢？如果兩者間存在著清楚的關係，那麼我們就可以手動地配適出一條直線，但在實際中，迴歸線是使殘值的平方和最小化的估計值。殘差值的平方又稱為殘差平方和（RSS），計算公式如下：

$$RSS = \sum_{i=1}^{n} \left(Y_i - \hat{Y}_i \right)^2$$
$$= \sum_{i=1}^{n} \left(Y_i - \hat{b}_0 - \hat{b}_1 X_i \right)^2$$

其中，$\hat{b}_0$ 和 $\hat{b}_1$ 是使 RSS 最小化的值。

我們稱使 RSS 最小化的方法為**最小平方法**迴歸，或普通**最小平方法**（OLS）迴歸。儘管人們一般將該方法歸功於德國數學家 Carl Friedrich Gauss，但它卻是由法國資料學家 Adrien-Marie Legendre 於西元 1805 年最先發表。最小平方法迴歸可以使用任何標準統計軟體來輕鬆快速地進行計算。

從歷史上來看，最小平方法之所以可以獲得廣泛的使用，其中一個很重要的原因是因為該方法方便計算。隨著大數據的出現，計算速度依然是一個很重要的因素。和平均值一樣，最小平方法也對離群值很敏銳，但是這一般只在小規模或是中等規模問題中才是大問題。第 177 頁的「離群值」對迴歸中的離群值有更多介紹。

迴歸術語

當分析人員與研究人員在使用迴歸這一術語時，通常指的是線性迴歸。他們關注的是如何給出一個線性模型，去解釋預測變數與數值型結果變數之間的關係。在正式的統計學意義上，迴歸還包括了產生預測變數和結果變數之間函數關係的非線性模型。在機器學習領域中，該術語的用法有時也會很廣泛，它可以指代任何產生數值型預測結果的預測模型（不同於預測二元或類別結果的分類方法）。

預測與解釋（剖析）

從歷史上來看，迴歸的主要用途是用來說明預測變數與結果變數之間的線性關係，目的在於了解一種關係，並使用適合的迴歸資料來對其進行解釋。在這種情況下，主要重點在於迴歸方程 $\hat{b}$ 的估計斜率。舉例來說，經濟學家想知道消費者支出與 GDP 增長之間的關係。公共衛生官員可能想了解公共政策宣導在促進安全性行為方面是否有效。在此種情形下，重點不在於預測個別情況，而在於理解變數之間的整體關係。

隨著大數據的出現，迴歸被廣泛應用於建立一個新的模型來預測新資料的各個結果（即一個預測模型），而不是解釋手中現有的資料。在這種情況下，人們主要關注的是配適值 $\hat{Y}$。在行銷上，我們可以使用迴歸來預測收入隨著廣告活動規模而變化的情形。在某些大學裡，也會使用迴歸來根據學生的 SAT 分數預測其 GPA。

儘管在一個非常適合資料的迴歸模型中，X 的變化將導致 Y 產生變化，但是，迴歸方程本身並不能證明其因果關係的方向。關於因果關係的結論必須來自對關係更廣泛的理解。例如，迴歸方程式可能顯示網站廣告的點擊次數與轉化次數之間存在明確的關係，但是讓我們得出點擊廣告會提升銷售量這一個結論的並不是迴歸方程式，而是我們對行銷的認識。反之亦然。

延伸閱讀

有關預測和解釋更深入的介紹,請參閱 Galit Shmueli 的論文「To Explain or to Predict?」(*https://oreil.ly/4fVUY*)。

多元線性迴歸

當存在多個預測變數時,我們可以對先前得出的迴歸方程式做簡單的擴張:

$$Y = b_0 + b_1 X_1 + b_2 X_2 + ... + b_p X_p + e$$

現在我將得到的不再是一條直線,而是一個線性模型,在模型中,每個係數與其變數(特徵)間的關係是線性的。

R 平方（*R-squared*）

能被模型解釋的變異數比例，值介於 0 到 1 之間。

同義詞

決定係數、R^2

t 統計量（*t-statistic*）

預測因子的係數，除以係數的標準誤差，它提供一種比較模型中變數重要性的指標。

加權迴歸（*Weighted regression*）

迴歸中的紀錄具有不同的權重。

簡單線性迴歸中的所有其他概念，包含了最小平方法配適，以及配適值和殘差的定義，都可以擴張到多元線性迴歸中。例如，配適值可以由下列算式得出：

$$\hat{Y}_i = \hat{b}_0 + \hat{b}_1 X_{1,i} + \hat{b}_2 X_{2,i} + ... + \hat{b}_p X_{p,i}$$

美國金郡房屋資料案例

房產估值是使用迴歸的一個例子。在美國，為評估某房地產的稅值，金郡（King County）的估價師必須評估該房屋的價值。透過進入 Zillow（*https://zillow.com*）等熱門網站，購屋者和專業人士可以大致了解一個合理的價格。下面使用 *R* 列出的資料儲存在一個名為 house 的 data.frame 中，資料是美國華盛頓金郡的部分房產資料：

```
head(house[, c('AdjSalePrice', 'SqFtTotLiving', 'SqFtLot', 'Bathrooms',
               'Bedrooms', 'BldgGrade')])
Source: local data frame [6 x 6]
```

	AdjSalePrice (dbl)	SqFtTotLiving (int)	SqFtLot (int)	Bathrooms (dbl)	Bedrooms (int)	BldgGrade (int)
1	300805	2400	9373	3.00	6	7
2	1076162	3764	20156	3.75	4	10
3	761805	2060	26036	1.75	4	8
4	442065	3200	8618	3.75	5	7
5	297065	1720	8620	1.75	4	7
6	411781	930	1012	1.50	2	8

pandas 資料框的 head 方法列出了最上面的行：

```
subset = ['AdjSalePrice', 'SqFtTotLiving', 'SqFtLot', 'Bathrooms',
          'Bedrooms', 'BldgGrade']
house[subset].head()
```

我們的目標是從其他變數中來預測房屋的銷售價格。lm 函數在迴歸方程公式右側添加了更多的項，以實現對多元線性迴歸的處理。在上述的程式碼中，我們還需要設置函數的引數 na.action=na.omit，讓模型可以丟棄那些有缺失值的紀錄。指令如下：

```
house_lm <- lm(AdjSalePrice ~ SqFtTotLiving + SqFtLot + Bathrooms +
               Bedrooms + BldgGrade,
               data=house, na.action=na.omit)
```

scikit-learn 的 LinearRegression 亦可用於多元線性迴歸：

```
predictors = ['SqFtTotLiving', 'SqFtLot', 'Bathrooms', 'Bedrooms', 'BldgGrade']
outcome = 'AdjSalePrice'

house_lm = LinearRegression()
house_lm.fit(house[predictors], house[outcome])
```

列印 house_lm 將產生結果輸出如下：

```
house_lm

Call:
lm(formula = AdjSalePrice ~ SqFtTotLiving + SqFtLot + Bathrooms +
    Bedrooms + BldgGrade, data = house, na.action = na.omit)

Coefficients:
  (Intercept)  SqFtTotLiving         SqFtLot      Bathrooms
    -5.219e+05      2.288e+02      -6.047e-02     -1.944e+04
      Bedrooms      BldgGrade
    -4.777e+04      1.061e+05
```

對於 LinearRegression 模型，截距和係數分別以 intercept_ 和 coef_ 表示：

```
print(f'Intercept: {house_lm.intercept_:.3f}')
print('Coefficients:')
for name, coef in zip(predictors, house_lm.coef_):
    print(f' {name}: {coef}')
```

有關係數的解釋類似於簡單的線性迴歸：假設所有其他變數（$k \neq j$ 的其他變數）保持不變，則預測值 $\hat{Y}$ 對於 X_j 中的每個單位變化都將因係數 b_j 改變而改變。舉例來說，房屋的建築面積每增加一平方英尺，房屋的估價將增加約 229 美元；如果面積增加 1,000 平方英尺，那麼房屋估計值將增加 228,800 美元。

評估模型

從資料科學的角度來看，最重要的性能指標是**均方根誤差**（*RMSE*）。均方根誤差是預測值 $\hat{y}_i$ 均方誤差的平方根，計算公式如下：

$$RMSE = \sqrt{\frac{\Sigma_{i=1}^{n}\left(y_i - \hat{y}_i\right)^2}{n}}$$

均方根誤差測量了模型的整體準確度，是將模型與其他模型（包括使用機器學習技術配適的模型）對比的基礎。**標準殘差**（*RSE*）類似於均方根誤差。給定 p 個預測變數，標準殘差的計算如下：

$$RSE = \sqrt{\frac{\Sigma_{i=1}^{n}\left(y_i - \hat{y}_i\right)^2}{(n - p - 1)}}$$

這兩者間唯一的差別在於，標準殘差的分母是自由度，而不是紀錄的個數（另參見第 116 頁的「自由度」）。對於線性迴歸而言，在實務上均方根誤差和標準殘差之間的差異非常小，特別是在大數據的應用中。

R 語言的 summary 函式能計算 RSE 和其他迴歸模型的指標：

```
summary(house_lm)

Call:
lm(formula = AdjSalePrice ~ SqFtTotLiving + SqFtLot + Bathrooms +
    Bedrooms + BldgGrade, data = house, na.action = na.omit)

Residuals:
     Min       1Q   Median       3Q      Max
-1199479  -118908   -20977    87435  9473035

Coefficients:
              Estimate Std. Error t value Pr(>|t|)
(Intercept)  -5.219e+05  1.565e+04 -33.342  < 2e-16 ***
SqFtTotLiving  2.288e+02  3.899e+00  58.694  < 2e-16 ***
```

```
SqFtLot      -6.047e-02  6.118e-02   -0.988    0.323
Bathrooms    -1.944e+04  3.625e+03   -5.363 8.27e-08 ***
Bedrooms     -4.777e+04  2.490e+03  -19.187  < 2e-16 ***
BldgGrade     1.061e+05  2.396e+03   44.277  < 2e-16 ***
---
Signif. codes:  0 '***' 0.001 '**' 0.01 '*' 0.05 '.' 0.1 ' ' 1

Residual standard error: 261300 on 22681 degrees of freedom
Multiple R-squared:  0.5406,    Adjusted R-squared:  0.5405
F-statistic:  5338 on 5 and 22681 DF,  p-value: < 2.2e-16
```

scikit-learn 提供了許多用於迴歸和分類的指標。這裡,我們可以使用 mean_squared_error 來得到均方根誤差,以及使用 r2_score 來得到決定係數:

```
fitted = house_lm.predict(house[predictors])
RMSE = np.sqrt(mean_squared_error(house[outcome], fitted))
r2 = r2_score(house[outcome], fitted)
print(f'RMSE: {RMSE:.0f}')
print(f'r2: {r2:.4f}')
```

在 *Python* 中,可以使用 statsmodels 來獲得更多有關迴規模型的細節分析:

```
model = sm.OLS(house[outcome], house[predictors].assign(const=1))
results = model.fit()
results.summary()
```

此處使用的 pandas 方法 assign,給預測變數添加一個值為 1 的常數欄位,這是對截距進行建模所必需的。

我們可以從程式輸出中發現另一個有用的指標,**決定係數**,也被稱為 *R 平方統計量*,即 R^2。R^2 的值須介在 0~1 之間,它測量了模型可解釋的資料中變異性的比例。決定係數主要用於迴歸的解釋性,可以用以評估模型配適資料的程度,公式如下:

$$R^2 = 1 - \frac{\sum_{i=1}^{n}(y_i - \hat{y}_i)^2}{\sum_{i=1}^{n}(y_i - \bar{y})^2}$$

在公式中,分母與 Y 的變異數成比例。在 *R* 語言的輸出中,還得出了一個調整後的 *R 平方*,該平方針對自由度進行了調整,有效地在模型中增加了更多的預測變數。在大型資料的多元迴歸中,它與 *R 平方*之間幾乎不存在明顯的差異。

在 R 語言 statsmodels 函數的輸出中,與估計係數一併給出了係數的標準誤差(SE)和 t 統計量,t 統計量的公式如下:

$$t_b = \frac{\hat{b}}{\mathrm{SE}(\hat{b})}$$

t 統計量和其鏡像(即 p 值)測定了係數「統計顯著」的程度,即超出預測變數和目標變數的隨機分配可能產生的範圍。t 統計量越大,即 p 值越小,那麼預測變數的顯著性則越高。由於簡約性(parsimony)是建模中的一個重要概念,此類工具對於指導如何選擇添加到預測因子中的變數十分有用。(參見第 155 頁的「模型選擇與逐步迴歸」)

 除了 t 統計量之外,R 和其他統計軟體通常還會得出 p 值和 F 統計量。例如,p 值在 R 語言輸出中顯示為 Pr(>|t|) 欄。資料科學家一般並不關注這些統計量的解釋,也不關心統計顯著性的問題。資料科學家主要關心的是 t 統計量,並且使用它來指導是否需要將一個預測因子加入到模型中。如果 t 統計量很大,即 p 值接近於 0,就表示應該將預測因子保留在模型中。如果 t 統計量非常小,則表示該預測因子應該被捨棄。更多細節請參見第 106 頁的「p 值」。

交叉驗證

經典的統計迴歸指標(R^2、F 統計量和 p 值)都是「樣本內」(in-sample)指標,即應用於配適模型所使用的同一資料上。我們可以很直觀地感受到從原始資料中取出一些資料,並不在配適模型時使用這些資料,這種作法是十分有意義的。隨後,我們可以使用這些留下的資料(即驗證集)去驗證模型的效果。通常,我們可以使用大部分資料去配適模型,然後使用剩下較小一部分資料去驗證模型。

這種「樣本外」(out-of-sample)驗證的理念並不新穎,但是直到更大規模的資料集越來越普遍時,該理念才真的得以實踐。在使用小資料集時,分析人員總希望使用所有的資料去配適最佳模型。

然而,在使用驗證樣本時,我們會受限於一些不確定性,這些不確定性來自小規模驗證樣本的變異性。如果我們選擇了不同的驗證樣本,那麼在評估中會產生何種程度的差異呢?

交叉驗證將驗證樣本這一理念擴展到多個依次進行驗證的樣本上。基本的 k 折（fold）
交叉驗證的算法如下：

1. 取出 1/k 的資料，作為驗證樣本。

2. 用剩下的資料訓練模型。

3. 將訓練模型應用於驗證集（進行打分），並記錄所需的模型評估指標。

4. 將最初取出的 1/k 資料放回，再取出 1/k 資料，其中不包括上一次取出的任何紀錄。

5. 重複第 2 步驟和第 3 步驟。

6. 重複上述步驟，直到驗證集使用了每個紀錄。

7. 對模型評估指標取平均或進行組合。

上面將資料劃分為訓練樣本和驗證樣本的過程，又被稱為折（fold）。

模型選擇與逐步迴歸

在某些問題中，有很多變量可以作為迴歸中的預測因子。例如，要預測一個房屋的價
值，可以使用基地大小、屋齡等變數。在 R 語言中，我們可以很容易地將這些變數添加
到迴歸方程式中：

```
house_full <- lm(AdjSalePrice ~ SqFtTotLiving + SqFtLot + Bathrooms +
                 Bedrooms + BldgGrade + PropertyType + NbrLivingUnits +
                 SqFtFinBasement + YrBuilt + YrRenovated +
                 NewConstruction,
              data=house, na.action=na.omit)
```

在 Python 中，我們需要將類別變數和 boolean 變數轉換為數字：

```
predictors = ['SqFtTotLiving', 'SqFtLot', 'Bathrooms', 'Bedrooms', 'BldgGrade',
              'PropertyType', 'NbrLivingUnits', 'SqFtFinBasement', 'YrBuilt',
              'YrRenovated', 'NewConstruction']

X = pd.get_dummies(house[predictors], drop_first=True)
X['NewConstruction'] = [1 if nc else 0 for nc in X['NewConstruction']]

house_full = sm.OLS(house[outcome], X.assign(const=1))
results = house_full.fit()
results.summary()
```

添加更多的變數並不意味著就會得到一個更好的模型，在模型的選擇中，統計學家使用了**奧卡姆剃刀定律**（*the principle of Occam's razor*）：在其他條件相同的情況下，應該優先選擇更簡單的模型而不是更複雜的模型。

添加額外的變數，幾乎會降低均方根誤差並且使 R^2 變大，因此這些統計量並不適用於指導模型的選擇。使用調整後的 R^2 是一種可以涵蓋模型複雜度的方法，公式如下：

$$R^2_{adj} = 1 - (1 - R^2)\frac{n - 1}{n - P - 1}$$

在公式中，n 是所紀錄的個數，P 是在模型中變異數的個數。

在 1970 年代，著名的日本統計學家赤池弘次（Hirotugu Akaike）提出了一種名為 *AIC* 的（赤池資訊量準則）的指標，對給模型添加項進行了懲罰。用於迴歸的 AIC 計算公式如下：

$$AIC = 2P + n\log(RSS/n)$$

其中，P 值是變數的數量，n 則是紀錄的個數，目標是要找出使 AIC 最小的模型。如果模型具有 k 個額外變數，那麼懲罰項為 $2k$。

 AIC、BIC 以及 Mallows Cp

AIC 的公式看似會有些神秘，但事實上，它是基於資訊理論中的漸近結果。AIC 也有多個變形：

AICc
針對小規模樣本修正的 AIC。

BIC（**貝氏資訊量準則**）
類似於 AIC，但是在模型中額外添加了變數，因此具有更強大的懲罰。

Mallows Cp
AIC 的一種變形，由 Colin Mallows 所提出。

資料科學家通常既不需要關心上述樣本內指標間的差異，也不需要關心這些指標的底層理論。

那麼要如何才能找出讓 AIC 最小化或是讓 R^2 最大化的模型呢？其中一種方法是使用**全子集迴歸法**（*all subset regression*），它可以搜尋所有可能的模型。這個方法的計算成本很高，對於具有大規模資料和大量變數的問題是行不通的。有另一種替代方法更吸引人，就是**逐步迴歸法**，它可以從完整的模型開始，然後依次刪除對意義貢獻不大的變數。這稱為**向後消去法**。或者，可以從一個恆定的模型開始，然後連續地添加變數（**向前選取法**）。還有第三個選擇，我們可以依次添加和刪除預測變數以找到降低 AIC 或調整 R^2 的模型。R 語言中，由 Venebles 和 Ripley 所開發的的 MASS 套件中提供了一個 stepAIC 的逐步迴歸計算函數：

```
library(MASS)
step <- stepAIC(house_full, direction="both")
step

Call:
lm(formula = AdjSalePrice ~ SqFtTotLiving + Bathrooms + Bedrooms +
    BldgGrade + PropertyType + SqFtFinBasement + YrBuilt, data = house,
    na.action = na.omit)

Coefficients:
              (Intercept)           SqFtTotLiving
                6.179e+06               1.993e+02
                Bathrooms                Bedrooms
                4.240e+04              -5.195e+04
                BldgGrade  PropertyTypeSingle Family
                1.372e+05               2.291e+04
    PropertyTypeTownhouse         SqFtFinBasement
                8.448e+04               7.047e+00
                  YrBuilt
               -3.565e+03
```

scikit-learn 中沒有可以實現逐步迴歸法的函數。我們可以在 dmba 中使用函式 stepwise_selection、forward_selection 和 backward_elimination：

```
y = house[outcome]

def train_model(variables): ❶
    if len(variables) == 0:
        return None
    model = LinearRegression()
    model.fit(X[variables], y)
    return model

def score_model(model, variables): ❷
    if len(variables) == 0:
```

```
        return AIC_score(y, [y.mean()] * len(y), model, df=1)
    return AIC_score(y, model.predict(X[variables]), model)

best_model, best_variables = stepwise_selection(X.columns, train_model,
                                                score_model, verbose=True)

print(f'Intercept: {best_model.intercept_:.3f}')
print('Coefficients:')
for name, coef in zip(best_variables, best_model.coef_):
    print(f' {name}: {coef}')
```

❶ 定義一個函數，該函數返回給定變數集的配適模型。

❷ 定義一個函數，該函數返回給定模型和變數集的分數。在本例中，我們在 dmba 使用 AIC_score。

該函數選擇了一個模型，其中的多個變數抽取自 house_full：SqFtLot、NbrLivingUnits、YrRenovated 和 NewConstruction。

還有更簡單的做法是**向前選取法**（*forward selection*）和**向後選取法**（*backward selection*）。在向前選取法中，一開始是沒有預測因子的，而是依次添加。在每一步添加對 R^2 具有最大貢獻的預測因子。當貢獻不再統計顯著時，就停止添加。而在向後選取法（或**向後消去法**）中，一開始就直接給出了一個完整的模型，然後再從中逐步地移除不再統計顯著的預測因子，直到模型中所有預測因子都是統計顯著的。

懲罰迴歸的觀念類似於 AIC。配適模型的函數並不是明確地搜索一組離散的模型，而是加入了一個新的限制，針對有多個變數（參數）的模型進行懲罰。懲罰迴歸並不像逐步迴歸、前向或向後選取法一樣要完全清除預測變數，而是透過減少係數來應用懲罰。在某些情況下，甚至會減少至接近於 0。常見的懲罰迴歸是**嶺迴歸**（*ridge regression*）和 *Lasso 迴歸*。

對於模型的評估和調整來說，全子集迴歸和逐步迴歸都是「樣本內」方法，這代表模型的選取可能會受限於過度配適，沒辦法很好地應用於新的資料。為了避免這問題，有一種常用的方法是使用交叉驗證去驗證模型。在線性迴歸中，過度配適通常不是大問題，因為線性迴歸對資料給出的是一種簡單（線性）全面結構；然而對於更為複雜的模型來說，尤其是響應當地資料結構的迭代過程，交叉驗證是一種非常重要的工具，更多細節請參見第 154 頁。

加權迴歸

在許多情況下，特別是在分析複雜的調查時，統計學家會使用加權迴歸法。而資料科學家可能會認為加權迴歸在下面兩種情形下非常有用：

- 反變異數權重（當不同的觀察值使用了不同的精確率測量）。變異數越大，權重則越小。

- 資料的分析中，列代表多筆紀錄；而加權變數則表示每一列代表了多少個原始觀察值。

以房屋資料為例，歷史的銷售資料沒有近期銷售資料來得可靠。在使用 DocumentDate 確定銷售年份後，我們可以計算自 2005 年（資料開始的第一年）以來的年份數，以此作為 Weight 變數：

R

```
library(lubridate)
house$Year = year(house$DocumentDate)
house$Weight = house$Year - 2005
```

Python

```
house['Year'] = [int(date.split('-')[0]) for date in house.DocumentDate]
house['Weight'] = house.Year - 2005
```

我們可以使用設置了 weight 引數的 lm 函式來計算加權迴歸：

```
house_wt <- lm(AdjSalePrice ~ SqFtTotLiving + SqFtLot + Bathrooms +
                  Bedrooms + BldgGrade,
              data=house, weight=Weight)
round(cbind(house_lm=house_lm$coefficients,
        house_wt=house_wt$coefficients), digits=3)

                house_lm     house_wt
(Intercept)   -521871.368  -584189.329
SqFtTotLiving     228.831      245.024
SqFtLot            -0.060       -0.292
Bathrooms      -19442.840   -26085.970
Bedrooms       -47769.955   -53608.876
BldgGrade      106106.963   115242.435
```

加權迴歸的係數與原始的迴歸係數略有差異。

在 fit 方法中，絕大多數在 scikit-learn 中的模型，都接受引數 sample_weight 作為權重：

```
predictors = ['SqFtTotLiving', 'SqFtLot', 'Bathrooms', 'Bedrooms', 'BldgGrade']
outcome = 'AdjSalePrice'

house_wt = LinearRegression()
house_wt.fit(house[predictors], house[outcome], sample_weight=house.Weight)
```

本節重點

- 多元線性迴歸建模了反應變數 Y 與多個預測變數 $X_1, ..., X_p$ 之間的關係。
- 均方根誤差（RMSE）和 R^2 是評估模型最重要的指標。
- 迴歸係數的標準誤差可用於測量變數對模型貢獻的可靠性。
- 逐步迴歸法是一種自動確定模型中應包含哪些變數的方法。
- 加權迴歸用於配適公式中，可以對特定紀錄給予更大或更小的權重。

延伸閱讀

在 Gareth James、Daniela Witten、Trevor Hastie 和 Robert Tibshirani 所合著的《*An Introduction to Statistical Learning*》（Springer, 2013）中可以找到一種有關交叉驗證和重抽樣的優秀方法。

使用迴歸分析做預測

在資料科學中，迴歸的主要目的就是預測，記住這一點將很有幫助。迴歸是一種古老而成熟的統計方法，其傳統上作為解釋性建模工具而不是用於預測。

重要術語

預測區間（*Prediction interval*）
    單個預測值的不確定範圍區間。

外插法（*Extrapolation*）
    將模型擴張到配適所用的資料範圍之外。

外插法的風險

除了用於時間序列的預測，迴歸模型不應被用來外推到所用資料範圍。迴歸模型僅對具有足夠數量資料值的預測因子有效（即便是在有充足資料可用的情況下，也可能存在一些其他問題，參見第 176 頁的「迴歸診斷」）。舉一個極端的案例：假設我們使用 model_lm 來預測一塊面積 5,000 平方英尺的空地售價。在這種情形下，所有與建築物有關的預測因子之值都是 0，進而迴歸方程式會得出一個很荒謬的值，即 –521,900 + 5,000 × –.0605 = –522,202 美元。為什麼會得出負值呢？資料中僅包含了有建築物的土地，並沒有空地的任何相關紀錄，因此模型無從得知該如何預測空地的價值。

信賴區間與預測區間

許多統計量涉及到對變異性（不確定性）的測量和理解。迴歸輸出中的 t 統計量和 p 值以一種正式的方式來處理該問題，有時這對於變數選擇十分有用（參見第 152 頁的「評估模型」）。還有一種更有效的指標就是信賴區間，它是圍繞著迴歸係數和預測的不確定性區間。要理解信賴區間，有一種很簡單的方式是使用自助法（使用自助法的過程請參見第 62 頁）。在各種統計軟體的輸出中，最常見的迴歸信賴區間就是迴歸參數（係數）的信賴區間。下面的自助法（bootstrap algorithm）可以對具有 P 個預測因子和 n 個紀錄個數（列）的資料集，產生一個迴歸參數（係數）的信賴區間：

1. 將每列資料（包括結果變數）視為一張「票」，並將所有的 n 張票放在同一個箱子裡面。

2. 從箱子中隨機抽取一張票，記錄票上的數值，然後再將票放回箱子裡。

3. 重複第 2 步驟 n 次，得到一個自助法重抽樣。

4. 對自助樣本配適迴歸模型，記錄估計的迴歸係數。

5. 重複第 2 步驟到第 4 步驟數次，例如 1,000 次。

6. 現在，每個迴歸係數有 1,000 個自助值，找出每個係數的百分位數。例如，對於 90% 信賴區間是第 5 百分位數和第 95 百分位數）。

要產生迴歸係數的實際自助信賴區間，可以使用 R 語言的 **Boot** 函式，也可以簡單地使用基於公式的信賴區間，這是 R 語言的常態輸出。兩者在概念上的意義和解釋是一樣的，但是對於資料科學家來說這並不是太重要，因為他們所關心的是迴歸係數。資料科學家更感興趣的是圍繞預測變數 y 值（即 $\hat{Y}_i$）的信賴區間，而其不確定性來自兩個方面：

- 相關的預測因子及其迴歸係數的不確定性（參考上述提過的自助算法）。

- 個別資料原有的額外誤差。

個別資料的誤差可以被理解為：即便我們明確地知道一個迴歸方程式（例如，假設我們有大量的紀錄可以用以配適出迴歸方程式），對於一組給定的預測因子值，迴歸方程式的**實際**結果值也會存在一些變化。舉例來說，有幾間房子，每一間都有 8 個房間、面積皆為 6,500 平方公尺、3 間衛浴和 1 間地下室，在房價上可能也會存在一些差異，我們可以使用配適值的殘差去建立個別資料點誤差的模型。對迴歸模型誤差和個別資料點誤差建模的自助算法如下：

1. 從資料中抽取出一個自助樣本（前述已經有做過詳盡的介紹）。

2. 配適迴歸，並預測新的值。

3. 從原始迴歸配適中隨機取出一個殘差，添加到預測值中，並記錄結果。

4. 重複第 1 步驟到第 3 步驟數次，例如 1,000 次。

5. 從結果中找出第 2.5 百分位數和第 97.5 百分位數。

本節重點

- 超出資料範圍的外插會導致誤差。

- 信賴區間量化了迴歸係數的不確定性。

- 預測區間量化了個別預測中的不確定性。

- 有許多統計軟體（包含 R 語言在內）都會使用公式在預設或指定輸出中給出預測區間和信賴區間。

- 自助法也可使用來確定信賴區間，做法之解釋和理念是一樣的。

預測區間或信賴區間

預測區間與單個值周圍的不確定性有關，而信賴區間與從多個值計算出的平均值或其他統計資訊有關。因此，對於相同的值，預測區間通常會比信賴區間來得寬很多。在自助模型中，我們透過選擇個別殘差並加到預測值來對該個別值誤差建模。那到底應該使用哪一個呢？這取決於分析的背景和目的，但總體來說，資料科學家對特定的個別預測會很感興趣，因此預測區間會更合適。當原先應該使用預測區間，卻使用信賴區間時，會大大低估了所給定的預測值之不確定性。

迴歸中的因子變數

因子變數（*factor variable*）又被稱為類別變數，是一組數量有限的離散值。例如，貸款目的可以有「債務合併」、「結婚」、「買汽車」等等。其中有一種特殊情形是二元變數（即是或否），又被稱為指示變數。迴歸需要數值的輸入，因此要在迴歸模型中使用因子變數，需要對因子變數進行重新編碼，而最常見的編碼方式是將因子變數轉換為一組二元的虛擬變數。

重要術語

虛擬變數（*Dummy variables*）

透過對因子資料重新編碼而得到的二元變數 0 或 1，可用於迴歸模型或其他模型。

參考編碼（*Reference coding*）

統計學家們最常使用的編碼類型。它以因子的其中一層作為參考層，並將其他因子與參考層進行比對。

同義詞

編碼處理（treatment coding）

One-hot 編碼（*One hot encoder*）

一種被常用於機器學習領域的編碼，它保留了全部的因子層。雖然此種編碼適用於部分機器學習算法，但是不適合用在多元線性迴歸。

虛擬變數的表示

在美國金郡房屋的資料中，有一個因子變數表示房屋的所有權類型。下方列出了資料集中一個由六筆紀錄所組成的小子集：

R 語言：

```
head(house[, 'PropertyType'])
Source: local data frame [6 x 1]

     PropertyType
           (fctr)
1       Multiplex
2   Single Family
3   Single Family
4   Single Family
5   Single Family
6       Townhouse
```

Python：

```
house.PropertyType.head()
```

在本例中，因子變數的可能取值有 3 個：Multiplex、Single Family 和 Townhouse。為了要使用該因子變數，我們需要將其轉換為一個二元變數的集合，做法是將因子變數的每一個可能取值轉換為一個二元變數。這可以使用 *R* 語言的 model.matrix 函式來實現[3]：

```
prop_type_dummies <- model.matrix(~PropertyType -1, data=house)
head(prop_type_dummies)
  PropertyTypeMultiplex PropertyTypeSingle Family PropertyTypeTownhouse
1                     1                         0                     0
2                     0                         1                     0
3                     0                         1                     0
```

3　model.matrix 函式中的 -1 引數產生一個 One-hot 編碼表示，因為要移除截距，因此是「-」。否則，*R* 中的預設設置會產生一個具有 *P* – 1 列的矩陣，並以第一個因子層作為參考水平。

4	0	1	0
5	0	1	0
6	0	0	1

函式 model.matrix 將資料轉換為適合線性模型的矩陣。因子變數 PropertyType 具有三個不同的值，表示為一個有三列的矩陣。在機器學習領域中，此表示被稱為 *One-hot* 編碼（另參見第 243 頁）。

在 *Python* 中，我們可以使用 pandas 方法的 get_dummies 來將類別變數轉換為虛擬變數：

```
pd.get_dummies(house['PropertyType']).head() ❶
pd.get_dummies(house['PropertyType'], drop_first=True).head() ❷
```

❶ 在預設情況下，返回類別變數的一種 One-hot 編碼。

❷ 關鍵參數 drop_first 將返回 *P* – 1 列。我們可以使用它來避免多元共線性問題。

在某些機器學習算法中，例如近鄰分析和樹模型，**One-hot** 編碼是一種表示因子變數的標準方法（請參見第 249 頁的「樹模型」）。

在迴歸中，一個具有 *P* 個層的因子變數，通常會使用一個只有 *P* – 1 列的矩陣來表示，這是因為迴歸模型中通常包含了一個截距項，因此，一旦已經定義了 *P* – 1 個二元值，那麼由於截距項的存在，第 *P* 個值就是已知，也可以看作是多餘的。如果增加了第 *P* 個列，將導致多元共線性錯誤（另請參見第 172 頁的「多元共線性」）。

R 中的預設是將第一個因子層作為**參考**，並相對於該層去解釋其他的層：

```
lm(AdjSalePrice ~ SqFtTotLiving + SqFtLot + Bathrooms +
      Bedrooms + BldgGrade + PropertyType, data=house)

Call:
lm(formula = AdjSalePrice ~ SqFtTotLiving + SqFtLot + Bathrooms +
    Bedrooms + BldgGrade + PropertyType, data = house)

Coefficients:
            (Intercept)            SqFtTotLiving
             -4.468e+05                2.234e+02
                SqFtLot                Bathrooms
             -7.037e-02               -1.598e+04
               Bedrooms                BldgGrade
             -5.089e+04                1.094e+05
PropertyTypeSingle Family    PropertyTypeTownhouse
             -8.468e+04               -1.151e+05
```

get_dummies 方法使用可選關鍵字引數 drop_first 來排除第一個因素作為參考：

```
predictors = ['SqFtTotLiving', 'SqFtLot', 'Bathrooms', 'Bedrooms',
              'BldgGrade', 'PropertyType']

X = pd.get_dummies(house[predictors], drop_first=True)

house_lm_factor = LinearRegression()
house_lm_factor.fit(X, house[outcome])

print(f'Intercept: {house_lm_factor.intercept_:.3f}')
print('Coefficients:')
for name, coef in zip(X.columns, house_lm_factor.coef_):
    print(f' {name}: {coef}')
```

R 迴歸的輸出給出了兩個迴歸係數，分別對應於 PropertyTypeSingle Family 和 PropertyTypeTownhouse。輸出中並沒有對應於 Multiplex 層的迴歸係數，這是因為當 PropertyTypeSingle Family == 0 和 PropertyTypeTownhouse == 0 時，已經隱密地定義了 Multiplex 層。迴歸係數的解釋是相對於 Multiplex 層，因此 Single Family 房屋價值低了近 85,000 美元，Townhouse 房屋價值則低了 150,000 美元[4]。

各種因子編碼

有許多不同的因子變數編碼方式，統稱為對照編碼（contrast coding）系統。舉例來說，偏差編碼（deviation coding）就是一種對照編碼方式，又被稱為總和對照編碼（sum contrasts），它將每一層與整體均值做對比。還有另一種對照編碼方式，多項式編碼（polynomial coding），適用於有序因子，參見第 168 頁的「有序因子變數」。除非是對於有序因子，否則資料科學家一般只會用到參考編碼或是 One-hot 編碼。

多層因子變數

一些因子變數會產生大量的二元虛擬變數，而郵遞區號是一個因子變數，美國有 43,000 個郵遞區號。在這種情況下，我們可以透過探索資料以及預測變數與結果之間的關係，以確定類別中是否包含有用資訊。如果有包含的話，就必須進一步決定保留所有因素是否有用，或者是否應該合併其中一些因子層。

4　這是不直觀的，但是可以透過位置作為混雜變數的影響來解釋，另參見第 172 頁的「混淆變數」。

舉例說明，在金郡有 80 個郵遞區號區域有房屋銷售的資料：

```
table(house$ZipCode)
```

```
98001 98002 98003 98004 98005 98006 98007 98008 98010 98011 98014 98019
  358   180   241   293   133   460   112   291    56   163    85   242
98022 98023 98024 98027 98028 98029 98030 98031 98032 98033 98034 98038
  188   455    31   366   252   475   263   308   121   517   575   788
98039 98040 98042 98043 98045 98047 98050 98051 98052 98053 98055 98056
   47   244   641     1   222    48     7    32   614   499   332   402
98057 98058 98059 98065 98068 98070 98072 98074 98075 98077 98092 98102
    4   420   513   430     1    89   245   502   388   204   289   106
98103 98105 98106 98107 98108 98109 98112 98113 98115 98116 98117 98118
  671   313   361   296   155   149   357     1   620   364   619   492
98119 98122 98125 98126 98133 98136 98144 98146 98148 98155 98166 98168
  260   380   409   473   465   310   332   287    40   358   193   332
98177 98178 98188 98198 98199 98224 98288 98354
  216   266   101   225   393     3     4     9
```

pandas 資料中的 value_counts 方法會返回相同的資訊：

```
pd.DataFrame(house['ZipCode'].value_counts()).transpose()
```

ZipCode 是一個很重要的變數，代表地段對房價的影響。如果要包含了所有的層，那麼需要 79 個迴歸係數，對應 79 個自由度，而原始模型 house_lm 只有 5 個自由度，參見第 152 頁的「評估模型」。除此之外，我們發現在數個郵遞區號區域中，只有一個房屋銷售資料。在一些問題中，有鑑於前兩個數字或前三個數字所對應到的是大都市以下的地理區域，因此我們可以使用前幾位數字來整合郵遞區號區域。對於金郡來說，幾乎所有銷售都發生在郵遞區號 980xx 或 981xx 的區域中，所以這種方法並不適用。

有另一種方法是，根據其他變數（例如銷售價格）的情況對郵遞區號進行分組。更好的做法是使用初始模型的殘差來建構郵遞區號組。下方為 dplyr 程式碼基於 house_lm 迴歸殘差的中位數，將 80 個郵遞區號整合為 5 個組別：

```
zip_groups <- house %>%
  mutate(resid = residuals(house_lm)) %>%
  group_by(ZipCode) %>%
  summarize(med_resid = median(resid),
            cnt = n()) %>%
  arrange(med_resid) %>%
  mutate(cum_cnt = cumsum(cnt),
         ZipGroup = ntile(cum_cnt, 5))
house <- house %>%
  left_join(select(zip_groups, ZipCode, ZipGroup), by='ZipCode')
```

程式碼計算每個郵遞區號的中位數殘差，並使用 ntile 函式按中位數排序，將郵遞區號
區分為 5 個組。第 172 頁的「混淆變數」中的例子展示了如何在迴歸中使用這樣轉換的
因子變數作為資料項，用以實現對初始配適情況的改進。

在 *Python* 中，可以透過下方程式碼來計算：

```python
zip_groups = pd.DataFrame([
    *pd.DataFrame({
        'ZipCode': house['ZipCode'],
        'residual' : house[outcome] - house_lm.predict(house[predictors]),
    })
    .groupby(['ZipCode'])
    .apply(lambda x: {
        'ZipCode': x.iloc[0,0],
        'count': len(x),
        'median_residual': x.residual.median()
    })
]).sort_values('median_residual')
zip_groups['cum_count'] = np.cumsum(zip_groups['count'])
zip_groups['ZipGroup'] = pd.qcut(zip_groups['cum_count'], 5, labels=False,
                                 retbins=False)

to_join = zip_groups[['ZipCode', 'ZipGroup']].set_index('ZipCode')
house = house.join(to_join, on='ZipCode')
house['ZipGroup'] = house['ZipGroup'].astype('category')
```

使用殘差來幫助指導迴歸配適的概念，是建模過程中的一個基礎步驟，另參見第 176 頁
的「迴歸診斷」。

有序因子變數

有一些因子變數表示了因子的層級，因此又被稱為**有序因子變數**或是**有序類別變數**。
舉例來說，貸款等級包括 A、B、C 等等，每一個級別的風險都要比前一級別來得高。
有序因子變數通常可以轉換為數值，並且作為數值來使用。例如，變數 BldgGrade 就是
一個有序因子變數，表 4-1 給出該變數所代表的部份等級類型。由於每個等級都具有特
定的意義，因此數值是從低到高排序，對應到房屋等級的逐步提高。如果使用第 149 頁
「多元線性迴歸」中配適迴歸模型 house_lm，那我們需要將 BldgGrade 作為數值型變數來
處理。

表 4-1　建築等級及其對應數值等效

數值	描述
1	Cabin
2	Substandard
5	Fair
10	Very good
12	Luxury
13	Mansion

將有序因子作為數值型變數處理，可以保留次序關係中所包含的資訊，否則，這些資訊將在轉換為因子的過程中遺失。

本節重點

- 因子變數需要轉換為數值變數，才能在迴歸中被使用。

- 要編碼一個具有 P 個不同值的因子變數，最常使用的方法是表示為 P – 1 個虛擬變數。

- 即使在一個規模非常大的資料集中，多層因子變數也需要整合成具有較少層的變數。

- 有一些因子的層是有秩序的，可以表示為單一的數值變數。

解釋迴歸方程式

在資料科學中，迴歸最重要的用途是預測某些因變數（結果），但是在某些情況下，可以從迴歸方程式本身來獲得洞察力，以了解預測變數與結果之間的關係是否有價值。本節將提供有關檢查迴歸方程式和對其進行解釋的指導說明。

相關變數（*Correlated variables*）

> 朝著同一方向移動的變數：當一個變數上升時另一個也上升，反之亦然（負相關時，當一個上升時另一個下降）。當預測變數高度相關時，很難解釋各個迴歸係數。

多元共線性（*Multicollinearity*）

> 當預測變數間存在完美或近乎完美的相關性時，迴歸是不穩定的，或者是說不可能計算的。

> 同義詞
>> 共線性（collinearity）

混淆變數（*Confounding variables*）

> 一種重要的預測變數，若忽視該變數可能會導致迴歸方程式給出偽關係。

主效應（*Main effects*）

> 預測變數和結果變數之間的關係，該關係獨立於其他的變數。

交互作用（*Interactions*）

> 兩個或兩個以上的預測變數和反應變數之間的相互依賴關係。

相關預測變數

在多元迴歸中，預測變數通常是相互關聯的。例如，下方為第 155 頁「模型選擇與逐步迴歸」中配適的 step_lm 模型的迴歸係數：

R 語言：

```
step_lm$coefficients
            (Intercept)            SqFtTotLiving              Bathrooms
           6.178645e+06             1.992776e+02           4.239616e+04
               Bedrooms                BldgGrade PropertyTypeSingle Family
          -5.194738e+04             1.371596e+05           2.291206e+04
     PropertyTypeTownhouse          SqFtFinBasement                YrBuilt
           8.447916e+04             7.046975e+00          -3.565425e+03
```

```
print(f'Intercept: {best_model.intercept_:.3f}')
print('Coefficients:')
for name, coef in zip(best_variables, best_model.coef_):
    print(f' {name}: {coef}')
```

我們可以發現，Bedrooms 的迴歸係數竟然是負值，這代表在房子中增加一間臥房，反而會降低房屋的價值。為什麼有這種情況呢？因為預測變數是相互關聯的：面積大的房子一般來說會有較多間的臥房，而房屋的價值會受到面積大小的影響，而非臥室的數量。對於兩個面積相同的房子來說，我們更喜歡的通常不會是臥房多但面積更小的那一間。

如果預測變數是相互關聯的，那麼迴歸係數的符號和值會很難解釋，並且會提高估計量的標準誤差。臥房、房屋面積和衛浴數量等變數就是相關聯的，我們將藉由下方的舉例來說明其關聯。我們在迴歸方程式中移除了 SqFtTotLiving、SqFtFinBasement 和 Bathrooms 變數，配適了另一個迴歸：

```
update(step_lm, . ~ . - SqFtTotLiving - SqFtFinBasement - Bathrooms)

Call:
lm(formula = AdjSalePrice ~ Bedrooms + BldgGrade + PropertyType +
    YrBuilt, data = house, na.action = na.omit)

Coefficients:
              (Intercept)                      Bedrooms
                  4913973                         27151
                BldgGrade    PropertyTypeSingle Family
                   248998                        -19898
    PropertyTypeTownhouse                       YrBuilt
                   -47355                         -3212
```

在上面的程式碼中，update 函式用於為模型增加或移除變數。從輸出中可以發現，現在臥房的迴歸係數變為正的了，這符合我們的預期（雖然這些變數實際上就只是房屋面積的代理變數而已現在都被移除了）。

在 *Python* 中，沒有任何功能和 *R* 的 update 函式有相同效果。我們需要使用修改後的預測變數列表來重新配適模型：

```
predictors = ['Bedrooms', 'BldgGrade', 'PropertyType', 'YrBuilt']
outcome = 'AdjSalePrice'

X = pd.get_dummies(house[predictors], drop_first=True)
```

```
reduced_lm = LinearRegression()
reduced_lm.fit(X, house[outcome])
```

相關變數只是迴歸係數解釋中可能碰到的問題之一。在 house_lm 中，沒有變數表示房屋的地段資訊，而且模型將不同類型的地段混淆在一起，如此一來，地段變數可能會成為一個混淆變數。有關混淆變數的更多介紹，請參閱第 172 頁。

多元共線性

在預測變數之間有多餘的存在時，相關變數的極端情況會產生多元共線性。當一個預測變數可以表示為其他變數的線性組合時，就會發生完美的多元共線性。多元共線性在以下幾種情形下會發生：

- 在誤差中多次包含同一個變數。

- 從一個因子變數創建了 P 個虛擬變數，而非 $P-1$ 個虛擬變數。（參閱第 163 頁的「迴歸中的因子變數」）

- 兩個變數近乎完美相關。

迴歸中的多元共線性問題必須解決，作法是依次刪除變數，直到多元共線性問題消失。若存在完美多元共線性的情況下，代表迴歸沒有明確定義良好的解決方案。包括 *R* 和 *Python* 在內的許多軟體，都會自動處理某些類型的多元共線性。例如，如果在房屋資料 house 的迴歸中，兩次包含了 SqFtTotLiving 變數，那麼結果與 house_lm 模型給出的結果相同。在非完美的多元共線性情況下，統計軟體或許能提供解決方案，但結果可能是不穩定。

 對於樹模型、分群法和近鄰分析等非迴歸方法，多元共線性可能並不會造成問題。在這些非迴歸方法中，也許會建議保留 P 個虛擬變數，而不是 $P-1$ 個，也就是說，即使是在這些方法中，非冗餘的預測變數可能依然是個優點。

混淆變數

對於相關變數來說，問題在於委託：迴歸方程式中包含了多個與反應變數具有相似預測關係的變數；對於混淆變數而言，問題則在於遺漏：迴歸方程式中未能包含某個重要的變數。對迴歸方程式相關係數的簡單解釋，可能會得到一個無效的結論。

以第 150 頁「美國金郡房屋資料案例」中的金郡迴歸方程式 house_lm 為例。在該迴歸方程式中，SqFtLot、Bathrooms 和 Bedrooms 迴歸係數皆為負值。原始迴歸模型中並沒有包含代表地段的變數，而地段是房屋價格的一個重要預測變數。為了對地段情況建立模型，我們加入了變數 ZipGroup，該變數將郵遞區號分到 5 組中的其中一個，從房價最便宜的組 1 到房價最貴的組 5 [5]：

```
lm(formula = AdjSalePrice ~ SqFtTotLiving + SqFtLot + Bathrooms +
    Bedrooms + BldgGrade + PropertyType + ZipGroup, data = house,
    na.action = na.omit)

Coefficients:
              (Intercept)           SqFtTotLiving
               -6.666e+05              2.106e+02
                  SqFtLot               Bathrooms
                4.550e-01              5.928e+03
                 Bedrooms               BldgGrade
               -4.168e+04              9.854e+04
 PropertyTypeSingle Family    PropertyTypeTownhouse
                1.932e+04             -7.820e+04
                ZipGroup2               ZipGroup3
                5.332e+04              1.163e+05
                ZipGroup4               ZipGroup5
                1.784e+05              3.384e+05
```

在 *Python* 中的同一模型：

```
predictors = ['SqFtTotLiving', 'SqFtLot', 'Bathrooms', 'Bedrooms',
              'BldgGrade', 'PropertyType', 'ZipGroup']
outcome = 'AdjSalePrice'

X = pd.get_dummies(house[predictors], drop_first=True)

confounding_lm = LinearRegression()
confounding_lm.fit(X, house[outcome])

print(f'Intercept: {confounding_lm.intercept_:.3f}')
print('Coefficients:')
for name, coef in zip(X.columns, confounding_lm.coef_):
    print(f' {name}: {coef}')
```

5　金郡房屋資料中有 80 個郵遞區號，但在大部分郵遞區號區域中，只有很少量的房屋銷售資料。另一種方式是直接使用郵遞區號作為一個因子變數，ZipGroup 可以將相似的郵遞區號聚集到同一個組。另參閱第 166 頁的「多層因子變數」。

很明顯地，ZipGroup 是一個很重要的變數。我們從輸出中可以看到，對於房價最高之郵遞區號組中的房屋來說，其估計銷售價格更高，接近 34 萬美元。SqFtLot 和 Bathrooms 的係數現在為正值，代表增加一間衛浴會讓房屋售價提高將近 5,928 美元。

Bedrooms 的係數仍然是負值。雖然這並不直觀，但卻是房仲業中一個眾所皆知的情形。對於居住面積和衛浴數皆相同的房子，若臥房數更多、面積更小，房屋售價就會更低。

交互作用與主效果

統計學家喜歡區分**主效果**（或自變數）以及主效果之間的**交互作用**。主效果一般是指迴歸方程式中的預測變數。如果在模型中只使用主效果，那麼會有一個隱藏的假設：預測變數與反應變數之間的關係是與其他預測變數無關的，但該假設通常都不會成立。

舉例來說，在第 172 頁的「混淆變數」中使用金郡房屋資料所配適的模型，其中的主效果包含了 ZipCode 等多個變數。地段在房產中是決定一切的因素，自然地，我們可以假定房屋面積和銷售價格之間的關係是取決於地段。在租金低的地段建造大面積的房屋，其售價將不同於在昂貴地段上建造大面積的房屋。在 *R* 語言中，可以使用 * 操作符添加變數間的交互作用。下方的程式碼使用金郡房屋資料配適了 SqFtTotLiving 和 ZipGroup 之間的交互作用：

```
lm(formula = AdjSalePrice ~ SqFtTotLiving * ZipGroup + SqFtLot +
    Bathrooms + Bedrooms + BldgGrade + PropertyType, data = house,
    na.action = na.omit)

Coefficients:
            (Intercept)              SqFtTotLiving
             -4.853e+05                  1.148e+02
              ZipGroup2                  ZipGroup3
             -1.113e+04                  2.032e+04
              ZipGroup4                  ZipGroup5
              2.050e+04                 -1.499e+05
                 SqFtLot                  Bathrooms
              6.869e-01                 -3.619e+03
               Bedrooms                  BldgGrade
             -4.180e+04                  1.047e+05
 PropertyTypeSingle Family     PropertyTypeTownhouse
              1.357e+04                 -5.884e+04
  SqFtTotLiving:ZipGroup2    SqFtTotLiving:ZipGroup3
              3.260e+01                  4.178e+01
  SqFtTotLiving:ZipGroup4    SqFtTotLiving:ZipGroup5
              6.934e+01                  2.267e+02
```

在產生的模型中具有 4 個新的項：SqFtTotLiving:ZipGroup2、SqFtTotLiving:ZipGroup3 等等。

在 *Python* 中，我們需要使用 statsmodels 套件來訓練具有交互作用的線性迴歸模型。該套件的設計類似於 *R*，並允許使用公式介面來定義模型：

```
model = smf.ols(formula='AdjSalePrice ~ SqFtTotLiving*ZipGroup + SqFtLot + ' +
    'Bathrooms + Bedrooms + BldgGrade + PropertyType', data=house)
results = model.fit()
results.summary()
```

statsmodels 套件主要關注在類別變數（例如：ZipGroup[T.1] 和 PropertyType[T.Single Family]）和交互條件（例如：SqFtTotLiving:ZipGroup[T.1]）。

地段變數和房屋大小之間具有非常強的交互作用。落在房價最低之 ZipGroup 中的房屋，其斜率和主效果 SqFtTotLiving）的斜率相同，都是每平方英尺 115 美元（這是因為 *R* 語言對因子變數使用了**參考編碼**，另參閱第 163 頁的「迴歸中的因子變數」）。位於房價最高 ZipGroup 的房屋，其斜率是主效果再加上 SqFtTotLiving:ZipGroup5，或是 115 美元 + 227 美元 = 每平方英尺 342 美元。換句話說，對於房價最貴的郵遞區號組別中的房屋，房屋面積每增加一平方英尺，預測售價的提高量大約會是房價最低郵遞區號組的 3 倍。

具有交互項的模型選擇

對於牽涉到多變數的問題，確定模型中應該包含哪些交互項是一個具有挑戰的問題。通常我們會採用下面幾種方式：

- 對於某些問題，可以使用先驗知識和直覺來確認指導模型中應包含哪些交互項。

- 使用逐步選擇法（參閱第 155 頁的「模型選擇與逐步迴歸」）來篩選各種模型。

- 使用懲罰迴歸來自動配適大量可能的交互條件。

- 最常見的使用方法也許是樹模型，以及其所衍生出來的隨機森林（*random forest*）、梯形提升樹（*gradient boosted trees*）。這類模型可以自動搜尋最佳的交互項，參閱第 249 頁的「樹模型」。

迴歸診斷

在解釋性建模中(即在研究環境中),除了前面所提到的指標(參見第 152 頁的「評估模型」)之外,還採取了各種步驟來評估模型對資料的配適程度,而這些步驟大多數是基於對殘差的分析。這些步驟不能直接解決預測的準確度問題,但可以在預測環境中提供一些有用的見解。

重要術語

標準化殘差(*Standardized residuals*)
　　殘差除以殘差的標準誤差。

離群值(*Outliers*)
　　距離其他紀錄(或預測結果)很遠的紀錄(或結果值)。

強影響值(*Influential value*)
　　一個值或紀錄,其存在與否會使迴歸方程式有很大的差異。

槓桿(*Leverage*)
　　單個紀錄對迴歸方程式的影響程度。
　　同義詞
　　　　帽值(hat-value)

非常態殘差（*Non-normal residuals*）

非常態分布的殘差可能會導致一些對迴歸的技術需求失效，但在資料科學中，通常並不會關注這個問題。

異質變異（*Heteroskedasticity*）

在輸出的部分範圍中具有較高變異性的殘差，這可能代表在迴歸方程式中缺少了某一個預測變數。

偏殘差圖（*Partial residual plots*）

用以表現變數和單個預測變數之間關係的一種診斷圖。

同義詞

變數添加圖（added variables plot）

離群值

一般而言，極端值（也稱為**離群值**）是與大多數其他觀察值相距甚遠的值。正如需要處理異常值以估計位置和變異性（參閱第 8 頁的「位置估計」、第 14 頁的「變異性估計」）一樣，離群值可能也會導致迴歸模型出現問題。在迴歸中，離群值是實際 y 值與預測值相差甚遠的紀錄，可以透過檢查標準化殘差（即殘差除以殘差的標準誤差）來檢測。

其實並沒有統計理論用以說明如何將離群值從非離群值中區分開來。通常存在了一種武斷的經驗法則，來確定一個觀察值與大部分資料偏離多遠才能被稱為離群值。例如，在箱形圖中，邊界點是那些超出框線邊界之上或之下太遠的資料點（參閱第 20 頁的「百分位數與箱形圖」），其中「太遠」是指「距離超出 1.5 倍的四分位距」。在迴歸中，標準化殘差通常作為確定一筆紀錄是否應歸類為離群值的指標，也可以解釋為「遠離迴歸線的標準誤差倍數」。

接下來我們將使用郵遞區號 98105 區域中，所有在金郡的房屋銷售資料來配適一個迴歸模型：

```
house_98105 <- house[house$ZipCode == 98105,]
lm_98105 <- lm(AdjSalePrice ~ SqFtTotLiving + SqFtLot + Bathrooms +
               Bedrooms + BldgGrade, data=house_98105)
```

在 *Python* 中：

```
house_98105 = house.loc[house['ZipCode'] == 98105, ]

predictors = ['SqFtTotLiving', 'SqFtLot', 'Bathrooms', 'Bedrooms', 'BldgGrade']
outcome = 'AdjSalePrice'

house_outlier = sm.OLS(house_98105[outcome],
                       house_98105[predictors].assign(const=1))
result_98105 = house_outlier.fit()
```

在 *R* 語言中，我們可以使用 rstandard 函式來抽取出標準殘差，並使用 order 函式來獲得最小殘差：

```
sresid <- rstandard(lm_98105)
idx <- order(sresid)
sresid[idx[1]]
    20429
-4.326732
```

而在 *Python* 的 statsmodels 中，使用 OLSInfluence 來分析殘差：

```
influence = OLSInfluence(result_98105)
sresiduals = influence.resid_studentized_internal
sresiduals.idxmin(), sresiduals.min()
```

在模型中，最大的估計值超出了迴歸線上 4 個標準差，對應的過估計值是 757,754 美元。與該離群值對應的原始資料紀錄如下：

```
house_98105[idx[1], c('AdjSalePrice', 'SqFtTotLiving', 'SqFtLot',
            'Bathrooms', 'Bedrooms', 'BldgGrade')]

AdjSalePrice SqFtTotLiving SqFtLot Bathrooms Bedrooms BldgGrade
        (dbl)        (int)   (int)     (dbl)    (int)     (int)
20429  119748         2900    7276         3        6         7
```

在 *Python* 中：

```
outlier = house_98105.loc[sresiduals.idxmin(), :]
print('AdjSalePrice', outlier[outcome])
print(outlier[predictors])
```

在本例中，從紀錄來看會發現其實存在一些問題。在該郵遞區號區域中，差不多面積的房子一般售價遠高於 119,748 美元。圖 4-4 展示了本次出售房屋法定契約的部分條款。我們可以從中發現，此次銷售只牽涉到部分產權，因此，該離群值對應於一次異常的銷售，不應該將該次銷售包含在迴歸中。離群值也可能是因為其他問題所導致的，例如人工輸入資料時出現了錯誤（即「胖手指」（fat-finger）問題），或是單位不吻合（銷售報告中的單位應該為千美元，而不是美元）。

STATUTORY WARRANTY DEED

THE GRANTOR, ▮▮▮▮▮ a single person, for and in consideration of $105,000.00, conveys and warrants to ▮▮▮▮▮▮▮▮▮▮▮ husband and wife, GRANTEES, an undivided twenty-five percent (25%) interest in the following described real estate, situated in the County of King, State of Washington, together with all after acquired title of the Grantor therein:

圖 4-4　具有最大負殘差的售屋紀錄所對應的契約法定擔保文件

在大數據問題中，對於配適一個用於預測新資料的迴歸模型，通常離群值並不會造成問題，但是，離群值是異常檢測所關注的核心問題，因為異常檢測就是要找出資料中的離群值。離群值也可能對應到一次詐騙，或是一個意外的操作。在任何情況下，檢測離群值都可能是關鍵的商業需要。

強影響值

如果某個缺失值將大大改變迴歸方程式的值，我們稱其為**強影響觀察值**。在迴歸中，不需要將這樣的值與大的殘差有關聯。以圖 4-5 中的迴歸線為例，實線對應於所有資料的迴歸，而虛線對應於刪除了右上角的點之後的迴歸；很明顯地，即使所刪除的點與較大的離群值無關，該值對迴歸仍有巨大的影響，我們稱這樣的資料點在迴歸中具有高**槓桿**。

除了標準化殘差（參閱第 177 頁的「離群值」）之外，統計學家還開發了多種指標來確定單筆紀錄對迴歸的影響，其中**帽值**是一種對槓桿常用的度量值。如果帽值高於 $2(P + 1)/n$ 的值，代表存在一個高槓桿的資料值 [6]。

6　**帽值**（**hat-value**）一詞來自於迴歸中的帽子矩陣概念。多元線性迴歸可以表示為公式 $\hat{Y} = HY$，其中 H 是帽子矩陣。帽值對應於矩陣 H 的對角線。

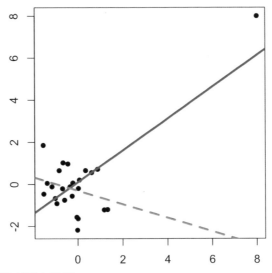

圖 4-5　迴歸中的強影響資料點之範例

還有另一個指標是**庫克距離**（*Cook's distance*），可以透過組合槓桿及殘差規模來定義對迴歸的影響情形。經驗法則指出，如果庫克距離大於 $4/(n - P - 1)$，那麼觀察值就會具有很大的影響。

影響圖，又被稱為**氣泡圖**，將標準殘差、帽值以及庫克距離展示於一個繪圖中。圖 4-6 說明了金郡房屋資料的影響圖，由下方的 *R* 語言程式碼所產生：

```
std_resid <- rstandard(lm_98105)
cooks_D <- cooks.distance(lm_98105)
hat_values <- hatvalues(lm_98105)
plot(subset(hat_values, cooks_D > 0.08), subset(std_resid, cooks_D > 0.08),
     xlab='hat_values', ylab='std_resid',
     cex=10*sqrt(subset(cooks_D, cooks_D > 0.08)), pch=16, col='lightgrey')
points(hat_values, std_resid, cex=10*sqrt(cooks_D))
abline(h=c(-2.5, 2.5), lty=2)
```

在 *Python* 中：

```
influence = OLSInfluence(result_98105)
fig, ax = plt.subplots(figsize=(5, 5))
ax.axhline(-2.5, linestyle='--', color='C1')
ax.axhline(2.5, linestyle='--', color='C1')
ax.scatter(influence.hat_matrix_diag, influence.resid_studentized_internal,
           s=1000 * np.sqrt(influence.cooks_distance[0]),
           alpha=0.5)
```

```
ax.set_xlabel('hat values')
ax.set_ylabel('studentized residuals')
```

很明顯地，在迴歸中有多個資料點表現出了強影響。我們可以用 cooks.distance 函式來計算庫克距離，並且使用 hatvalues 函式來計算診斷資訊。在圖 4-6 中，x 軸代表帽值，y 軸代表殘差，資料點的大小與庫克距離相關。

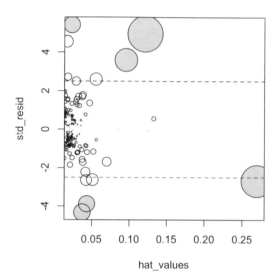

圖 4-6　確定有最大影響的觀察點之繪圖；庫克距離大於 0.08 的點以灰色突出顯示。

表 4-2 比較了迴歸與整個資料集，其中刪除了強影響資料點（庫克距離大於 0.08）。

從表中可以看到 Bathrooms 迴歸係數的變化非常大[7]。

表 4-2　使用全部資料以及刪除強影響資料後，迴歸係數的比較情況

	原始資料	刪除強影響資料後
（截距）	-772,550	-647,137
SqFtTotLiving	210	230
SqFtLot	39	33
Bathrooms	2282	-16,132
Bedrooms	-26,320	-22,888
BldgGrade	130,000	114,871

7　Bathrooms 的迴歸係數變成負值，這並不直觀，這是因為迴歸中並沒有考量到地段，並且在郵遞區號 98105 區中，還包含了不同類型的房子。有關混淆變數的討論，參閱第 172 頁的「混淆變數」。

若為了配適的迴歸模型能可靠地預測未來的資料,那麼識別強影響觀察值只會對小規模資料集產生效果。對於涉及到許多紀錄的迴歸,不可能有任何一個觀察值具有足夠的權重來對配適方程式產生極端影響(儘管迴歸可能仍具有較大的離群值)。但是,出於異常檢測的目的,識別強影響觀察值是非常有用的。

異質變異、非常態分布和相關誤差

統計學家非常重視殘差的分布。在廣泛的分布假設下,普通最小平方法(參閱第 147頁)已經被證明是無偏差的,且在某些情況下是「最佳」估計量,這代表在大多數問題中,資料科學家不需要太在意殘差的分布情形。

殘差的分布主要與形式統計推斷(假說檢定和 p 值)的有效性相關,這對於資料科學家來說其實意義不大,因為他們所關心的是預測的準確度。呈現常態分布的錯誤代表模型已經完成;而非常態分布的錯誤表示該模型可能缺少了某些內容。為了讓形式推論完全有效,需要假定殘差符合常態分布、變異數相同、並且是獨立的。資料科學家可能會關注的一個領域是預測值信賴區間的標準計算方式,該計算是基於對殘差的假設(參閱第161 頁的「信賴區間與預測區間」)。

異質變異是在預測值範圍內缺乏恆定的殘差變異數;也就是說,在整個預測範圍中部份誤差大於其他誤差。視覺化資料是一種分析殘差的方便方法。

下方 R 語言程式碼使用了第 177 頁「離群值」中迴歸配適的 lm_98105 模型,繪製了殘差絕對值與預測值之間的比對情形:

```
df <- data.frame(resid = residuals(lm_98105), pred = predict(lm_98105))
ggplot(df, aes(pred, abs(resid))) + geom_point() + geom_smooth()
```

繪圖如圖 4-7 所示。使用 geom_smooth 函式可以很輕易地實現殘差絕對值的水平重疊。該函式調用了 loess 方法,對散佈圖中 x 軸和 y 軸變數之間的關係產生了一種視覺化的平移(參閱第 185 頁的「散佈圖平滑法」)。

在 *Python* 中,可以使用 seaborn 套件中的 regplot 功能:

```
fig, ax = plt.subplots(figsize=(5, 5))
sns.regplot(result_98105.fittedvalues, np.abs(result_98105.resid),
            scatter_kws={'alpha': 0.25}, line_kws={'color': 'C1'},
            lowess=True, ax=ax)
ax.set_xlabel('predicted')
ax.set_ylabel('abs(residual)')
```

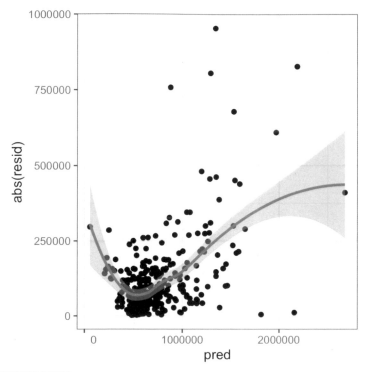

圖 4-7　殘差絕對值與預測值

很明顯地，對於高售價的房屋來說，殘差的變異數趨向於增加；但是對於低售價的房屋，殘差的變異數也趨向於增加。如繪圖所示，模型 lm_98105 的誤差具有異質變異。

為什麼資料科學家要專注異質變異？

異質變異表明了，對於不同的預測值範圍，預測誤差會有所不同，並且還可能代表了模型的不完整。例如，模型 lm_98105 中的異質變異說明了，在迴歸中可能沒有包含一些在高售價範圍和低售價範圍內的房子。

圖 4-8 顯示了模型 lm_98105 迴歸標準殘差的直方圖。其分布比常態分布具有更長的尾巴，並略為向更大的殘差偏斜。

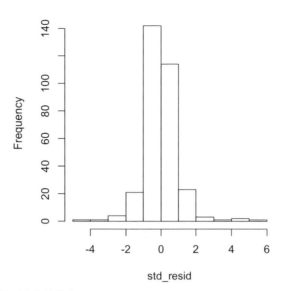

圖 4-8　金郡房屋資料的迴歸殘差直方圖

統計學家可能也會檢驗誤差是獨立的這一個假設。對於隨著時間或空間所收集來的資料更是如此。*Durbin-Watson* 統計量可用於檢測涉及到時間序列資料的迴歸中，是否存在顯著的自相關。如果迴歸模型的誤差相關，則此資訊對於進行短期預測很有用，所以應該將其放入到模型中。請參閱 Galit Shmueli 和 Kenneth Lichtendahl 所合著的《*Practical Time Series Forecasting with R*》第二版（Axelrod Schnall, 2018），以了解更多有關如何將自相關資訊構建到時間序列資料的迴歸模型中。如果以長期預測或解釋性模型為目標，那麼微觀層次上，過多的自相關資料可能會分散我們的注意力；在那種情況下，首先可能需要進行平滑處理，或者先進行粒度較小的資料收集。

即使迴歸可能會違反其中一種分布假設，但資料科學家為什麼要關心這個問題呢？在最常見的資料科學中，通常要專注在預測的準確度，所以審查異質變異可能會有幫助。我們可能會發現，資料中有些資訊沒有被模型捕捉到；然而，滿足常態分布的假設，僅僅是為了驗證形式統計的推論（p 值、F 統計量等），這對於資料科學家來說不是很重要。

散佈圖平滑法

迴歸是對反應變數和預測變數之間的關係進行建模。在評估迴歸模型時，使用散佈圖平滑法（*scatterplot smoother*）對於在視覺上將兩個變數之間的關係突顯很有用。

以圖 4-7 為例，對絕對殘差和預測值之間的關係進行平滑處理，顯示了殘差的變異數取決於殘差的值。在這種情況下，使用了 loess 函式，loess 函式的原理是將一系列局部迴歸反覆配適到連續的子集中，以得出平滑的結果。儘管 loess 函式可能是最常用的平滑方式，但是 *R* 語言中還有其他函式可以使用，例如，超平滑（supsmu）和核平滑（ksmooth）。在 *Python* 中，我們可以在 scipy（wiener 或 sav）和 statsmodels（kernel_regression）中找到其他平滑函式。評估迴歸模型通常並不需要擔心這些散佈圖平滑的細節。

部份殘差圖和非線性

部份殘差圖（*partial residual plots*）是一種用視覺化來展示估計的配適度是否很好地說明了預測變數與結果之間關係的方法。部份殘差圖的基本概念是，將預測變數與反應變數之間的關係獨立出來，並**考慮所有其他預測變數**。我們可以將部份殘差視為「合成的輸出值」，其中組合了基於單個預測變數的預測值與來自完整迴歸方程式的實際殘差。預測變數 X_i 的部份殘差是普通殘差加上與 X_i 相關的迴歸項：

$$部份殘差 = 殘差 + \hat{b}_i X_i$$

這裡，$\hat{b}_i$ 是估計的迴歸係數。*R* 語言中的 predict 函式提供了返回單個迴歸項 $\hat{b}_i X_i$ 的選項：

```
terms <- predict(lm_98105, type='terms')
partial_resid <- resid(lm_98105) + terms
```

部份殘差圖在 x 軸上顯示 X_i，在 y 軸上顯示部份殘差。使用 ggplot2 可以很簡單的實現在既有繪圖上加疊部份殘差的平滑繪圖，程式碼如下：

```
df <- data.frame(SqFtTotLiving = house_98105[, 'SqFtTotLiving'],
                 Terms = terms[, 'SqFtTotLiving'],
                 PartialResid = partial_resid[, 'SqFtTotLiving'])
ggplot(df, aes(SqFtTotLiving, PartialResid)) +
```

```
geom_point(shape=1) + scale_shape(solid = FALSE) +
geom_smooth(linetype=2) +
geom_line(aes(SqFtTotLiving, Terms))
```

statsmodels 套件中的 sm.graphics.plot_ccpr 可以用來建立相似的部份殘差圖：

```
sm.graphics.plot_ccpr(result_98105, 'SqFtTotLiving')
```

在 *R* 語言和 *Python* 圖中的差異在於一個常數。在 *R* 語言中，添加了一個常數，以使各項的平均值為零。

繪圖結果如圖 4-9 所示。部分殘差是 SqFtTotLiving 對銷售價格貢獻的估計。SqFtTotLiving 和銷售價格之間的關係顯然是非線性的（虛線）。迴歸線（實線）低估了面積在 1,000 平方英尺以下房屋的銷售價格，而高估了 2,000 至 3,000 平方英尺之間房屋的價格。4,000 平方英尺以上的資料點太少，所以無法得出這些房屋的結論。

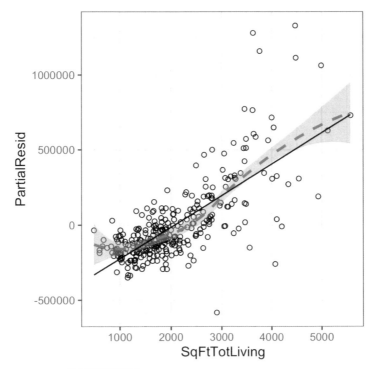

圖 4-9　變數 SqFtTotLiving 的部份殘差圖

在本例中，這種非線性是有意義的：在小房子中增加 500 英尺的售價，遠比在大房子中增加 500 英尺大得多。這說明了，除了考慮 SqFtTotLiving 的簡單線性項外，還應該考慮非線性項（請參閱第 187 頁的「多項式迴歸和樣條迴歸」）。

本節重點

- 由於離群值可能會在小規模資料集中造成問題，關注離群值主要是為了發現資料中存在的問題，或是確定異常所在。

- 單個紀錄（包括迴歸離群值）可以對小規模資料集的迴歸方程式產生很大的影響，但在大數據中，這種效果不存在。

- 如果將迴歸模型用於形式推論（如 p 值等等），那就應該檢驗對殘差分布的一些假設。但對於資料科學家來說，殘差分布通常並不重要。

- 部份殘差圖可以用於定性的評估每個迴歸項的配適程度，這可能會得出另一種替代模型規範。

多項式迴歸和樣條迴歸

反應變數和預測變數之間的關係不一定是線性的。例如，對藥物劑量的反應通常是非線性的：加倍劑量通常不會導致反應加倍。對產品的需求不是所花費的行銷費用的線性函數；因為在某個時候，需求可能會飽和。有很多方法可以擴展迴歸以捕捉到這些非線性效果。

重要術語

多項式迴歸（*Polynomial regression*）
在迴歸方程式中加入了多項式項，例如：平方項、三次方項等等。

樣條迴歸（*Spline regression*）
使用一系列多項式片段去配適一條平滑曲線。

結點（*Knots*）
分隔樣條片段的值。

非線性迴歸

當統計學家談論非線性迴歸時，指的是無法使用最小平方方法配適的模型。哪些類型的模型屬於非線性呢？基本上，所有不能將反應變數表示為預測變數（或是預測變數的某種轉換）的線性組合模型，都屬於非線性的。由於非線性迴歸模型需要數值優化，因此難以配適且計算強度更大。若可能，通常建議盡可能使用線性模型。

多項式迴歸

多項式迴歸涉及在迴歸方程式中加入多項式項。多項式迴歸的使用幾乎可以追溯到 1815 年 Gergonne 所發表的論文。例如，反應變數 Y 和預測變數 X 之間的二次迴歸可採用以下形式：

$$Y = b_0 + b_1 X + b_2 X^2 + e$$

我們可以使用 R 語言中 poly 函式來配適多項式迴歸。舉例來說，下方程式碼使用金郡房屋資料，對 SqFtTotLiving 配適了一個二項式迴歸：

```
lm(AdjSalePrice ~  poly(SqFtTotLiving, 2) + SqFtLot +
            BldgGrade + Bathrooms + Bedrooms,
              data=house_98105)

Call:
lm(formula = AdjSalePrice ~ poly(SqFtTotLiving, 2) + SqFtLot +
   BldgGrade + Bathrooms + Bedrooms, data = house_98105)

Coefficients:
          (Intercept)  poly(SqFtTotLiving, 2)1  poly(SqFtTotLiving, 2)2
           -402530.47               3271519.49                 776934.02
              SqFtLot                 BldgGrade                 Bathrooms
                32.56                 135717.06                  -1435.12
             Bedrooms
             -9191.94
```

在 statsmodels，我們使用 I(SqFtTotLiving**2) 方法來將平方項加入到模型定義中：

```
model_poly = smf.ols(formula='AdjSalePrice ~  SqFtTotLiving + ' +
                '+ I(SqFtTotLiving**2) + ' +
                'SqFtLot + Bathrooms + Bedrooms + BldgGrade', data=house_98105)
result_poly = model_poly.fit()
result_poly.summary()  ❶
```

❶ 與 *R* 語言相比，截距和多項式係數不同，這是因為不同的實現方式。其餘係數和預測是等效的。

這裡 SqFtTotLiving 關聯了兩個迴歸係數，一個用於線性項，另一個用於平方項。

部份殘差圖（參閱第 185 頁）說明了與 SqFtTotLiving 相關之迴歸方程式中的某些曲線。與線性配適相比，配適線與部份殘差的平滑度（參閱第 190 頁的「樣條迴歸」）更緊密匹配（見圖 4-10）。

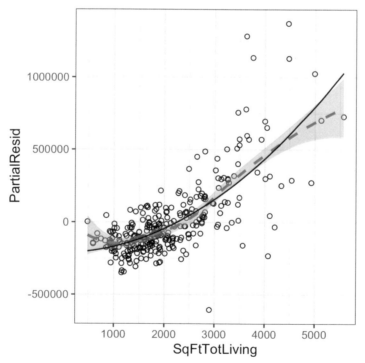

圖 4-10　變數 SqFtTotLiving 的多項式迴歸配適（實線），和平滑（虛線，參閱下方樣條迴歸的介紹）的對比。

statsmodels 實現僅適用於線性項。隨附的來源程式碼提供了一個適用於多項式迴歸的實現。

樣條迴歸

多項式迴歸僅僅捕捉到非線性關係中的部份曲率。添加高階項（例如三次方多項式）通常會導致迴歸方程式出現我們不希望有的「擺動（wiggliness）」現象。還有另一種更好的方法是，在建模非線性關係時使用樣條。樣條提供了一種在固定點之間平滑插值的方法。最初是由製圖員用來繪製平滑曲線所使用的工具，尤其是在船舶和飛機製造過程中。

樣條是透過使用重物（俗稱「鴨子」）彎曲一根細木條而得到的，如圖 4-11 所示。

圖 4-11　樣條最初是使用可彎曲的木條和「鴨子」所製成的，它是製圖員配適曲線的一種工具（照片由 Bob Perry 攝影）。

從技術層面來定義的話，樣條是一系列分段的連續多項式，它是在第二次世界大戰期間由羅馬尼亞數學家 I. J. Schoenberg 在美國阿伯丁試驗場首次提出的。多項式片段在預測變數中的一系列固定點處平滑連接，這些固定點被稱為結點。與多項式迴歸相比，樣條迴歸的計算公式要來得複雜更多，樣條函數的配適細節通常也使用統計套件來處理。R語言的 splines 套件就包括了 bs 函式，可以在迴歸模型中創建 b 樣條項（b-spline）。例如，下方程式碼在金郡房屋迴歸模型中添加了一個 b 樣條項：

```
library(splines)
knots <- quantile(house_98105$SqFtTotLiving, p=c(.25, .5, .75))
lm_spline <- lm(AdjSalePrice ~ bs(SqFtTotLiving, knots=knots, degree=3) +
  SqFtLot + Bathrooms + Bedrooms + BldgGrade,  data=house_98105)
```

使用 bs 函式時需要指定兩個參數：多項式的階數以及結點的位置。在本例中，添加到模型中的預測變數 SqFtTotLiving 使用三次樣條（degree=3）。在預設情況下，bs 函式會將

結點放置於各個邊界處;此外,結點也可以放在四分位數、中四分位數和高四分位等地方。

statsmodels 公式以與 *R* 語言類似的方式支援樣條的使用。在這裡,我們使用 df(自由度)指定 *b* 樣條項,這將創建 df − degree = 6 − 3 = 3 個內部結點,其位置的計算方法與上述 *R* 語言程式碼相同:

```
formula = 'AdjSalePrice ~ bs(SqFtTotLiving, df=6, degree=3) + ' +
          'SqFtLot + Bathrooms + Bedrooms + BldgGrade'
model_spline = smf.ols(formula=formula, data=house_98105)
result_spline = model_spline.fit()
```

線性項的迴歸係數具有直接意義,但樣條項的係數是沒辦法解釋的。相反地,使用視覺化方式來揭示樣條配適的性質會更有用。圖 4-12 顯示了迴歸的部份殘差圖。與多項式模型相比,樣條曲線模型與平滑度更接近,這代表樣條曲線具有更大的靈活性。在本例中,線條更接近於配適資料。這是否意味著樣條迴歸是更好的模型?答案是不一定:依照本例,面積很小的房屋(小於 1,000 平方英尺)的價值要比面積稍大的房屋更高,這顯然不符合經濟規律,可能是因為混淆變數所導致。參閱第 172 頁的「混淆變數」。

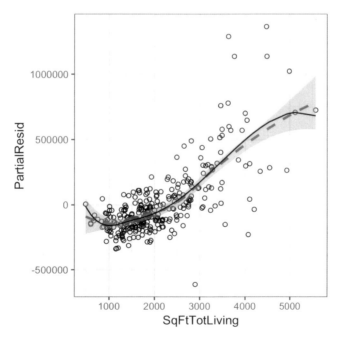

圖 4-12　變數 SqFtTotLiving 的樣條迴歸配適(實線)與平滑(虛線)的對比

廣義加法模型

假設我們基於先驗知識或透過迴歸診斷，來懷疑反應變數和預測變數之間存在某種非線性關係。多項式項可能不夠靈活，無法捕捉到這種關係，而樣條項則需要指定結點。**廣義加法模型**或 *GAM* 是一種靈活的建模技術，可用於自動配適樣條迴歸。*R* 語言中的 mgcv 套件可用於將 GAM 模型配適到房屋資料：

```
library(mgcv)
lm_gam <- gam(AdjSalePrice ~ s(SqFtTotLiving) + SqFtLot +
                  Bathrooms +  Bedrooms + BldgGrade,
                  data=house_98105)
```

其中，s(SqFtTotLiving) 項告訴 gam 函式為樣條項找出「最好」的結點，如圖 4-13 所示。

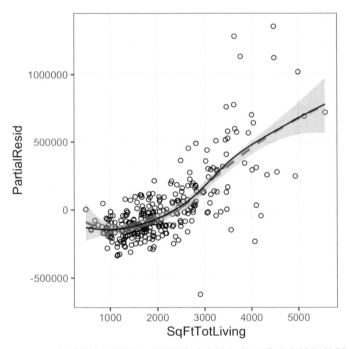

圖 4-13　變數 SqFtTotLiving 的廣義加法模型迴歸配適（實線）與平滑（虛線）的對比

在 *Python* 中，我們可以使用 pyGAM 套件，它提供了迴歸和分類的方法。在這裡，我們使用 LinearGAM 來創建迴歸模型：

```
predictors = ['SqFtTotLiving', 'SqFtLot', 'Bathrooms',  'Bedrooms', 'BldgGrade']
outcome = 'AdjSalePrice'
X = house_98105[predictors].values
y = house_98105[outcome]

gam = LinearGAM(s(0, n_splines=12) + l(1) + l(2) + l(3) + l(4))   ❶
gam.gridsearch(X, y)
```

❶ n_splines 的預設值為 20，將會導致較大的 SqFtTotLiving 值過度配適。值 12 較接近更合理的配適。

本節重點

- 離群值在迴歸中表現為具有很大殘差的紀錄。

- 多元共線性會導致配適迴歸方程式中存在數值不穩定的問題。

- 混淆變數是一種重要的預測變數。如果在一個模型中忽略了混淆變數，將會導致迴歸方程式給出偽關係。

- 如果一個變數的效果依賴於另一個變數（因子變數）的層級，那麼在兩個變數之間需要有交互項。

- 多項式迴歸可以配適預測變數及結果變數之間的非線性關係。

- 樣條是一系列連接在一起的多項式片段，連接點稱為結點。

- 廣義加法模型可以自動指定樣條函數中的結點。

延伸閱讀

- 有關樣條模型及廣義加法模型的更多內容，可以參考由 Trevor Hastie、Robert Tibshirani 和 Jerome Friedman 所合著的《*The Elements of Statistical Learning*》第二版（2009）；以及由 Gareth James、Daniela Witten、Trevor Hastie 和 Robert Tibshirani 所合著的《*R, An Introduction to Statistical Learning*》（2013）。兩本書皆由 Springer 出版社出版。

- 要了解有關使用迴歸模型來進行時間序列預測的更多內容，可以參考由 Galit Shmueli 和 Kenneth Lichtendahl 合著的《*Practical Time Series Forecasting with R*》（Axelrod Schnall, 2018）。

本章總結

多年來，也許沒有其他統計方法比迴歸更有用。迴歸是在多個預測變數和結果變數之間建立關係的過程，其基本形式是線性的：每個預測變數都有一個係數，該係數描述了預測變數與輸出之間的線性關係。多項式和樣條迴歸等更高級的迴歸形式允許了該關係可為非線性。在經典統計中，重點在於找到與觀測資料的良好配適以解釋或描述某種現象，而這種配適的優勢在於如何使用傳統的**樣本內**指標來評估模型。相反地，在資料科學中，目標通常是預測新資料的值，因此才使用了基於對樣本外資料之預測準確度的指標。使用變數選擇方法來降維，以創建更緊密的模型。

## 第五章

分類

資料科學家經常遇到要處理自動做決策的商業問題，例如，一封電子郵件是否嘗試進行釣魚攻擊？一位客戶是否可能會流失？一個網路使用者是否可能點擊一個廣告？這些都是**分類**的問題。分類是一種**監督式學習**，我們會先使用有已知結果的資料來訓練模型，再將模型應用於沒有已知結果的資料。分類可能是最重要的預測形式，其目標是要預測一筆紀錄是 0 或 1（電子郵件是否為釣魚攻擊？客戶是否可能會流失？使用者是否會點擊廣告？），或者在某些情形下是預測屬於哪一種類別（例如，Gmail 將信件匣中的郵件分為「主要」、「社交網路」、「促銷內容」和「論壇」）。

通常，我們不僅需要簡單的二元分類，我們還想知道一個案例會屬於一種類別的機率。除了讓模型簡單的指定一個二元分類，大部分的演算法可以回傳屬於感興趣類別的機率分數（或傾向（propensity））。實際上，使用 *R* 語言執行邏輯迴歸，預設的結果形式為對數機率，需要轉換為傾向。在 *Python* 的 scikit-learn 中，邏輯迴歸與大多數的分類方法一樣，提供了兩種預測方法：predict（回傳預測的類別）和 predict_proba（回傳預測為每個類別的機率）。然後可以使用一個滑動的截止值將傾向得分轉換為決策。通用的方法如下：

1. 對感興趣的類別確定一個截止機率；超過此機率，就可以將該筆紀錄視為該類別。

2. 估計任何模型中一筆紀錄屬於我們感興趣的類別的機率。

3. 如果該機率大於所確定的截止機率，則將新紀錄指定為感興趣的類別。

截止機率越高，被預測為 1（即屬於感興趣的類別）的紀錄則越少；反之，截止機率越低，被預測為 1 的紀錄越多。

本章將涵蓋幾種用於分類及估計傾向性的重要方法；更多關於分類和數值預測的方法將在下一章中介紹。

兩個以上的類別？

絕大多數的問題涉及二元的反應變數；但在一些分類問題中，反應變數有兩個以上的結果。例如，當客戶的年訂閱合約期滿後，可能會發生三種結果：客戶離開或「流失」（$Y = 2$）、改成按月訂閱合約（$Y = 1$），及簽署新的年合約（$Y = 0$）。我們的目標是預測 $Y = j$，其中 $j = 0$、1 或 2。大部分本章所介紹的分類法，都可以直接應用或稍微修改後用於具有兩個以上結果的反應變數。即使在具有兩個以上結果的情形下，通常也能使用條件機率將問題重寫成一系列的二分類問題；例如，為了預測合約的結果，我們可以將問題轉換成兩個二元分類預測問題：

- 預測 $Y = 0$ 或是 $Y > 0$

- 如果 $Y > 0$，預測 $Y = 1$ 或 $Y = 2$

在這個問題中，將問題分解成兩種情形是合理的做法；首先判斷客戶是否會流失，如果客戶沒有流失，則判斷客戶會選擇哪一種類型的合約。從模型配適的觀點來看，通常最好將多分類問題轉換為一系列的二分類問題，尤其是在一個類別比其他類別更普遍的情況下。

單純貝氏算法

單純貝氏算法使用在給定結果的情況下，觀測預測值的機率來估計給定一組預測值，觀測到結果 $Y = i$ 的機率[1]。

---

[1] 本章各節的內容版權屬於本書作者 Peter Bruce、Andrew Bruce 和 Peter Gedeck，© 2020 Datastats, LLC。使用須經許可。

為了解單純貝氏分類，我們可以從想像完整或精確的貝氏分類開始。對於每筆分類的紀錄：

1. 找到其他所有具有相同預測變數的紀錄（即預測變數值相同）。

2. 確定這些紀錄所屬於的類別，以及哪個類別為主要類別（即最可能的類別）。

3. 將該分類指定給新紀錄。

使用上述方法，可以找出樣本中與要分類的新紀錄完全相同（即所有預測變數值相同）的所有紀錄。

在標準的單純貝氏分類算法中，預測變數必須是類別（因子）變數。關於兩種適用連續變數的解決方法，請參見第 201 頁的「數值型預測變數」。

為什麼準確的貝氏分類不可行

當預測變數超過一定數量時，許多要分類的紀錄將無法精確地匹配。現在我們以一個基於人口統計變數預測投票情形的模型為例。即使是規模相當大的樣本，也很有可能不會包含以下新紀錄的匹配結果：「一位來自美國中西部的高收入西班牙裔男性，在上次選舉中投票，在之前選舉中沒有投票，有三個女兒和一個兒子，並已離婚」。這個例子只有八個變數，對於大部分分類問題而言，這樣的變數數目很少。只要在五個同等頻率出現的類別中添加一個新變數，就可以將匹配的機率降低 5 倍。

單純貝氏分類解決方案

在單純貝氏解決方案中,我們不再將機率計算侷限於那些與要分類的紀錄匹配的紀錄,而是使用整個資料集。單純貝氏算法的改進如下:

1. 對於二元反應變數 $Y = i$($i = 0$ 或 1),估計每個預測變數的個別條件機率 $P(X_j | Y = i)$。這些是當我們觀察到 $Y = i$ 時,預測值在紀錄中的機率,機率估計值是在訓練資料集裡 $Y = i$ 的紀錄中 X_j 值的比例。

2. 將這些機率相乘,再乘以屬於 $Y = i$ 的紀錄的比例。

3. 對所有類別重複步驟 1 和 2。

4. 將在步驟 2 中對類別 i 計算的值除以對所有類別計算之值的總和,來估計結果 i 的機率。

5. 將紀錄指派給對於該組預測變數機率最高的類別。

這種單純貝氏算法也可以表示為,在給定一組預測值 $X_1, ..., X_p$ 的情況下,觀察結果 $Y = i$ 的機率,公式如下:

$$P(Y = i | X_1, X_2, ..., X_p)$$

以下是使用精確貝氏分類法計算機率的完整公式:

$$P(Y = i | X_1, X_2, ..., X_p) = \frac{P(Y = i)P(X_1, ..., X_p | Y = i)}{P(Y = 0)P(X_1, ..., X_p | Y = 0) + P(Y = 1)P(X_1, ..., X_p | Y = 1)}$$

在單純貝氏算法對於條件獨立性的假設下,公式改變如下:

$$P(Y = i | X_1, X_2, ..., X_p)$$
$$= \frac{P(Y = i)P(X_1 | Y = i)...P(X_p | Y = i)}{P(Y = 0)P(X_1 | Y = 0)...P(X_p | Y = 0) + P(Y = 1)P(X_1 | Y = 1)...P(X_p | Y = 1)}$$

為什麼將這個公式稱為「單純」呢?我們做了一個簡化的假設,在觀察到結果的情況下,預測值向量的**確切條件機率**可以藉由各個條件機率 $P(X_j | Y = i)$ 的乘積來估計;換句話說,在估計 $P(X_j | Y = i)$ 而不是 $P(X_1, X_2, ..., X_p | Y = i)$ 時,我們假設 X_j 與其他預測變量 X_k 無關,而 $k \neq j$。

幾個 *R* 語言的套件可以用於單純貝氏模型，以下程式碼為使用 klaR 套件將模型應用於貸款支付資料：

```
library(klaR)
naive_model <- NaiveBayes(outcome ~ purpose_ + home_ + emp_len_,
                          data = na.omit(loan_data))
naive_model$table
$purpose_
        var
grouping   credit_card debt_consolidation home_improvement major_purchase
  paid off  0.18759649         0.55215915       0.07150104     0.05359270
  default   0.15151515         0.57571347       0.05981209     0.03727229
        var
grouping     medical      other small_business
  paid off 0.01424728 0.09990737     0.02099599
  default  0.01433549 0.11561025     0.04574126


$home_
         var
grouping    MORTGAGE       OWN      RENT
  paid off 0.4894800 0.0808963 0.4296237
  default  0.4313440 0.0832782 0.4853778


$emp_len_
         var
grouping     < 1 Year   > 1 Year
  paid off 0.03105289 0.96894711
  default  0.04728508 0.95271492
```

這個模型輸出的結果為條件機率 $P(X_j | Y = i)$。

而在 *Python* 中，我們可以使用 scikit-learn 的 sklearn.naive_bayes.MultinomialNB，在使用模型之前，我們需要先將類別特徵轉換成虛擬變數：

```
predictors = ['purpose_', 'home_', 'emp_len_']
outcome = 'outcome'
X = pd.get_dummies(loan_data[predictors], prefix='', prefix_sep='')
y = loan_data[outcome]

naive_model = MultinomialNB(alpha=0.01, fit_prior=True)
naive_model.fit(X, y)
```

此外，我們可以使用屬性 feature_log_prob_ 從模型中得出條件機率。

此模型可以用來預測一筆新貸款的結果；我們使用資料集中最後一筆資料來測試，程式碼如下：

```
new_loan <- loan_data[147, c('purpose_', 'home_', 'emp_len_')]
row.names(new_loan) <- NULL
new_loan
        purpose_    home_   emp_len_
      1 small_business MORTGAGE  > 1 Year
```

並且我們用以下 *Python* 程式碼來得到新貸款的預測結果：

```
new_loan = X.loc[146:146, :]
```

在這個例子中，我們預測貸款違約機率的 *R* 程式碼如下：

```
predict(naive_model, new_loan)
$class
[1] default
Levels: paid off default

$posterior
      paid off    default
[1,] 0.3463013 0.6536987
```

如同先前提到的，scikit-learn 的分類模型有兩種方法：predict 用於回傳預測的類別和 predict_proba 回傳預測為某類別的機率：

```
print('predicted class: ', naive_model.predict(new_loan)[0])

probabilities = pd.DataFrame(naive_model.predict_proba(new_loan),
                            columns=loan_data[outcome].cat.categories)
print('predicted probabilities', probabilities)
--
predicted class:  default
predicted probabilities
    default  paid off
0  0.653696  0.346304
```

這個預測還會回傳貸款違約機率的 posterior 估計量。我們知道單純貝氏分類會產生**有偏**估計量；然而，如果目標是根據 $Y = 1$ 的機率對紀錄**排名**，則機率的無偏估計量是非必要的，貝氏分類就可以產生良好的預測結果。

數值型預測變數

貝氏分類法僅適用於類別預測,例如:垃圾郵件分類,是否存在單字、詞彙、字符等等是預測任務的核心)。要將單純貝氏分類應用於數值預測時,需要採用以下兩種方法之一:

- 將數值預測變數歸類並轉換為類別預測變數,然後使用前一節的演算法。

- 使用機率模型,例如:常態分布(請參見第 69 頁的「常態分布」)來估計條件機率 $P(X_j | Y = i)$。

 當訓練資料中沒有類別預測變數時,演算法會將機率 0 分配給新資料的結果變數,而不是像其他方法那樣簡單地忽略此變數並使用其他變數的資訊。大部分單純貝氏分類法的實現都會使用平滑參數(Laplace Smoothing)來防止這種情況發生。

本節重點

- 單純貝氏分類法適用於類別(因子)分類的預測和結果。

- 單純貝氏分類法要解答的問題是:在每個結果類別中,哪些預測類別是最可能發生的?

- 這資訊可以轉化為,在給定預測值的情況下,估計結果屬於不同類別的機率。

延伸閱讀

- Trevor Hastie、Robert Tibshirani 與 Jerome Friedman 合著的《*The Elements of Statistical Learning*》第二版(Springer, 2009)。

- 在 Galit Shmueli、Peter Bruce、Nitin Patel、Peter Gedeck、Inbal Yahav 與 Kenneth Lichtendahl 合著的《*Data Mining for Business Analytics*》(Wiley, 2007–2020,R、*Python*、Excel 和 JMP 版本)中有一個完整的章節介紹單純貝氏分類。

區別分析

區別分析是最早被提出來的統計分類法,由統計學家 R. A. Fisher 在 1936 年時發表於《*Annals of Eugenics*》期刊[2]。

重要術語

共變異數(*Covariance*)
> 一個變數相對於另一變數之一致程度的指標值(如:相似的幅度和方向)。

區別函數(*Discriminant function*)
> 在應用於預測變數上時,可以使各類別之間分隔最大化的函數。

區別權重(*Discriminant weights*)
> 應用於區別函數而獲得的分數,可用於估計紀錄屬於何種類別。

儘管區別分析包含多種技術,但最常見的是**線性區別分析**或稱 *LDA*。Fisher 所提出的原始方法實際上與 LDA 稍有不同,但是原理本質上是相同的。隨著更複雜的技術(如樹模型和邏輯迴歸)的出現,LDA 已不那麼廣泛使用了。

然而,你可能在某些應用中仍會遇到 LDA,它與其他更廣泛使用的方法有關係(如:主成分分析;請參見第 286 頁的「主成分分析」)。

> 線性區別分析不應與隱含狄利克雷分布(Latent Dirichlet Allocation,也稱為 LDA)混淆,隱含狄利克雷分布用於文字和自然語言處理,與線性區別分析無關。

共變異數矩陣

為了了解區別分析,首先必須介紹兩個或多個變數之間**共變異數**的概念。共變異數衡量兩個變數 x 和 z 之間的關係。用 $\bar{x}$ 和 $\bar{z}$ 表示每個變數的平均(請參見第 10 頁的「平均數」)。x 和 z 之間的共變異數 $s_{x,z}$ 的公式如下:

---

2 很令人驚訝的是,第一篇關於統計分類的文章竟然是發表在專門針對優生學的研究期刊上;在早期的發展中,統計學的確與優生學密切相關(*https://oreil.ly/eUJvR*)。

$$s_{x,z} = \frac{\sum_{i=1}^{n} (x_i - \bar{x})(z_i - \bar{z})}{n - 1}$$

其中 n 為紀錄的個數，請注意我們是除以 $n - 1$ 而不是 n；可參見第 16 頁的「自由度是 n，還是 $n-1$？」。

與相關係數一樣（可參見第 31 頁的「相關性」），正值表示正相關，負值則表示負相關。但是，相關係數的值被限制在 -1 和 1 之間，而共變異數的尺度取決於變數 x 和 z 的尺度。x 和 z 的 **共變異矩陣** Σ 是由對角線上的單一變數之變異數 s_x^2 和 s_z^2（列和欄為同一變數），以及非對角線上的變數之共變異數所組成：

$$\hat{\Sigma} = \begin{bmatrix} s_x^2 & s_{x,z} \\ s_{z,x} & s_z^2 \end{bmatrix}$$

 回想一下，標準差是用於將變數標準化為 z 分數，而共變異矩陣則用於此標準化過程的多變量擴展；這被稱為馬氏距離（請參見第 242 頁的「其他距離指標」），並且與 LDA 功能有關。

Fisher 線性區別分析

為簡單起見，讓我們集中討論一個分類問題，我們希望使用兩個連續的數值變數 x 和 z 來預測一個二元結果 y。從技術來說，區別分析假設預測變數為常態分布的連續變數，但實際上，非常態性的極度偏離，以及二元預測變數也適用此方法。Fisher 線性區別分析一方面區分了**組間**的差異，另一方面區分了**組內**的差異。具體而言，為了將紀錄分為兩組，線性區別分析（LDA）的重點是要最大化「組間」的平方和（測量兩組之間的差異），相對於「組內」平方和（測量組內紀錄間的差異）。在這種情況下，兩個組分別對應於 $y = 0$ 的紀錄（x_0, z_0），及 $y = 1$ 的紀錄（x_1, z_1）；這個方法找到線性組合 $w_x x + w_z z$，使平方和之比最大化：

$$\frac{\text{SS}_{\text{between}}}{\text{SS}_{\text{within}}}$$

組間平方和是兩組平均之間距離的平方，而組內平方和是每組中平均周圍的擴展，並以共變異矩陣加權。直觀來說，透過最大化組間平方和，並最小化組內平方和，此方法能在兩組之間產生了最大區別。

簡單的範例

R 語言的套件 MASS 與 W.N. Venables 和 B.D. Ripley 撰寫的《*Modern Applied Statistics with S*》（Springer, 1994），其提供 *R* 語言的一個 LDA 函數。下面的範例使用兩個預測變數（borrower_score 和 payment_inc_ratio）將此函數應用於貸款樣本資料，並且輸出線性區別權重：

```
library(MASS)
loan_lda <- lda(outcome ~ borrower_score + payment_inc_ratio,
                data=loan3000)
loan_lda$scaling
                          LD1
borrower_score     7.17583880
payment_inc_ratio -0.09967559
```

在 *Python* 中，我們可使用 sklearn.discriminant_analysis 的 LinearDiscriminantAnalysis；而屬性 scalings_ 提供估計的權重：

```
loan3000.outcome = loan3000.outcome.astype('category')

predictors = ['borrower_score', 'payment_inc_ratio']
outcome = 'outcome'

X = loan3000[predictors]
y = loan3000[outcome]

loan_lda = LinearDiscriminantAnalysis()
loan_lda.fit(X, y)
pd.DataFrame(loan_lda.scalings_, index=X.columns)
```

使用區別分析來選擇特徵值

如果在進行 LDA 之前先將預測變數標準化，則區別權重就是變數重要性的度量值，從而提供了一種計算效率高的特徵值選擇方法。

R 語言的 lda 函式可以預測違約「default」和清償「paid off」的機率：

```
pred <- predict(loan_lda)
head(pred$posterior)
    paid off    default
1 0.4464563 0.5535437
2 0.4410466 0.5589534
3 0.7273038 0.2726962
4 0.4937462 0.5062538
```

```
5 0.3900475 0.6099525
6 0.5892594 0.4107406
```

而 *Python* 中用於模型配適的方法 predict_proba 會回傳「default」和「paid off」的機率結果：

```
pred = pd.DataFrame(loan_lda.predict_proba(loan3000[predictors]),
                    columns=loan_lda.classes_)
pred.head()
```

預測結果的圖表有助於說明 LDA 是如何運作的；在 *R* 語言中，我們可以將 predict 函式產出的結果，使用以下程式碼繪製一個「default」估計機率的圖表：

```
center <- 0.5 * (loan_lda$mean[1, ] + loan_lda$mean[2, ])
slope <- -loan_lda$scaling[1] / loan_lda$scaling[2]
intercept <- center[2] - center[1] * slope

ggplot(data=lda_df, aes(x=borrower_score, y=payment_inc_ratio,
                        color=prob_default)) +
  geom_point(alpha=.6) +
  scale_color_gradientn(colors=c('#ca0020', '#f7f7f7', '#0571b0')) +
  scale_x_continuous(expand=c(0,0)) +
  scale_y_continuous(expand=c(0,0), lim=c(0, 20)) +
  geom_abline(slope=slope, intercept=intercept, color='darkgreen')
```

相同的圖表可以使用以下 *Python* 程式碼繪製：

```
# 以 scalings 和平均的中心來確定決策邊界
center = np.mean(loan_lda.means_, axis=0)
slope = - loan_lda.scalings_[0] / loan_lda.scalings_[1]
intercept = center[1] - center[0] * slope

# borrower_score 為 0 和 20 的 payment_inc_ratio
x_0 = (0 - intercept) / slope
x_20 = (20 - intercept) / slope

lda_df = pd.concat([loan3000, pred['default']], axis=1)
lda_df.head()

fig, ax = plt.subplots(figsize=(4, 4))
g = sns.scatterplot(x='borrower_score', y='payment_inc_ratio',
                    hue='default', data=lda_df,
                    palette=sns.diverging_palette(240, 10, n=9, as_cmap=True),
                    ax=ax, legend=False)

ax.set_ylim(0, 20)
```

```
ax.set_xlim(0.15, 0.8)
ax.plot((x_0, x_20), (0, 20), linewidth=3)
ax.plot(*loan_lda.means_.transpose())
```

圖表結果呈現如圖 5-1，在對角線左邊的資料點被預測為「default」（其機率大於 0.5）。

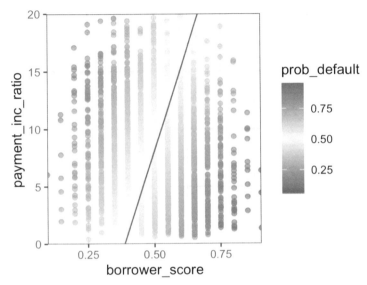

圖 5-1　LDA 使用兩個變數來預測貸款違約：借款人的信用及繳款金額和收入的比率

LDA 使用區別函數權重，將預測區域分成兩半，如實線所示；而在兩側距離該線較遠的預測值具有較高的可信度（即遠離 0.5 的機率）。

區別分析的延伸

更多預測變數：雖然本節中的範例僅使用了兩個預測變數，LDA 亦可使用於更多的預測變數，唯一的限制是紀錄的數量（估算共變異矩陣需要每個變數都有足夠數量的紀錄，但這通常不是資料科學應用上的問題）。

區別分析還有其他的變形，最有名的是二次區別分析（quadratic discriminant analysis, QDA），雖然名字如此，但 QDA 仍是一種線性區別函數。二者主要的差異在於，對於 $Y = 0$ 和 $Y = 1$ 的情況，LDA 假設兩個組別的共變異矩陣是相同的，而 QDA 則允許共變異矩陣可以是不同的。實際上，這個差異在大多數應用中並不重要。

延伸閱讀

- Trevor Hastie、Robert Tibshirani 與 Jerome Friedman 合著的《*The Elements of Statistical Learning*》第二版(Springer, 2009),以及 Gareth James、Daniela Witten 與 Trevor Hastie 撰寫的《*An Introduction to Statistical Learning*》(Springer, 2013),都有一節的內容介紹區別分析。

- 在 Galit Shmueli、Peter Bruce、Nitin Patel、Peter Gedeck、Inbal Yahav 與 Kenneth Lichtendahl 合 著 的《*Data Mining for Business Analytics*》(Wiley, 2007–2020,R、Python、Excel 和 JMP 版本)一書中,有一整個章節介紹區別分析。

- 如果對區別分析的歷史感興趣,可以參考 Fisher 於 1936 年在《*Annals of Eugenics*》期刊(現在更名為《Annals of Genetics》)發表的論文「The Use of Multiple Measurements in Taxonomic Problems」(*https://oreil.ly/_TCR8*)。

邏輯迴歸

邏輯迴歸類似於多元線性迴歸(參見第 4 章),只是其結果是二元的。它使用多種變換將問題轉換成可以配適線性模型的問題。與區別分析一樣,但與 K 近鄰法和單純貝氏分類不同,邏輯迴歸是一種結構化模型方法,而不是以資料為中心的方法。此外,由於其計算速度快,並且模型輸出的結果可以快速地對新資料打分數,因此邏輯迴歸是一種廣泛使用的方法。

邏輯反應函數與 Logit 函數

邏輯迴歸的關鍵要素是**邏輯反應函數**和 *logit* 函數，藉由這兩個函數，我們能將位於 0 與 1 之間的機率，投射到適用於線性建模的更廣區間上。

首先，我們不能將結果變數視為二元標籤，而應視為標籤「1」的機率 p。我們可能會天真地想將機率 p 建模為預測變數的線性函數：

$$p = \beta_0 + \beta_1 x_1 + \beta_2 x_2 + \cdots + \beta_q x_q$$

機率必須介於 0 與 1 之間，然而配適模型並不能確保機率 p 最終會落在此區間內。

因此，我們換個方式，透過將**邏輯反應函數**或逆 *logit* 函數（*inverse logit*）應用在預測變數上來建模機率 p：

$$p = \frac{1}{1 + e^{-\left(\beta_0 + \beta_1 x_1 + \beta_2 x_2 + \cdots + \beta_q x_q\right)}}$$

這一轉換就確保機率 p 能位於 0 到 1 的區間內。

為了使分母不使用指數表達式，我們考慮使用**賠率**（*odds*）而不是機率。對於各地投注者都熟悉的賠率，表示「成功」（1）與「不成功」（0）之間的比率。就機率而言，賠率是事件發生的機率除以事件不會發生的機率。例如，如果一匹賽馬獲勝的機率為 0.5，則「不獲勝」的機率為 (1 – 0.5) = 0.5，而賠率則為 1.0：

$$\text{Odds}(Y = 1) = \frac{p}{1 - p}$$

我們可以使用逆賠率函數，從賠率得出機率：

$$p = \frac{\text{Odds}}{1 + \text{Odds}}$$

將機率與前面介紹的邏輯反應函數結合，可以得到：

$$\text{Odds}(Y = 1) = e^{\beta_0 + \beta_1 x_1 + \beta_2 x_2 + \cdots + \beta_q x_q}$$

最終，將等式兩端取對數，就能得到預測變數的一個線性函數表達式：

$$\log (\text{Odds}(Y = 1)) = \beta_0 + \beta_1 x_1 + \beta_2 x_2 + \cdots + \beta_q x_q$$

對數賠率（*log-odds*）函數，又稱 *logit* 函數，將機率 p 從 0 與 1 的區間投射到 $-\infty$ 到 $+\infty$ 區間中的任意值，如圖 5-2 所示。完成這樣的轉換後，我們就可以使用線性模型來預測機率，然後我們可以透過使用截止規則，將機率大於截止的分類為 1，進而將機率投射到一個類別標籤。

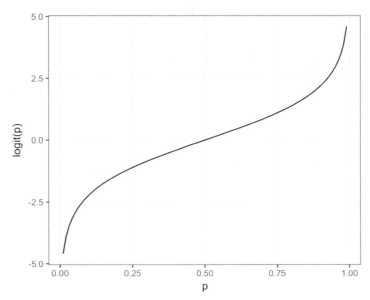

圖 5-2 將機率投射到適用於線性模型尺度上的 logit 函數

邏輯迴歸與廣義線性模型

邏輯迴歸公式中的反應變數是二元結果 1 的對數賠率，我們僅觀察到二元結果，而不是對數賠率，因此需要一種特殊的統計方法來配適該方程式。邏輯迴歸是*廣義線性模型*（GLM）的一種特殊實例，用於將線性迴歸擴展到其他設置。

在 *R* 語言中，可以使用 glm 函數搭配設置成 binomial 的 family 參數來配適一個邏輯迴歸。以下程式碼將對第 238 頁的「K 近鄰算法」中介紹的個人貸款資料進行邏輯迴歸：

```
logistic_model <- glm(outcome ~ payment_inc_ratio + purpose_ +
                      home_ + emp_len_ + borrower_score,
                 data=loan_data, family='binomial')
logistic_model

Call:  glm(formula = outcome ~ payment_inc_ratio + purpose_ + home_ +
    emp_len_ + borrower_score, family = "binomial", data = loan_data)

Coefficients:
                (Intercept)            payment_inc_ratio
                    1.63809                      0.07974
purpose_debt_consolidation    purpose_home_improvement
                    0.24937                      0.40774
```

```
        purpose_major_purchase              purpose_medical
                       0.22963                      0.51048
                 purpose_other        purpose_small_business
                       0.62066                      1.21526
                      home_OWN                    home_RENT
                       0.04833                      0.15732
              emp_len_ > 1 Year                borrower_score
                      -0.35673                     -4.61264


    Degrees of Freedom: 45341 Total (i.e. Null);  45330 Residual
    Null Deviance:       62860
    Residual Deviance: 57510         AIC: 57540
```

在上述程式結果中，outcome 是反應變數，貸款還清時為 0，而貸款違約時為 1；purpose_
和 home_ 分別是貸款目的和房屋產權狀態的因子變數。如同在線性迴歸中，具有 P 個層
級的因子變數可以用 P − 1 個欄位來表示。在 R 語言的預設情況下使用 reference 編碼，
就能將所有層與參考層做比較（參見第 163 頁的「迴歸中的因子變數」）。這些因子的
參考層分別為 credit_card 和 MORTGAGE；變數 borrower_score 是一個位於 0 到 1 區間內的分
數，代表借款者的信用評比（從差到優），此變數是使用 K 近鄰算法從其他幾個變數中
創建的，詳細方法參見第 247 頁的「KNN 作為特徵引擎」。

在 *Python* 中，我們使用 sklearn.linear_model 中 scikit-learn 的 LogisticRegression。其中，
penalty 和 C 引數可用 L1 或 L2 標準化來避免過度配適；標準化預設為開啟，為了不使用
標準化來配適模型，我們將 C 設置為極大的數值。solver 引數是選擇使用的最小化解，
而 liblinear 是 solver 預設的方法：

```
predictors = ['payment_inc_ratio', 'purpose_', 'home_', 'emp_len_',
              'borrower_score']
outcome = 'outcome'
X = pd.get_dummies(loan_data[predictors], prefix='', prefix_sep='',
                   drop_first=True)
y = loan_data[outcome]

logit_reg = LogisticRegression(penalty='l2', C=1e42, solver='liblinear')
logit_reg.fit(X, y)
```

與 R 相反，scikit-learn 從 y（清償（*paid off*）和違約（*default*））唯一的值產生這些類
別；在內部，這些類別按字母順序排序。由於這是與 R 所使用的因子相反的順序，因此
你會看到相反的迴歸係數。predict 方法回傳類別的標籤，而 predict_proba 從 logit_reg.
classes_ 引數可用的順序回傳機率。

廣義線性模型

廣義線性模型（GLM）有兩個主要的成分：

- 一個機率分布或分布家族（如邏輯迴歸中的二項式）

- 一個連接函數（link function），即一個能將反映投射到預測因子的轉換函數（如邏輯迴歸的 logit 函數）

邏輯迴歸是目前為止廣義線性模型最常見的形式，資料科學家還會看到其他類型的廣義線性模型。有時，我們會使用的連接函數是對數函數，而非 logit 函數；在實務上，對大部分應用而言，使用對數連接函數不太可能導致截然不同的結果。泊松分布常用於計數資料建模，例如使用者在一定時間內訪問一個網頁的次數。其他分布還包括了負二項分布和 gamma 分布，通常用來對所經過的時間建模，例如發生故障之前正常運作的時間。不同於邏輯迴歸，在這些模型中對 GLM 的應用更細微，因此使用上需要更加謹慎，除非你很熟悉並了解這些方法的使用和其中的陷阱，否則應盡量避免使用這些方法。

邏輯迴歸的預測值

邏輯迴歸的預測值是以對數機率 $\hat{Y} = \log(\text{Odds}(Y = 1))$ 的形式，而預測的機率可以由邏輯反應函數得出：

$$\hat{p} = \frac{1}{1 + e^{-\hat{Y}}}$$

例如，我們來看 *R* 語言中 `logistic_model` 模型的預測值：

```
pred <- predict(logistic_model)
summary(pred)
    Min.   1st Qu.    Median      Mean   3rd Qu.      Max.
-2.704774 -0.518825 -0.008539  0.002564  0.505061  3.509606
```

在 *Python* 中，我們可將機率轉換成資料框格式，並使用 `describe` 方法來獲得分布的特徵：

```
pred = pd.DataFrame(logit_reg.predict_log_proba(X),
                    columns=loan_data[outcome].cat.categories)
pred.describe()
```

在 *R* 語言中，我們能很簡單的將這些預測值轉換為機率：

```
prob <- 1/(1 + exp(-pred))
> summary(prob)
   Min. 1st Qu.  Median    Mean 3rd Qu.    Max.
0.06269 0.37313 0.49787 0.50000 0.62365 0.97096
```

在 *Python* 中，我們可以直接使用 scikit-learn 的 predict_proba 方法來獲得機率：

```
pred = pd.DataFrame(logit_reg.predict_proba(X),
                    columns=loan_data[outcome].cat.categories)
pred.describe()
```

這些值的範圍是在 0 到 1 之間，但尚未指明預測值是「違約」還是「清償」； 我們可以將任何大於 0.5 的值定義為「違約」。在實踐中，如果目標是識別稀有類別的成員，則通常會使用較低的截止值（請參閱第 223 頁的「稀有類別的問題」）。

解釋迴歸係數與勝算比

邏輯迴歸的一個優點是，其所生成的模型不需要重新計算，就可以快速地為新資料打分數；另一個優點是，與其他的分類方法相比，其所生成的模型相對易於解釋。關鍵的理念是理解**勝算比**（*odds ratio*）。對於二元因子變數 *X*，勝算比最容易理解。

$$\text{odds ratio} = \frac{\text{Odds}(Y = 1 \mid X = 1)}{\text{Odds}(Y = 1 \mid X = 0)}$$

上方的公式可解釋為：當 *X* = 1 時 *Y* = 1 之機率與 *X* = 0 時 *Y* = 1 之機率的對比。若勝算比為 2，則可表示 *X* = 1 時 *Y* = 1 之機率是 *X* = 0 時 *Y* = 1 的機率的兩倍。

為什麼要使用勝算比，而不是機率？原因是因為在邏輯迴歸中的迴歸係數 β_j 是勝算比 X_j 的對數。

下面的例子對這點更明確的說明。第 210 頁的「邏輯迴歸與廣義線性模型」中所配適的模型，其中 purpose_small_business 變數的迴歸係數為 1.21526，這表示相較於以償還信用卡債為目的的貸款，向小企業提供貸款之違約與清償的賠率增加了 *exp*(1.21526)，約等於 3.4。顯然，用於創立或擴展小企業的貸款比其他類型的貸款更具風險。

圖 5-3 顯示了勝算比大於 1 時，勝算比和對數勝算比之間的關係。由於迴歸係數使用對數刻度，因此係數每增加 1，勝算比會增加 *exp*(1)，約等於 2.72。

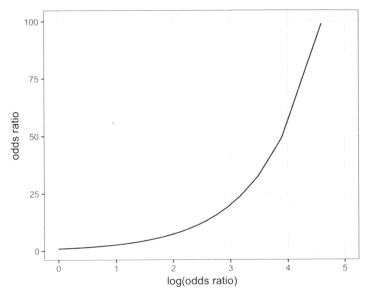

圖 5-3　勝算比和對數勝算比之間的關係

對於數值變數 X 的勝算比也可以類似地解釋：它測量了在 X 發生一單位的變化時勝算比的變化情形。例如，將支付收入之比率從 5 增加到 6，則貸款違約的賠率將增加 $exp(0.08244)$，約等於 1.09。變數 borrower_score 是借款人的信用評比分數，範圍從 0（低）到 1（高）。和信用最差的借款人相比，信用最好的借款人拖欠其貸款的賠率要小 $exp(-4.61264)$，約等於 0.01；換句話說，信用最差的借款人的貸款違約風險比信用最好的借款人高 100 倍！

線性迴歸與邏輯迴歸：相似與相異之處

線性迴歸和邏輯迴歸有許多共同點，它們假設預測變數與反應變數之間有線性參數的關聯，並且二者探索和發現最佳模型的方法非常相似。將模型擴展為線性模型的方法，如因子變數的樣條轉換（參見第 190 頁的「樣條迴歸」），亦同樣適用於邏輯迴歸。然而，邏輯迴歸在以下兩個基本方面有所不同：

- 模型配適的方式（邏輯迴歸不適用最小平方法）

- 模型的殘差與其分析方法

模型的配適

線性迴歸是使用最小平方方法來配適模型,可以使用 RMSE(均方根誤差)和 R 平方來評估模型配適的品質。不同於線性迴歸,邏輯迴歸並沒有封閉形式的解決方案,並且必須使用**最大似然估計法**(MLE)來配適模型;最大似然估計是一個試圖找出最有可能產生我們所見資料之模型的過程。在邏輯迴歸方程式中,反應結果並非 0 或 1,而是對反應結果為 1 時對數賠率的估計。MLE 可以找出一種解決方案,使估計的對數賠率最能描述觀察到的結果;此算法的機制使用了擬牛頓優化法(quasi-Newton optimization),基於當前參數在打分數的步驟(*Fisher* 評分)與參數更新之間進行迭代,以提高模型配適度。

最大似然估計法

以下我們以統計符號來更詳細的說明:一組資料 $(X_1, X_2, \cdots, X_n)$,以及基於一組參數 θ 的機率模型 $P_\theta(X_1, X_2, \cdots, X_n)$。最大似然估計的目標是找出一組參數 $\hat{\theta}$ 能使機率 $P_\theta(X_1, X_2, \cdots, X_n)$ 的值最大;也就是說,在給定模型 P 的情形下,最大似然估計會最大化觀察 $(X_1, X_2, \cdots, X_n)$ 的機率。在配適的過程中,使用**偏差**(*deviance*)來對模型進行評估:

$$\text{deviance} = -2 \log \left(P_{\hat{\theta}}(X_1, X_2, \cdots, X_n) \right)$$

偏差值越低,表示模型配適越好。

幸運的是,由於這是由統計軟體處理的,因此大多數使用者並不需要關心配適算法的細節;大部分的資料科學家也不需要關心配適的方法,只需要知道它能在一定的假設下找出好的模型。

處理因子變數

在邏輯迴歸中,因子變數的編碼應與在線性迴歸中的編碼相同;請參見第 163 頁的「迴歸中的因子變數」。在 *R* 和其他統計軟體中,通常使用參考程式碼自動地處理編碼問題。而本章介紹的所有其他分類法通常都使用 One-hot 編碼器表示(請參見第 243 頁的「One-hot 編碼」)。在 *Python* 的 scikit-learn 中,最簡單的方法是使用 One-hot 編碼,在迴歸中只能使用 $n-1$ 個結果虛擬變數。

評估模型

如同其他分類法，邏輯迴歸是透過模型對新資料分類的準確度來進行評估（請參閱第219頁的「評估分類模型」）。與線性迴歸一樣，我們可以使用一些其他標準統計工具來檢查並改進模型。除了估計的迴歸係數之外，R 還會給出迴歸係數的標準誤差（SE）、z 值和 p 值：

```
summary(logistic_model)

Call:
glm(formula = outcome ~ payment_inc_ratio + purpose_ + home_ +
    emp_len_ + borrower_score, family = "binomial", data = loan_data)

Deviance Residuals:
     Min       1Q    Median       3Q      Max
-2.51951  -1.06908  -0.05853  1.07421  2.15528

Coefficients:
                             Estimate Std. Error z value Pr(>|z|)
(Intercept)                  1.638092   0.073708  22.224  < 2e-16 ***
payment_inc_ratio            0.079737   0.002487  32.058  < 2e-16 ***
purpose_debt_consolidation   0.249373   0.027615   9.030  < 2e-16 ***
purpose_home_improvement     0.407743   0.046615   8.747  < 2e-16 ***
purpose_major_purchase       0.229628   0.053683   4.277 1.89e-05 ***
purpose_medical              0.510479   0.086780   5.882 4.04e-09 ***
purpose_other                0.620663   0.039436  15.738  < 2e-16 ***
purpose_small_business       1.215261   0.063320  19.192  < 2e-16 ***
home_OWN                     0.048330   0.038036   1.271   0.204
home_RENT                    0.157320   0.021203   7.420 1.17e-13 ***
emp_len_ > 1 Year           -0.356731   0.052622  -6.779 1.21e-11 ***
borrower_score              -4.612638   0.083558 -55.203  < 2e-16 ***
---
Signif. codes:  0 '***' 0.001 '**' 0.01 '*' 0.05 '.' 0.1 ' ' 1

(Dispersion parameter for binomial family taken to be 1)

    Null deviance: 62857  on 45341  degrees of freedom
Residual deviance: 57515  on 45330  degrees of freedom
AIC: 57539

Number of Fisher Scoring iterations: 4
```

statsmodels 套件有對廣義線性模型（GLM）提供類似的詳細資訊：

```
y_numbers = [1 if yi == 'default' else 0 for yi in y]
logit_reg_sm = sm.GLM(y_numbers, X.assign(const=1),
                      family=sm.families.Binomial())
logit_result = logit_reg_sm.fit()
logit_result.summary()
```

解釋 p 值時需要注意的事項與在迴歸中一樣，並且我們更應將 p 值視為衡量變數重要性的相對指標（請參閱第 152 頁的「評估模型」），而不是衡量統計顯著性的正式指標。具有二元反應的邏輯迴歸模型沒有相關的 RMSE 或 R 平方；取而代之的是，通常使用更通用的分類指標來評估邏輯迴歸模型，請參閱第 219 頁的「評估分類模型」。

線性迴歸的許多其他概念，亦同樣適用於邏輯迴歸（和其他 GLM）。例如，我們可以使用逐步迴歸、配適交互項，或加入樣條項。關於使用混淆變數和相關變數時需注意的問題，也適用於邏輯迴歸（請參見第 169 頁的「解釋迴歸方程式」）。我們可以使用 R 中的 mgcv 套件來配適廣義加法模型（請參閱第 192 頁的「廣義加法模型」）：

```
logistic_gam <- gam(outcome ~ s(payment_inc_ratio) + purpose_ +
                    home_ + emp_len_ + s(borrower_score),
                    data=loan_data, family='binomial')
```

statsmodels 的公式在 *Python* 中也同樣支援這個擴展：

```
import statsmodels.formula.api as smf
formula = ('outcome ~ bs(payment_inc_ratio, df=4) + purpose_ + ' +
          'home_ + emp_len_ + bs(borrower_score, df=4)')
model = smf.glm(formula=formula, data=loan_data, family=sm.families.Binomial())
results = model.fit()
```

殘差分析

邏輯迴歸與線性迴歸一個不同之處是對於殘差的分析。在線性迴歸中（請見圖 4-9），可以直接地在 *R* 中計算部分殘差：

```
terms <- predict(logistic_gam, type='terms')
partial_resid <- resid(logistic_gam) + terms
df <- data.frame(payment_inc_ratio = loan_data[, 'payment_inc_ratio'],
                 terms = terms[, 's(payment_inc_ratio)'],
                 partial_resid = partial_resid[, 's(payment_inc_ratio)'])
ggplot(df, aes(x=payment_inc_ratio, y=partial_resid, solid = FALSE)) +
  geom_point(shape=46, alpha=0.4) +
```

```
geom_line(aes(x=payment_inc_ratio, y=terms),
          color='red', alpha=0.5, size=1.5) +
labs(y='Partial Residual')
```

產生的結果圖如圖 5-4。圖中位於兩組點雲之間的直線顯示一個估計的模型配適。上方
的點雲對應於反應結果 1（貸款違約），下方的點雲對應於反應結果 0（貸款清償），這
是非常典型的邏輯迴歸殘差，因為邏輯迴歸的輸出結果是二元的。預測以邏輯函數（勝
算比的對數）進行來衡量，該值會是個有限值；而實際值（絕對值為 0 或 1）則對應於
無限對數（為正數或負數），因此殘差（添加到配適值中）永不為 0。因此，在部分殘差
圖中繪製的點落在配適線上方或下方的點雲中。雖然邏輯迴歸中的部分殘差價值不如線
性迴歸中的部分殘差，但仍可用於確認非線性行為並識別具有高度影響力的紀錄。

目前還沒有任何主要的 *Python* 套件能實現部分殘差；我們在隨附的原始碼中提供能創建
部分殘差圖的 *Python* 程式碼。

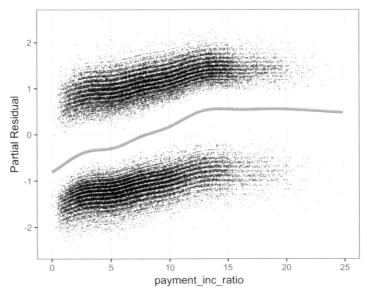

圖 5-4　邏輯迴歸的部分殘差

 某些 summary 函式的輸出可以忽略。例如，分散參數並不適用於邏輯迴
歸，但它適用於其他類型的 GLM。殘差偏差和打分數的迭代次數是與最
大似然估計法有關，請參閱第 215 頁的「最大似然估計法」。

```
```

本節重點

- 邏輯迴歸與線性迴歸相似，但其結果是二元變數。

- 在邏輯迴歸中需要進行多次轉換，才能使模型轉化為可以配適成線性模型的形式，並以勝算比的對數為反應變數。

- 透過迭代過程配適線性模型之後，將對數機率投射回機率值。

- 邏輯迴歸之所以得到廣泛的使用，是由於其計算快速，並且產生的模型只需很少的算法運算就可以對新資料來打分數。

延伸閱讀

- 邏輯迴歸的標準參考書是 David Hosmer、Stanley Lemeshow 與 Rodney Sturdivant 合著的《*Applied Logistic Regression*》第三版（Wiley, 2013）。

- Joseph Hilbe 撰寫的兩本書也很受歡迎：《*Logistic Regression Models*》（非常全面，2017）及《*Practical Guide to Logistic Regression*》（精練版，2015），兩本皆由 Chapman & Hall/CRC Press 出版社出版。

- 由 Trevor Hastie、Robert Tibshirani 與 Jerome Friedman 合著的《*The Elements of Statistical Learning*》第二版（Springer, 2009），以及由 Gareth James、Daniela Witten、Trevor Hastie 與 Robert Tibshirani 合著的《*An Introduction to Statistical Learning*》（Springer, 2013），兩本書中皆有一節介紹邏輯迴歸。

- Galit Shmueli、Peter Bruce、Nitin Patel、Peter Gedeck、Inbal Yahav 與 Kenneth Lichtendahl 合著的《*Data Mining for Business Analytics*》（Wiley, 2007–2020，R、Python、Excel 和 JMP 版本）有一個完整的章節介紹邏輯迴歸。

評估分類模型

在預測建模中，通常會訓練許多不同的模型，將每個模型應用於保留樣本，然後評估其性能。有時，在評估和調教了多個模型之後，如果有足夠的資料，可使用以前未使用過的第三個保留樣本，來估計所選之模型將如何用全新的資料來執行。不同的學科和從業人員還將使用術語**驗證**（*validation*）和**測試**（*test*）來表示保留樣本。就根本來說，評估模型的過程試圖了解哪種模型產生最準確和有用的預測。

重要術語

準確度（*Accuracy*）

正確分類的百分比（或佔比）。

混淆矩陣（*Confusion matrix*）

對於二元變數，以 2×2 表格的形式來呈現紀錄之預測分類及實際分類狀態的計數。

靈敏度（*Sensitivity*）

在所有實際分類為 1 之中，被正確分類的百分比（或佔比）。

同義詞

召回率

特異性（*Specificity*）

在所有實際分類為 0 之中，被正確分類的百分比（或佔比）。

精確率（*Precision*）

在預測結果為 1 之中，事實上也為 1 的百分比（或佔比）。

***ROC* 曲線（*ROC curve*）**

靈敏度與特異性的繪圖。

增益率（*Lift*）

在不同截止機率的情況下，衡量模型在辨識（相對罕見的）1 上的有效性。

測量模型分類性能的一種簡單方法是計算正確預測的比例，即測量**準確度**。準確度僅是一種對總體誤差的指標：

$$\text{accuracy} = \frac{\sum \text{TruePositive} + \sum \text{TrueNegative}}{\text{SampleSize}}$$

大多數的分類演算法中，每種情況都被分配一個「估計為 1 的機率」[3]。預設的決策點或截止值一般採用 0.5 或 50%；如果機率大於 0.5，該情況則被分類為 1，否則分類為 0。另一種預設的截止值是使用資料中出現值為 1 的機率。

混淆矩陣

混淆矩陣是分類指標的核心。混淆矩陣是一個表格，其中顯示了按反應類型被正確或錯誤預測的數量。*R* 和 *Python* 中提供了幾個可以計算混淆矩陣的套件，但對於二元變數，用手動計算更簡單。

下面以 `logistic_gam` 模型為例說明混淆矩陣，該模型以均衡的資料集來訓練，即其中貸款違約和貸款清償的數量相同，如圖 5-4 所示。遵循常規慣例，$Y = 1$ 表示感興趣的事件（例如，本例中是貸款違約），而 $Y = 0$ 表示負事件或正常事件（在本例中是貸款清償）。以下 *R* 程式碼為使用整個訓練資料集（即非平衡資料）的 `logistic_gam` 模型計算混淆矩陣：

```
pred <- predict(logistic_gam, newdata=train_set)
pred_y <- as.numeric(pred > 0)
true_y <- as.numeric(train_set$outcome=='default')
true_pos <- (true_y==1) & (pred_y==1)
true_neg <- (true_y==0) & (pred_y==0)
false_pos <- (true_y==0) & (pred_y==1)
false_neg <- (true_y==1) & (pred_y==0)
conf_mat <- matrix(c(sum(true_pos), sum(false_pos),
                     sum(false_neg), sum(true_neg)), 2, 2)
colnames(conf_mat) <- c('Yhat = 1', 'Yhat = 0')
rownames(conf_mat) <- c('Y = 1', 'Y = 0')
conf_mat
      Yhat = 1 Yhat = 0
Y = 1 14295     8376
Y = 0 8052      14619
```

在 *Python* 中：

```
pred = logit_reg.predict(X)
pred_y = logit_reg.predict(X) == 'default'
true_y = y == 'default'
true_pos = true_y & pred_y
true_neg = ~true_y & ~pred_y
false_pos = ~true_y & pred_y
```

---

[3] 並非每種方法都能提供機率的無偏估計。在大部分的情況下，若一個方法給出的排名等於無偏機率估計所產生的排名，這方法就足夠了；這在功能上等於使用截止值的方法。

```
false_neg = true_y & ~pred_y

conf_mat = pd.DataFrame([[np.sum(true_pos), np.sum(false_neg)],
                         [np.sum(false_pos), np.sum(true_neg)]],
                        index=['Y = default', 'Y = paid off'],
                        columns=['Yhat = default', 'Yhat = paid off'])
conf_mat
```

混淆矩陣中預測的結果顯示於欄,而實際的結果為列;矩陣中的對角元素顯示了正確預測數,而非對角元素顯示了錯誤預測數。例如,14,295 筆貸款被正確預測為違約,但有8,376 筆貸款違約被錯誤地預測為清償。

圖 5-5 顯示了二元反應變數 Y 的混淆矩陣與各種指標值之間的關係(有關指標值的更多資訊,請見第 223 頁的「精確率、召回率和特異性」)。與貸款資料的範例一樣,實際反應是按列顯示的,而預測的反應則按欄顯示。對角線上的格子(即左上角和右下角)顯示了預測值 Ŷ 正確地預測反應。偽陽性率(精確率的鏡像)是一個未明確指出的重要指標;當 1 很少見時,偽陽性與所有預測陽性之間的比率可能很高,導致無法直觀給出預測為 1 但很可能是 0 的情形。這個問題困擾著一些被廣泛使用的醫學篩查測試(例如,乳房 X 光照片),由於病情相對稀少,陽性檢測結果很可能並不意味著乳腺癌。這在公眾引起了很多混亂。

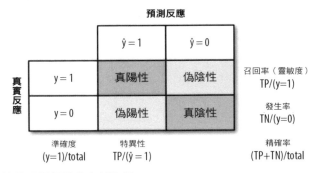

圖 5-5　二元反應變數的混淆矩陣與各種指標

 在此,我們按列顯示實際反應,而按著欄顯示預測反應,但這表格相反的情況並不少見。一個著名的例子是 R 知名的 caret 套件。

稀有類別的問題

在大部分的情況下，要預測的類別中存在著不平衡的問題，其中一類別比另一類別更普遍；例如，合法的保險理賠相對於詐欺的理賠，或者瀏覽網站的用戶相對於在網站上實際購買的用戶。稀有類別（如：詐欺保險理賠）往往是我們更關注的類別，通常被指定為 1，以區別更常見的類別 0。在典型情況下，我們用 1 表示更重要的情況，因為將從 1 誤分類為 0 的成本比將 0 誤分類為 1 的成本更高。例如，正確識別詐欺保險理賠可能會讓保險公司免去數千美元的損失。另一方面，正確識別非詐欺保險理賠，只是節省了手動檢查理賠的成本和精力（如果保險理賠被標記為「詐欺」，這將是你要做的）。

在這種情況下，除非這些類別易於分離，否則最準確的分類模型可能是將所有內容簡單地分類為 0 的模型。例如，如果只有 0.1% 的電商網站使用者最終會購買，則該模型預測每個瀏覽的使用者不購買就離開的準確度可達 99.9%。但是這樣的模型毫無用處；相反的，即使模型因著對一些非購買者錯誤分類，導致整體上準確度不高，但我們仍能對此擅於挑選購買者的模型感到滿意。

精確率、召回率和特異性

除了準確度之外，通常還會使用其他一些更精細的指標來評估分類模型。其中一些指標在統計學（尤其是生物統計學）中具有悠久的歷史，可以用來描述診斷測試的預期性能。*精確率*衡量了預測陽性結果的準確度（如圖 5-5）：

$$\text{precision} = \frac{\sum \text{TruePositive}}{\sum \text{TruePositive} + \sum \text{FalsePositive}}$$

召回率，又稱為*敏感度*，衡量了模型預測陽性結果的能力，即模型正確辨識 1 的比例（如圖 5-5）。*敏感度*一詞多用於生物統計學和醫學診斷；而在機器學習的領域中，更多是使用*召回率*。召回率的定義如下：

$$\text{recall} = \frac{\sum \text{TruePositive}}{\sum \text{TruePositive} + \sum \text{FalseNegative}}$$

還有另一個指標是*特異性*，其測量了模型預測陰性結果的能力。

$$\text{specificity} = \frac{\sum \text{TrueNegative}}{\sum \text{TrueNegative} + \sum \text{FalsePositive}}$$

我們可以使用 *R* 的 conf_mat 來計算這三個指標：

```
# precision 精確率
conf_mat[1, 1] / sum(conf_mat[,1])
# recall 召回率
conf_mat[1, 1] / sum(conf_mat[1,])
# specificity 特異性
conf_mat[2, 2] / sum(conf_mat[2,])
```

在 *Python* 中計算這些指標的程式碼：

```
conf_mat = confusion_matrix(y, logit_reg.predict(X))
print('Precision', conf_mat[0, 0] / sum(conf_mat[:, 0]))
print('Recall', conf_mat[0, 0] / sum(conf_mat[0, :]))
print('Specificity', conf_mat[1, 1] / sum(conf_mat[1, :]))

precision_recall_fscore_support(y, logit_reg.predict(X),
                                labels=['default', 'paid off'])
```

scikit-learn 有一個自定的方法 precision_recall_fscore_support，可同時計算精確率和召回率 / 特異性。

ROC 曲線

我們可以看到召回率和特異性之間存在著權衡情形。捕捉到更多的 1 通常代表著將更多的 0 錯誤分類為 1 了。因此，理想的分類器應該是可以出色地完成對 1 的分類，而不是將更多的 0 誤分類為 1。

捕獲這種權衡情形的指標標準是「受試者工作特徵」（Receiver Operating Characteristics）曲線，通常稱為 *ROC 曲線*。ROC 曲線在 y 軸上繪製召回率（敏感度），在 x 軸上繪製特異性[4]。ROC 曲線可以顯示在更改截止值以確定如何對紀錄進行分類時，召回率和特異性之間的權衡。敏感度（召回率）繪製在 y 軸上，而 x 軸的標記則可能會有兩種形式：

- 特異性繪製在 x 軸上，左邊為 1、右邊為 0；

- 特異性繪製在 x 軸上，左邊為 0、右邊為 1。

---

4 ROC 曲線在第二次世界大戰期間，首次被用於描述雷達接收站的性能，其作用是正確識別（分類）反射的雷達信號並向進入的飛機發出警報。

無論使用上述的哪種方式，所呈現出的 ROC 曲線看起來都是相似的。接下來介紹計算 ROC 曲線的步驟：

1. 將紀錄依照預測為 1 的機率來進行排序，並從機率最大的開始排起。

2. 根據排序完成的紀錄，計算累積的特異性以及召回率。

在 *R* 語言中要計算 ROC 曲線是很簡單的。下方程式碼計算了貸款資料的 ROC 曲線：

```
idx <- order(-pred)
recall <- cumsum(true_y[idx] == 1) / sum(true_y == 1)
specificity <- (sum(true_y == 0) - cumsum(true_y[idx] == 0)) / sum(true_y == 0)
roc_df <- data.frame(recall = recall, specificity = specificity)
ggplot(roc_df, aes(x=specificity, y=recall)) +
  geom_line(color='blue') +
  scale_x_reverse(expand=c(0, 0)) +
  scale_y_continuous(expand=c(0, 0)) +
  geom_line(data=data.frame(x=(0:100) / 100), aes(x=x, y=1-x),
            linetype='dotted', color='red')
```

在 *Python* 中，我們可以使用 scikit-learn 函數中的 sklearn.metrics.roc_curve 來計算 ROC 曲線所需要的資訊，如下方程式碼；我們也可以在 *R* 語言中找到相似的軟體，例如 ROCR：

```
fpr, tpr, thresholds = roc_curve(y, logit_reg.predict_proba(X)[:,0],
                                 pos_label='default')
roc_df = pd.DataFrame({'recall': tpr, 'specificity': 1 - fpr})

ax = roc_df.plot(x='specificity', y='recall', figsize=(4, 4), legend=False)
ax.set_ylim(0, 1)
ax.set_xlim(1, 0)
ax.plot((1, 0), (0, 1))
ax.set_xlabel('specificity')
ax.set_ylabel('recall')
```

結果如圖 5-6 所示。虛線對角線所對應到的是一個並不優於隨機機率的分類器。而一個非常有效的分類器（或者，在醫學情況下，一個非常有效的診斷測試）的 ROC 曲線會偏向圖的左上角，這樣的分類器可以正確地識別大量的 1，而不會將很多的 0 誤分類為 1。對於此模型，如果我們希望分類器的特異性至少為 50%，則召回率將約為 75%。

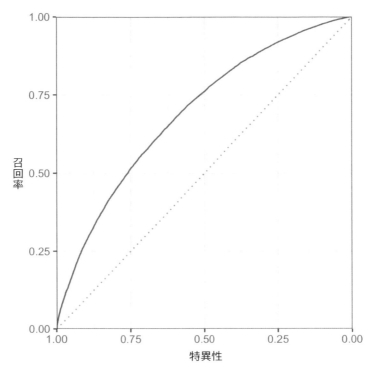

圖 5-6　貸款資料的 ROC 曲線

精確召回曲線（*Precision-Recall (PR) Curve*）

除了 ROC 曲線之外，精確召回（PR）曲線（*https://oreil.ly/_89Pr*）也可能具有啟發意義。PR 曲線的計算方法與 ROC 類似，不同之處在於資料的排列順序是從最小的開始，並且用於計算累積精確性和召回率的統計資訊。PR 曲線在評估結果高度不平衡的資料時，特別有用。

AUC

ROC 曲線是一種十分有使用價值的圖形工具，但它本身並不構成衡量分類器性能的單一測量值，然而 ROC 曲線可以用來生成曲線（AUC）指標下的面積。AUC 只是 ROC 曲線下的總面積，AUC 的值越大，分類器的效能越佳，若 AUC 為 1 代表分類器是完美的：它會正確分類所有 1，並且不會將 0 誤分類為 1。

一個完全無效的分類器在 ROC 曲線中顯示為對角線，其 AUC 為 0.5。

圖 5-7 顯示了貸款模型的 ROC 曲線下面積。在 R 語言中，可以透過數值積分來計算 AUC 的值：

```
sum(roc_df$recall[-1] * diff(1 - roc_df$specificity))
    [1] 0.6926172
```

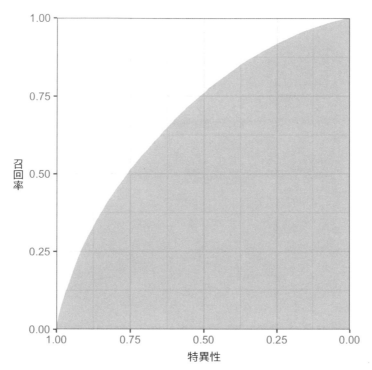

圖 5-7　貸款資料的 ROC 曲線下面積

在 *Python* 中，我們除了可以依照 R 語言相同的方法來計算準確度，也可以使用 scikit-learn 函式中的 sklearn.metrics.roc_auc_score。我們將會需要提供期望值 0 或 1：

```
print(np.sum(roc_df.recall[:-1] * np.diff(1 - roc_df.specificity)))
print(roc_auc_score([1 if yi == 'default' else 0 for yi in y],
                logit_reg.predict_proba(X)[:, 0]))
```

該模型的 AUC 約為 0.69，對應到一個相對較弱的分類器。

偽陽性率的困擾

偽陽性/偽陰性率經常與特異性或靈敏度造成混淆，即便是在已經發表的出版著作或軟體中。有時候，偽陽性率被定義為將真陰性檢驗為陽性的比例；在許多情況下（例如網路入侵檢測），該術語用於指陽性信號實為真陰性之比例。

Lift 提升

使用 AUC 作為評估模型的指標，是對簡單準確度的改進，因為它可以評估一個分類器是否能良好地處理總體準確度與識別更重要的 1 這項需求之間的權衡。但這並不能完全解決稀有類的問題，在稀有類問題中，我們需要將模型的機率截止值降低到 0.5 以下，以避免將所有紀錄都歸類為 0。這時，將一條紀錄歸類為 1，可能需要 0.4、0.3 或更低的截止機率。實際上，我們最終過度識別了 1，這反映出這些資料更為重要。

更改此截止值將增加捕捉到 1 的機會，然而其代價就是將更多的 0 誤分為 1。但是最佳截止值是什麼呢？

我們可以用提升（lift）的概念來回答該問題。我們考慮將紀錄依照預測為 1 的機率來進行排序。假設使用了分類為 1 的機率來排序前 10% 的紀錄，與盲目選擇簡單基準相比，該算法的效果可以提升多少呢？如果在排序前 10% 的紀錄上可以獲得 0.3% 的反應，而使用在全體範圍內隨機挑選的紀錄只獲得 0.1% 的反應，則我們稱該算法在排序前 10% 上的**提升**（也稱為**增益**（*gains*））為 3。提升圖（增益圖）量化了資料範圍內提升的情形，可以依照十分位數為單位來生成，也可以在資料範圍內連續生成。

要計算提升圖，首先要生成一個**累積增益圖**（*cumulative gains chart*），該圖在 y 軸上顯示召回率，在 x 軸上顯示紀錄的總數。**提升曲線**（*lift curve*）是累積增益與隨機選擇（對應於對角線）的比例。**十分位數增益圖**是可預測模型中最古老的技術之一，其歷史可以追溯到網際網路商業交易出現之前，尤其在直郵專業人員中特別受歡迎。如果無差別地使用直接郵寄，那麼直郵將會是一種昂貴的廣告投放方式，如此一來，廣告商需要使用預測模型（在早期是非常簡單的模型）來識別最有可能購買的潛在客戶。

增量（*Uplift*）

有時，我們使用增量（*uplift*）來表示提升。在某一些特定的情形當中，增量還有另一層的含意，例如，當進行了 A/B 測試，預測模型以處理 A 或處理 B 為預測因子，這時增量所指的是對各個情況分別使用處理 A 和處理 B 時，預測反應會提高。在計算增量時，首先要將預測因子設為處理 A，對各個情況計分；然後再將預測因子切換成處理 B，並再次計分。行銷人員與政治候選人的幕僚可以使用這種方法來確定應該對客戶或選民使用兩種處理中的哪一種。

我們可以使用提升曲線來查看在不同的機率截止值下將紀錄分類為 1 的結果。提升曲線可作為設置適當截止值的其中一個步驟。例如，稅務機關在進行稅務審查時，所能用的資源可能有限，進而會希望能夠將有限的資源用於發現最可能存在的逃漏稅情況。由於考慮到資源的限制，稅務機關會使用提升圖來估計在所選定用於審查的納稅申報表和剩餘的納稅申報表之間的分隔線。

本節重點

- 準確度為預測分類正確的百分比，可用於評估模型，但只是評估的第一步而已。

- 其他指標（召回率、特異性、精確率）側重於更具體的性能特徵。例如，召回率測定了模型正確識別 1 的良好程度。

- AUC（ROC 曲線下方的面積）是對模型區分 1 和 0 能力的一種常用指標。

- 提升衡量了一個模型在識別 1 上的有效性，並且常常是按十分位數逐個計算，從分類為 1 可能性最大的地方開始。

延伸閱讀

模型評估通常是在特定模型（例如 *K* 近鄰算法或決策樹）的上下文中進行介紹；下方有三本書專門用於介紹了該部分：

- Ian Whitten、Eibe Frank 和 Mark Hall 所共同合著的《*Data Mining*》第三版（Morgan Kaufmann, 2011）。

- Benjamin Baumer、Daniel Kaplan 和 Nicholas Horton 所共同合著的《*Modern Data Science with R*》（Chapman & Hall/CRC Press, 2017）。

- Galit Shmueli、Peter Bruce、Nitin Patel、Peter Gedeck、Inbal Yahav 以及 Kenneth Lichtendahl 所共同合著的《*Data Mining for Business Analytics*》（Wiley, 2007–2020，*R*、*Python*、Excel 和 JMP 版本）。

不平衡資料的處理策略

前面介紹了如何使用一些指標（不單單只是簡單準確率）來評估分類模型，這些指標同樣也適用於不平衡的資料。在這些資料中，我們所感興趣的結果（例如在網站上的購買行為、保險詐欺等）是罕見的情況。接下來我們將介紹用於改良不平衡資料的預測建模性能的其他策略。

重要術語

低額抽樣（*Undersample*）
在分類模型中，使用更少的多數類紀錄。

同義詞
降抽樣（downsample）

過額抽樣（*Oversample*）
在分類模型中，更多地使用稀有類紀錄，必要時可以使用自助法。

同義詞
上抽樣（upsample）

上權重／下權重（*Up weight or down weight*）
在模型中，對稀有類賦予更大的權重，對多數類賦予更小的權重。

資料生成（*Data generation*）
類似於自助法，只是每個新的自助紀錄與原紀錄略有不同。

低額抽樣

如果我們有足夠的資料（例如貸款資料），為了要使建模的資料在 0 和 1 之間取得平衡，有一種解決方案是對多數類進行低額抽樣（或下抽樣）。低額抽樣的基本概念是，多數類的資料存在太多冗餘紀錄。處理規模更小且更平衡的資料集有利於提高模型性能，並使其更易於準備資料以及探索和試驗模型。

那麼需要多少資料才算是足夠呢？這取決於應用程序，但是總體來說，對於稀有類有成千上萬條紀錄時，就是足夠的了。若是 1 越容易從 0 裡面區分出來，那麼所需要的資料就越少。

在 207 頁的「邏輯迴歸」中分析的貸款資料是基於平衡的訓練集：一半的貸款已還清，另一半沒有還款。預測值也得出了相似的結果：一半的機率小於 0.5，另一半的機率大於 0.5。在完整的資料集中，只有大約 19% 的貸款是違約拖欠的，如下方 *R* 語言程式碼所示：

```
mean(full_train_set$outcome=='default')
[1] 0.1889455
```

在 *Python* 中：

```
print('percentage of loans in default: ',
      100 * np.mean(full_train_set.outcome == 'default'))
```

如果我們使用完整的資料集來訓練模型，結果如下方 *R* 語言程式碼所示：

```
full_model <- glm(outcome ~ payment_inc_ratio + purpose_ + home_ +
                           emp_len_+ dti + revol_bal + revol_util,
                  data=full_train_set, family='binomial')
pred <- predict(full_model)
mean(pred > 0)
[1] 0.003942094
```

在 *Python* 中：

```python
predictors = ['payment_inc_ratio', 'purpose_', 'home_', 'emp_len_',
              'dti', 'revol_bal', 'revol_util']
outcome = 'outcome'
X = pd.get_dummies(full_train_set[predictors], prefix='', prefix_sep='',
                   drop_first=True)
y = full_train_set[outcome]

full_model = LogisticRegression(penalty='l2', C=1e42, solver='liblinear')
full_model.fit(X, y)
print('percentage of loans predicted to default: ',
      100 * np.mean(full_model.predict(X) == 'default'))
```

我們可以從結果中看到，預計只有 0.39% 的貸款會違約，或少於預期值的 1/47[5]。由於模型是使用所有資料進行平等訓練的，因此，清償的貸款使違約貸款不堪重負。直觀地考慮一下，如此多的非違約貸款存在，加上預測資料不可避免的變異性，這代表著即使對於違約貸款，該模型很可能也會偶然發現一些與之相似的非違約貸款。當使用均衡樣本時，預計約有 50% 的貸款是違約拖欠的。

過額抽樣與上下加權

對於低額抽樣方法的一種批評是因為它沒有使用所有的資訊，反而還會丟棄資料。如果我們的資料集相對較小，並且稀有類別包含了幾百或幾千條紀錄，那麼對多數類別進行低額抽樣就會存在丟棄一些有用資訊的風險。在這種情況下，我們不應該對多數類別進行低額抽樣，而應該透過進行有放回的自助法來抽取更多的資料，以實現對稀有類別的過額抽樣（上抽樣）。

我們可以透過加權資料來達到類似的效果。許多分類算法採用權重參數，讓我們可以以增減資料的權重。例如，在 *R* 語言中使用 glm 函式的 weight 參數，將權重向量應用於貸款資料中：

```r
wt <- ifelse(full_train_set$outcome=='default',
             1 / mean(full_train_set$outcome == 'default'), 1)
full_model <- glm(outcome ~ payment_inc_ratio + purpose_ + home_ +
                       emp_len_+ dti + revol_bal + revol_util,
                  data=full_train_set, weight=wt, family='quasibinomial')
pred <- predict(full_model)
mean(pred > 0)
[1] 0.5767208
```

5　由於實現上的差異，*Python* 中的結果略有不同：1%，或等於預期數量的 1/18。

在 *Python* 中，大多數 scikit-learn 方法允許使用關鍵字參數 sample_weight 在 fit 函式中指定權重：

```
default_wt = 1 / np.mean(full_train_set.outcome == 'default')
wt = [default_wt if outcome == 'default' else 1
        for outcome in full_train_set.outcome]

full_model = LogisticRegression(penalty="l2", C=1e42, solver='liblinear')
full_model.fit(X, y, sample_weight=wt)
print('percentage of loans predicted to default (weighting): ',
        100 * np.mean(full_model.predict(X) == 'default'))
```

其中，貸款違約的權重設置為 $\frac{1}{p}$，p 是貸款違約的機率；非違約貸款的權重設為 1。違約貸款和非違約貸款的權重之和大致相等。現在，預測值的平均值約為 58%，而不是 0.39%。

請注意，加權既可以增加對稀有類別的抽樣，也可以減少對多數類別的抽樣。

修改損失函數

許多分類和迴歸算法可以優化某些條件或損失函數。例如，邏輯迴歸的目標是試圖將偏差最小化。在一些文獻中，研究人員建議修改損失函數，以避免發生由稀有類所引起的問題。但實際上，這是很難做到的，因為分類算法可能很複雜且難以修改。加權是更改損失函數的一種簡單方法，可以為低權重的紀錄降低誤差，有利於更高權重的紀錄。

資料的生成

自助法抽樣（請參見第 232 頁的「過額抽樣及上下加權」）有一種變體，就是透過打亂現有紀錄的方式來創建新紀錄的資料生成方法。這種想法背後的概念是，由於我們僅觀察到有限組實例，因此該算法沒有豐富的資訊集來建立分類「規則」。透過創建與現有紀錄相似但不相同的新紀錄，該算法有機會學習更強大的規則集。這個概念在本質上與集成統計模型（例如 boosting 和 bagging）的概念相似（請參見第 6 章）。

隨著 *SMOTE* 算法的發布，這一想法也受到了關注，SMOTE 算法（Synthetic Minority Oversampling Technique）代表「合成少數類過額抽樣技術」。該算法找出與過額抽樣紀錄相似的紀錄（請參閱第 238 頁的「K 近鄰算法」），並創建一個合成紀錄，該紀錄是原始紀錄和相鄰紀錄的隨機加權平均值，權重由每個預測變數分別生成。所創建合成過額抽樣紀錄的數量，取決於使資料集在結果類別上達到近似平衡所需的過額抽樣率。

在 *R* 語言中提供了多種實現 SMOTE 算法的套件，其中 unbalanced 套件是最全面的不平衡資料處理套件。該套件提供了許多技術，其中一種是選擇最佳方法的「競爭」算法。其實，SMOTE 的算法很簡單，我們可以直接使用 *R* 語言中的 FNN 套件直接實踐它。

在 *Python* 中，imbalanced-learn 透過與 scikit-learn 兼容的 API 實現了各種方法。它為過額抽樣和低額抽樣提供了各種方法，並支持將這些技術與 boosting 和 bagging 分類器一起使用。

基於成本的分類

實際上，準確度和 AUC 是成本最低的分類規則。通常，我們可以為偽陽性與偽陰性的比例指定一個估計成本。在確定分類 1 和 0 的最佳截止值中，應該考慮這一成本。例如，假設一筆新貸款的違約拖欠預期成本為 *C*，而清償貸款的預期收益為 *R*。那麼該貸款的預期收益為：

$$預期收益 = P(Y = 0) \times R + P(Y = 1) \times C$$

與其簡單地將貸款標記為「違約」或「清償」、確定違約機率，還不如確定貸款是否具有正的預期收益。預測的違約機率只是其中一個中間步驟，必須將其與貸款的總價值結合起來才能確定預期利潤，這是企業的最終計劃指標。例如，相比於預測拖欠機率略高的大額貸款，較小額度的貸款更可能會通過。

探索預測值

單個指標標準（例如 AUC）無法評估模型對情況適用性的所有方面。圖 5-8 僅使用兩個預測變數來顯示了適合貸款資料的四個不同模型之決策規則：borrower_score 和 pay ment_inc_ratio。這些模型分別為：線性區別分析（LDA）、邏輯線性迴歸、使用廣義加法模型（GAM）所進行的邏輯迴歸配適以及樹模型（請參見第 249 頁）。線的左上角區域對應到預測的預設值。在這種情況下，LDA 和邏輯線性迴歸得出了幾乎相同的結果；樹模型產生最少的規則，分為兩個步驟。最後，使用廣義加法模型（GAM）所進行的邏輯迴歸配適則是樹模型和線性模型之間的折衷。

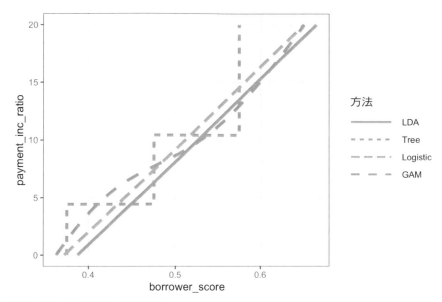

圖 5-8　比較四種不同方法的分類規則

在較高的維度上，不容易實現預測模型的視覺化；對於廣義加法模型以及樹模型，這些規則的區域也不容易產生。

但無論如何，對預測模型進行探索性分析始終都是有必要的。

本節重點

- 分類算法在高度不平衡的資料（其中感興趣的結果「1」很少）中會存在問題。

- 處理不平衡資料的一種策略，是透過對多數類進行低額抽樣，或對稀有類進行過額抽樣來平衡訓練資料。

- 如果使用了資料中所有的「1」仍不夠，那麼就可以對稀有類進行自助法，或使用 SMOTE 算法來創建類似於現有稀有類的合成資料。

- 資料的不平衡通常表示正確的分類「1」具有較高的價值，並且應該將這種值的比率納入評估的指標中。

延伸閱讀

- 《*Data Science for Business*》的作者 Tom Fawcett 撰寫了一篇很棒的文章介紹不平衡類別（*https://oreil.ly/us2rd*）。

- 有關更多 SMOTE 算法介紹，可以參考 Nitesh V. Chawla、Kevin W. Bowyer、Lawrence O. Hall 以及 W. Philip Kegelmeyer 所合著的文章「SMOTE: Synthetic Minority Over-sampling Technique」，該文章發表在《*Journal of Artificial Intelligence Research*》16（2002）：p.321–p.357。

- 也可以閱讀 Analytics Vidhya 網站的內容團隊於 2016 年 3 月 28 日所發布的文章「Practical Guide to Deal with Imbalanced Classification Problems in R」（*https://oreil.ly/gZUDs*）。

本章總結

分類是預測紀錄屬於兩個或更多類別中的哪一類別的過程，是預測分析的基本工具。貸款是否會拖欠或提早還清（是或否）？網站的訪客會點擊連結嗎？他們會有購買的行為嗎？一份保險索賠是詐騙嗎？通常在分類問題中，有一類是我們所感興趣的（例如詐欺型保險索賠），而在二元分類中，該類被指定為「1」，另一更普遍的類被指定為 0。在分類過程的關鍵通常在於估計**傾向性分數**（*propensity score*），即一個紀錄屬於感興趣類別的機率。一種常見的情況是所感興趣的類別相對較少見。另外，在評估分類器時，除了簡單的準確度之外，還有許多模型評估指標，這些指標在稀有類情況下非常重要，因為當所有紀錄分類為 0 時，無疑可以產生較高的準確度。

## 第六章

統計機器學習

統計學的最新進展致力於開發更強大的自動化技術用於預測建模，包括迴歸和分類。這些方法與上一章節中討論的方法一樣，都是 **監督式方法**（*supervised methods*）：在已知結果的資料上進行模型訓練，並學會預測新資料的結果。這些都屬於 **統計機器學習** 的範疇，並且與經典統計方法不同，因為這些方法是資料所驅動的，並且不試圖在資料上施加線性或其他整體結構。例如，*K* 近鄰算法非常簡單：根據其他相似紀錄的分類方式來對紀錄分類。最成功且使用最廣泛的技術，是基於應用於決策樹的 **集成學習**。集成學習的基本概念是使用許多模型來形成預測，而不僅僅使用單一模型。決策樹是一種靈活的自動化技術，用於學習有關預測變數和結果變數之間關係的規則。事實證明，集成學習與決策樹的組合造就了一些性能最佳的現成預測建模技術。

統計機器學習中，許多技術的發展可以追溯到兩位統計學家：加州大學柏克萊分校的統計學家 Leo Breiman（圖 6-1）和史丹佛大學的 Jerry Friedman。他們與柏克萊和史丹佛大學其他研究人員一起，從西元 1984 年開啟了樹模型的發展，並且在 1990 年代，對集成學習方法 bagging 和 boosting 的發展確立了統計機器學習的基礎。

圖 6-1　Leo Breiman，美國加州大學柏克萊分校的統計學教授，資料科學家所使用的多種核心技術的研究者。

機器學習與統計學

在預測建模的背景下，機器學習和統計學之間有什麼區別？這兩者之間其實並不存在明確的界限。機器學習傾向更專注於開發可擴展到大數據的有效算法，用以優化預測模型；而統計學通常更關注機率論和模型的基礎結構。bagging 和隨機森林（參閱第 260 頁的「袋裝法與隨機森林」）完全是從統計學領域發展出來的；而另一方面，boosting 法（參閱第 270 頁的「Boosting 提升法」）是從這兩個學科中發展起來的，只是在機器學習方面受到了更多的關注。不論歷史如何，boosting 的發展確保了該技術可同時適用於統計學及機器學習這兩個領域。

K 近鄰算法

K 近鄰算法（KNN）的理念非常簡單 [1]，對於每個要進行分類或預測的紀錄，算法如下：

1. 找出 *K* 個具有相似特徵（即具有相似預測值）的紀錄。

2. 對於分類來說，找出這些相似紀錄中的多數類，將其指定為新紀錄的類別。

3. 對於預測（又稱為 *KNN* 迴歸）來說，找出這些相似紀錄的平均值，並將該平均值作為新紀錄的預測值。

---

[1]　本章各節的內容版權屬於本書作者 Peter Bruce、Andrew Bruce 和 Peter Gedeck, © 2020 Datastats, LLC。使用須經許可。

近鄰（*Neighbor*）

　　具有相似預測值的兩個紀錄。

距離指標（*Distance metrics*）

　　以單一數值的形式，測量兩個紀錄之間的距離。

標準化（*Standardization*）

　　減去平均值，並除以標準差。

　　同義詞

　　　　正規化（Normalization）

z 分數（*z-score*）

　　標準化後所得到的值。

K

　　在近鄰演算法中所考慮的近鄰個數。

KNN 是一種較簡單的預測和分類技術，它不像迴歸需要配適一個模型，但這並不代表 KNN 是一種自動化的過程。其預測結果取決於特徵尺度的縮放、相似性的測量方式以及 *K* 值的設置等等。此外，所有預測變數都必須為數字形式。接下來我們透過一個分類例子來介紹如何使用 *K* 近鄰演算法。

預測貸款違約的範例

表 6-1 顯示了美國 LendingClub 公司個人貸款資料的部分紀錄。美國 LendingClub 公司是一間 P2P 借貸領域的先行者，他將投資者匯聚起來然後向個人借貸。我們資料分析的目標就是預測一筆新貸款的結果是清償還是違約。

表 6-1　美國 LendingClub 公司個人貸款資料的部分紀錄

結果	貸款金額	收入	貸款目的	年資	住房情形	所在州
清償	10,000	79,100	債務合併	11	有房貸	內華達州
清償	9,600	48,000	搬家	5	有房貸	田納西州
清償	18,800	120,036	債務合併	11	有房貸	馬里蘭州
違約	15,250	232,000	小企業周轉	9	有房貸	加州
清償	17,050	35,000	債務合併	4	租屋	馬里蘭州
清償	5,500	43,000	債務合併	4	租屋	堪薩斯州

下方考慮一個非常簡單的模型,模型中只有兩個預測變數:dti 代表償還的債務(不包含房貸)與借款者收入之間的比例,以及 payment_inc_ratio 代表償還的貸款與借款者收入的比例。兩個比例都乘以 100。我們所使用的資料集是有 200 筆貸款的一小組資料,模型輸出是二元預測變數 loan200,值為違約(default)或是清償(paid off)。*K* 值設置為 20。下方為使用 *R* 語言計算 dti=22.5 和 payment_inc_ratio=9 的情況下,針對要預測的新貸款 newloan 的 KNN 估計值[2]:

```
newloan <- loan200[1, 2:3, drop=FALSE]
knn_pred <- knn(train=loan200[-1, 2:3], test=newloan, cl=loan200[-1, 1], k=20)
knn_pred == 'paid off'
[1] TRUE
```

KNN 的預測值為清償。

雖然 *R* 語言本身也有提供了一個原生的 knn 函式,但是由第三方提供的 *R* 語言套件 FNN 可以更好地擴展到大數據上,並且具有更高的靈活度。

在 *Python* 中,scikit-learn 可以更快速有效地實現 KNN:

```
predictors = ['payment_inc_ratio', 'dti']
outcome = 'outcome'

newloan = loan200.loc[0:0, predictors]
X = loan200.loc[1:, predictors]
y = loan200.loc[1:, outcome]

knn = KNeighborsClassifier(n_neighbors=20)
knn.fit(X, y)
knn.predict(newloan)
```

2　在本例中,我們將 loan200 資料集中的第一行作為新貸款,並將其從資料集中排除以進行訓練。

圖 6-2 給出了該示例的視覺呈現。我們所要預測的新貸款是位於圖中間的 x 所表示；正方形（清償）和圓形（違約）是訓練資料。黑色大圓圈顯示最近的 20 個最近鄰點的邊界。在此種情況下，圓圈內有 9 筆違約貸款，及有 11 筆清償貸款。因此，得到的貸款的預期結果為清償。請注意，如果我們僅考慮三個最近的近鄰點，則預測將是貸款違約。

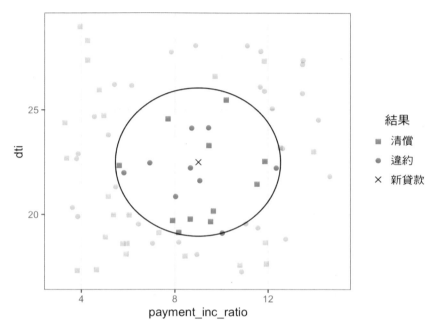

圖 6-2　貸款違約的 KNN 預測，其中使用了兩個變數：貸款與收入的比例，以及清償貸款與收入的比例。

用於分類的 KNN 預測輸出通常是二元決策，例如：在貸款資料中，預測的輸出為「違約」或是「清償」。此外，KNN 還可以輸出一個介於 0 到 1 之間的機率（傾向性）。該機率是基於某個類別在 K 個最近鄰中的比例。在前面的範例中，該違約機率估計為 $\frac{9}{20}$ 或 0.45。如果使用機率，我們就能使用分類規則，而不是簡單多數決（機率為 0.5）。這一點對於不平衡資料特別重要（請參閱第 230 頁的「不平衡資料的處裡策略」）。例如，如果預測目標是識別一個稀有類別的成員，則通常將臨界值設置為 50% 以下。一種常見的方法是將鄰界值設置為稀有事件的機率。

距離指標

距離指標用於判斷相似性（接近度），是一個測量兩個紀錄 $(x_1, x_2, ..., x_p)$ 和 $(u_1, u_2, ..., u_p)$ 之間距離的函數。最被廣泛使用的向量距離指標是**歐幾里德距離**（*euclidean distance*）。要測量兩個向量之間的歐幾里德距離，將二個向量相減，然後對差值求平方，累加各個值後再求平方根

$$\sqrt{(x_1 - u_1)^2 + (x_2 - u_2)^2 + \cdots + (x_p - u_p)^2}$$

若資料為數值型，還有另一種常見的距離指標是**曼哈頓距離**（*manhattan distance*）：

$$|x_1 - u_1| + |x_2 - u_2| + \cdots + |x_p - u_p|$$

歐幾里德距離代表兩點之間的直線距離（例如，烏鴉飛行時）；而曼哈頓距離是在某一時刻以同一方向橫穿兩個點之間的距離（例如，沿著矩形城市街區行駛）。因此，如果將相似性定義為點對點的行進時間，則曼哈頓距離更為適用。

在測量兩個向量之間的距離時，測量值取決於規模相對較大的變數（特徵）。舉例來說，對於貸款資料而言，該距離幾乎僅是收入和貸款金額這二個變數的函數，它們是從成千上萬條紀錄中測量出的。相較之下，比例變數在比較中幾乎沒有作用。我們可以透過標準化資料來解決這個問題。請參閱第 243 頁的「標準化（正規化，z 分數）」。

其他距離指標

還有許多其他指標可用於測量向量之間的距離。對於數值資料，也經常使用**馬氏距離**（*mahalanobis distance*），因為它考慮了兩個變數之間的相關性，這十分有用。因為兩個變數若擁有高度相關，則馬氏距離將在距離上把它們視為一個變數。歐幾里德距離和曼哈頓距離則不考慮相關性，只是對這些特徵的屬性添加了更大的權重。馬氏距離是主成分分析間的歐幾里德距離（請參閱第 284 頁的「主成分分析」）。使用馬氏距離的缺點是在計算中要使用共變異數矩陣，這會增加了計算量和複雜性。（請參閱第 202 頁的「共變異數矩陣」）

One-hot 編碼

表 6-1 中的貸款資料包括了多個因子（字串）變數。對於大多數統計學和機器學習模型來說，這些變數都需要轉換為一組傳遞相同資訊的一系列二元虛擬變數，如表 6-2 所示。我們沒有使用一個變數將住房情況表示為「有房屋但有房貸」、「有房屋但無房貸」、「租屋」、「其他」，而是使用了 4 個二元變數。第一個變數是「是否有房屋但有房貸——Y/N」，第二個變數是「是否有房屋但無房貸——Y/N」，以此類推。因此，住房情況這一預測變數會產生一個具有一個 1 和三個 0 的向量，這樣的向量可用於統計學和機器學習算法。*One-hot 編碼*（*one hot encoding*）來自數位電路的術語，該術語描述了在電路設置中僅僅允許一個位元是正向的（即為熱的）。

表 6-2　以數值型虛擬變數表示房產情況的因子資料

有房屋但有房貸	有房屋但無房貸	其他	租屋
1	0	0	0
1	0	0	0
1	0	0	0
1	0	0	0
0	0	0	1
0	0	0	1

> 在線性迴歸和邏輯迴歸中，One-hot 編碼會引起多元共線性問題，請參閱第 172 頁。在這種情形下將會忽略一個虛擬變數，因為它的值可以從其他虛擬變數值中推算出來，但 KNN 和本書的其他方法並不會有這種問題。

標準化（正規化，z 分數）

在測量中，我們通常對具體的測量結果不太感興趣，而是對「與平均值的差異」感興趣。標準化，又稱為**正規化**，透過減去平均值並除以標準差，將所有變數置於同一個尺度上。透過這種方式，我們才能確保變數不會因其原始測量規模而對模型產生過度的影響：

$$z = \frac{x - \bar{x}}{s}$$

我們一般稱此標準化的值為 z 分數，這測量值可以用「偏離平均的標準差」表示。如此一來，變數對模型的影響就不會受到原始測量規模的影響。

不要將統計學中的正規化與資料庫的正規化混淆了。資料庫正規化的目的在於要除去冗餘的資料，並驗證資料的依賴性。

對於要應用 KNN 和其他算法（例如主成分分析和分群法）之前，必須先考慮資料的標準化問題。為了說明這一概念，以下針對貸款資料應用 KNN 算法（參閱第 239 頁的「預測貸款違約的範例」）。除了使用 dti 和 payment_inc_ratio，這裡將增加兩個變數：revol_bal 代表可提供給借款者的循環信用額度總額（單位為美元），和 revol_util 代表所使用用信用額度的百分比。下方得出了需要預測的新紀錄：

```
newloan
  payment_inc_ratio dti revol_bal revol_util
1            2.3932   1      1687        9.4
```

我們可以發現，變數 revol_bal（單位為美元）的規模遠遠大於其他變數。knn 函式以屬性 nn.index 返回了最近鄰點的資料索引。下方顯示 loan_df 中最近的 5 行資料：

```
loan_df <- model.matrix(~ -1 + payment_inc_ratio + dti + revol_bal +
                          revol_util, data=loan_data)
newloan <- loan_df[1, , drop=FALSE]
loan_df <- loan_df[-1,]
outcome <- loan_data[-1, 1]
knn_pred <- knn(train=loan_df, test=newloan, cl=outcome, k=5)
loan_df[attr(knn_pred, "nn.index"),]
```

```
      payment_inc_ratio  dti revol_bal revol_util
35537           1.47212 1.46      1686       10.0
33652           3.38178 6.37      1688        8.4
25864           2.36303 1.39      1691        3.5
42954           1.28160 7.14      1684        3.9
43600           4.12244 8.98      1684        7.2
```

遵循模型配適後，我們可以使用 kneighbors 方法來透過 scikit-learn 識別訓練資料集中最近的 5 行資料：

```
predictors = ['payment_inc_ratio', 'dti', 'revol_bal', 'revol_util']
outcome = 'outcome'

newloan = loan_data.loc[0:0, predictors]
```

```
X = loan_data.loc[1:, predictors]
y = loan_data.loc[1:, outcome]

knn = KNeighborsClassifier(n_neighbors=5)
knn.fit(X, y)

nbrs = knn.kneighbors(newloan)
X.iloc[nbrs[1][0], :]
```

在顯示的 5 個近鄰資料中，只有 revol_bal 的值與新紀錄中的對應值非常接近，但其他的預測變數在確定近鄰上基本上沒有發揮任何作用。

下方，我們將使用 R 語言的 scale 函式來對資料進行標準化，該函數計算每一個變數的 z 分數，然後再對標準化後的資料應用 KNN：

```
loan_df <- model.matrix(~ -1 + payment_inc_ratio + dti + revol_bal +
                        revol_util, data=loan_data)
loan_std <- scale(loan_df)
newloan_std <- loan_std[1, , drop=FALSE]
loan_std <- loan_std[-1,]
loan_df <- loan_df[-1,]   ❶
outcome <- loan_data[-1, 1]
knn_pred <- knn(train=loan_std, test=newloan_std, cl=outcome, k=5)
loan_df[attr(knn_pred, "nn.index"),]
      payment_inc_ratio   dti  revol_bal  revol_util
2081            2.61091   1.03      1218         9.7
1439            2.34343   0.51       278         9.9
30216           2.71200   1.34      1075         8.5
28543           2.39760   0.74      2917         7.4
44738           2.34309   1.37       488         7.2
```

❶ 我們還需要從 loan_df 刪除第一列，以便列的編號能彼此對應。

首先使用預測變數訓練 sklearn.preprocessing.StandardScaler 方法訓練預測變數，然後在訓練 KNN 模型之前將其用於轉換資料集：

```
newloan = loan_data.loc[0:0, predictors]
X = loan_data.loc[1:, predictors]
y = loan_data.loc[1:, outcome]

scaler = preprocessing.StandardScaler()
scaler.fit(X * 1.0)

X_std = scaler.transform(X * 1.0)
newloan_std = scaler.transform(newloan * 1.0)
```

```
knn = KNeighborsClassifier(n_neighbors=5)
knn.fit(X_std, y)

nbrs = knn.kneighbors(newloan_std)
X.iloc[nbrs[1][0], :]
```

在所有變數中，五個最近鄰的點更為相似，進而提供了更為合理的結果。需要注意的
是，雖然結果以資料的原始尺度顯示，但 KNN 是應用於經過縮放的資料及要預測之新
貸款資料上的。

使用 z 分數只是一種重新調整變數尺度的方法。平均值可以替換成更穩定
的位置估計量，例如中位數。同樣地，我們也可以使用不同的尺度估計來
代替標準差，例如四分位距。在一些情況下，變數已經被「壓縮」到 0 至
1 的範圍內。同樣重要的是我們要了解，為了得到單位變異性而對每個變
數進行縮放，在某種程度上是隨意的。這意味著，我們認為每個變數在預
測能力上都具有相同的重要性。如果我們根據自己的主觀意見來判定一些
變數比其他變數來得更重要，那麼我們就會放大這些變數，例如，對貸款
資料而言，我們完全有充分的理由認為支出與收入的比例非常重要。

標準化（正規化）並不會改變資料的分布形狀。如果資料並不符合常態
分布，那麼標準化之後也不會符合常態分布。（參閱第 69 頁的「常態
分布」）

K 值的選擇

K 值的選擇對於 KNN 的性能來說非常重要。最簡單的方法是設置 *K* = 1，稱為 1- 最近鄰
分類器。這時的預測是直觀的：它基於在訓練集中找到與要預測新紀錄最相似的資料紀
錄。但是設置 *K* = 1 很少是最佳選擇，大部分要透過使用 *K* > 1 個最近鄰才能獲得卓越的
性能。

一般而言，如果 *K* 值設置太低，可能會產生過度配適，即資料中包含了雜訊。而較高
的 *K* 值可以提供平滑度，進而降低過度配適訓練資料的風險。另一方面，如果 *K* 值設置
太高，可能會使資料過於平滑，進而喪失 KNN 的一個主要優點：捕捉資料局部結構的
能力。

在過度配適和過度平滑之間，為了要取得最佳平衡的 K 值，通常使用準確度來確定，尤其是由保留或驗證資料的準確度。目前，其實並不存在一種選取最佳 K 值的通用規則，它在很大程度上取決於資料的性質。對於雜訊較少的高度結構化資料，較小的 K 值會具有較佳的效果。借用一個訊號處理領域的術語，將這種資料稱為高訊噪比（SNR）的資料。高訊噪比資料的例子，有手寫體識別以及語音識別。對於結構較鬆散的雜訊資料（SNR 低的資料），例如貸款資料，較大的 K 值較為合適。通常，K 的常見取值落在 1 到 20 的範圍內，也通常選擇一個奇數以避免出現平局。

偏誤與變異數的權衡

過度平滑和過度配適之間的緊張關係，是偏誤與變異數之間權衡的一個實例，這是統計模型配適中普遍存在的問題。變異數是由於訓練資料的選擇而發生的建模誤差；也就是說，如果選擇不同的訓練資料集，則結果模型將有所不同。偏誤指的是由於沒有正確識別潛在的現實情況而發生的建模錯誤。如果僅添加更多訓練資料，此錯誤將會一直存在。當一個靈活的模型過度配適時，變異數可能會增加，這時可以透過使用更簡單的模型來減少這種情況，但是由於損失了對真實情況建模的靈活度，偏誤可能因此增加。處理這種權衡的一種方法是使用交叉驗證。有關更多詳細信息，請參閱第 154 頁的「交叉驗證」。

KNN 作為特徵引擎

KNN 由於其簡單性和直觀性而被廣受使用，但是，與其他更複雜的分類技術相比，KNN 本身在性能上其實並不具競爭力。在實際模型配適中，可以將 KNN 作為一個階段性的過程，用於向其他分類方法中添加「局部知識」，具體做法如下：

1. 在資料上運作 KNN，為每一個紀錄產生一個分類（或是分類的擬機率）。

2. 將結果作為一個新特徵加入到紀錄中，然後在產生的資料上運行另一種分類方法。這樣，我們將使用原始的預測變數兩次。

首先，由於部分預測變數在該過程中被使用了兩次，您可能會懷疑這是否會導致多元共線性問題（請參閱第 172 頁）。但別擔心，這不是問題，因為添加到第二階段模型中的資訊，只是由數個近鄰紀錄而獲得的，因而是高度局部的，它們只會構成一種額外的資訊，而不是冗餘資訊。

我們可以將階段性地使用 KNN 當作集成學習的一種形式，在集成學習的過程中同時使用了多種預測建模方法；也可以將其視為一種特徵工具，目標是提取出一些具有預測能力的特徵（預測變數）。在特徵工程中，通常會需要人工來審查資料，而 KNN 則提供了一種相當自動化的方式。

以美國金郡房屋資料為範例。在對一個即將要出售的房屋定價時，房地產經紀人將根據最近售出的類似房屋來定價（稱為「comps」）。從本質上來講，房地產經紀人正在進行 KNN 的手動版本：透過查看類似房屋的售價，他們可以估算房屋的售價。透過將 KNN 應用於最近的銷售，我們可以為統計模型創建新功能以模仿房地產專業人士。預測值為銷售價格，現有的預測變數可以包括房屋位置、總平方英尺、格局類型、地段以及臥室和浴室的數量。我們透過 KNN 添加的新預測變數（特徵）是每筆紀錄的 KNN 預測變數（類似於房地產經紀人的估價）。由於我們正在預測數值，因此使用 K 近鄰算法的平均值來代替多數投票，此種方法被稱為 KNN 迴歸。

同樣地，對於貸款資料，我們也可以創建一些新特徵來代表貸款過程的不同面向。下方的 R 語言程式碼將建構一個代表借款者信譽的特徵：

```
borrow_df <- model.matrix(~ -1 + dti + revol_bal + revol_util + open_acc +
                          delinq_2yrs_zero + pub_rec_zero, data=loan_data)
borrow_knn <- knn(borrow_df, test=borrow_df, cl=loan_data[, 'outcome'],
                  prob=TRUE, k=20)
prob <- attr(borrow_knn, "prob")
borrow_feature <- ifelse(borrow_knn == 'default', prob, 1 - prob)
summary(borrow_feature)
   Min. 1st Qu.  Median    Mean 3rd Qu.    Max.
  0.000   0.400   0.500   0.501   0.600   0.950
```

我們可以透過 scikit-learn，使用訓練模型的 predict_proba 方法來獲得機率：

```
predictors = ['dti', 'revol_bal', 'revol_util', 'open_acc',
              'delinq_2yrs_zero', 'pub_rec_zero']
outcome = 'outcome'

X = loan_data[predictors]
y = loan_data[outcome]

knn = KNeighborsClassifier(n_neighbors=20)
knn.fit(X, y)

loan_data['borrower_score'] = knn.predict_proba(X)[:, 1]
loan_data['borrower_score'].describe()
```

指令的結果是一個特徵，表示了基於歷史資料對借款者違約可能性的預測。

本節重點

- K 近鄰算法（KNN）透過指定與一條紀錄相似之紀錄所屬的類別，來實現該紀錄的分類。

- 可以使用歐幾里德距離或其他相關指標來判斷相似度（距離）。

- 與一條紀錄進行比較的近鄰數（K 值），取決於使用不同的 K 值時，算法在訓練資料上的性能。

- 預測變數通常需要進行標準化，以避免大尺度變數主導了距離指標。

- KNN 常作為預測建模過程的第一階段，而 KNN 的預測值會作為一個預測變數再添加回資料中，進而用於第二階段（非 KNN）的建模。

樹模型

樹模型，又被稱為**分類與迴歸樹**（*Classification and Regression Trees, CART*）[3]、**決策樹**（*decision trees*）或簡稱為「樹」，是一種有效的分類和迴歸方法，最早是由 Leo Breiman 等人於西元 1984 年提出，並得到了廣泛的使用。在資料科學中進行迴歸和分類時，樹模型和其更進階加強的衍生方法隨機森林（*random forests*）和提升樹（*boosted trees*）（參閱第 260 頁的「袋裝法與隨機森林」及第 270 頁的「Boosting 提升法」）是最被廣為使用的，也是最強大的預測建模工具。

重要術語

遞迴區分（*Recursive partitioning*）
　　反覆對資料進行劃分以及細分，目的是要讓每一個最終細分內的結果盡可能同質。

3　CART 是 Salford Systems 與樹模型的特定實現有關的註冊商標。

分割值（*Split value*）

一個預測變數值，它將一組紀錄分為兩個部分，使得一部分中的預測變數小於分割值，而另一部分中的預測變數大於分割值。

節點（*Node*）

在決策樹中（或在一組相應的分支規則中），節點是分割值的圖形化（或規則）表示。

葉子（*Leaf*）

一組 if-then 規則的終點，或一個樹分支的終點。在樹模型中獲得葉子的規則，構成了對樹任一條紀錄的分類規則。

損失（*Loss*）

在分割過程的某一階段中誤分類的個數。損失越大，不純度越高。

不純度（*Impurity*）

用以表示在資料的一個細分中發現多個分類混雜的程度。細分中混雜的類別越多，該細分的不純度就越高。

同義詞

異質性（heterogeneity）

反義詞

同質性（homogeneity）、純度（purity）

剪枝（*Pruning*）

為了降低過度配適，對一棵完全長成樹逐步剪枝的過程。

樹模型是一組易於理解和實施的「if-then-else」規則。與線性迴歸和邏輯迴歸相反，樹模型具有發現資料中與複雜交互相對應之隱藏模式的能力；然而，與 KNN 或 naive Bayes 不同，簡單樹模型可以用易於解釋的預測關係來表示。

作業研究中的決策樹

在決策科學和作業研究中，決策樹一詞具有不同（且較舊）的含義，它指的是人類決策分析的過程。這樣，分支圖中繪製的是決策點、可能的結果及其估計的機率，並選擇具有最大期望值的決策路徑。

簡單的範例

R 語言中適合樹模型有兩個主要套件：rpart 和 tree。透過使用 rpart，可以使用變數 payment_inc_ratio 和 borrower_score 來對 3,000 個貸款資料的樣本進行配適（有關資料的描述，請參閱第 238 頁的「K 近鄰算法」）：

```
library(rpart)
loan_tree <- rpart(outcome ~ borrower_score + payment_inc_ratio,
                   data=loan3000, control=rpart.control(cp=0.005))
plot(loan_tree, uniform=TRUE, margin=0.05)
text(loan_tree)
```

Python 中 sklearn.tree.DecisionTreeClassifier 提供了決策樹的實現方法。dmba 套件則提供了一個便利功能：我們可以在 Jupyter Notebook 中建立視覺化的效果：

```
predictors = ['borrower_score', 'payment_inc_ratio']
outcome = 'outcome'

X = loan3000[predictors]
y = loan3000[outcome]

loan_tree = DecisionTreeClassifier(random_state=1, criterion='entropy',
                                   min_impurity_decrease=0.003)
loan_tree.fit(X, y)
plotDecisionTree(loan_tree, feature_names=predictors,
                 class_names=loan_tree.classes_)
```

產生的樹模型如圖 6-3 所示。由於實現方式的不同，我們可以發現 *R* 語言和 *Python* 的結果並不相同，這是可預期的。這些分類規則是透過遍歷階層樹來確定的，從樹的根部開始，如果節點為 true，則向左移動；反之，則向右移動，直到到達最後一片葉子。

通常情況下，繪製的樹是倒置的，因此根在頂部，葉子在底部。舉例來說，如果我們得到了一個貸款變數 borrower_score 為 0.6 和 payment_inc_ratio 為 8.0，那麼我們將在最左邊的葉子結束，並預測該筆貸款將被還清。

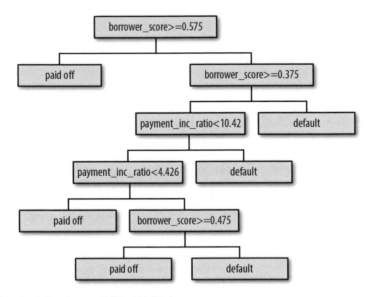

圖 6-3　配適貸款資料的一個簡單樹模型的規則

使用 R 語言可以很容易地產生一個繪圖效果更好的樹模型：

```
loan_tree
n= 3000

node), split, n, loss, yval, (yprob)
    * denotes terminal node

 1) root 3000 1445 paid off (0.5183333 0.4816667)
   2) borrower_score>=0.575 878   261 paid off (0.7027335 0.2972665) *
   3) borrower_score< 0.575 2122   938 default (0.4420358 0.5579642)
     6) borrower_score>=0.375 1639   802 default (0.4893228 0.5106772)
      12) payment_inc_ratio< 10.42265 1157   547 paid off (0.5272256 0.4727744)
         24) payment_inc_ratio< 4.42601 334   139 paid off (0.5838323 0.4161677) *
         25) payment_inc_ratio>=4.42601 823   408 paid off (0.5042527 0.4957473)
           50) borrower_score>=0.475 418   190 paid off (0.5454545 0.4545455) *
           51) borrower_score< 0.475 405   187 default (0.4617284 0.5382716) *
      13) payment_inc_ratio>=10.42265 482   192 default (0.3983402 0.6016598) *
     7) borrower_score< 0.375 483   136 default (0.2815735 0.7184265) *
```

在輸出結果中，以縮進方式來顯示樹的深度，每一個節點對應一個臨時分類，該臨時分類是由該分區中的主要結果來確定。輸出中的「loss」是由分區中的臨時分類所產生錯誤分類的數量。例如，在節點 2 中，總共 878 個紀錄中有 261 個錯誤分類，括號中的值分別對應於清償紀錄或違約紀錄的比例。例如，在預測為違約的節點 13 中，有超過 60% 的紀錄是貸款違約。

scikit-learn 文件描述了如何創建決策樹模型的文字表示。在 dmba 套件中包含了一個方便的功能：

```
print(textDecisionTree(loan_tree))
--
node=0 test node: go to node 1 if 0 <= 0.5750000178813934 else to node 6
  node=1 test node: go to node 2 if 0 <= 0.32500000298023224 else to node 3
    node=2 leaf node: [[0.785, 0.215]]
    node=3 test node: go to node 4 if 1 <= 10.42264986038208 else to node 5
      node=4 leaf node: [[0.488, 0.512]]
      node=5 leaf node: [[0.613, 0.387]]
  node=6 test node: go to node 7 if 1 <= 9.19082498550415 else to node 10
    node=7 test node: go to node 8 if 0 <= 0.7249999940395355 else to node 9
      node=8 leaf node: [[0.247, 0.753]]
      node=9 leaf node: [[0.073, 0.927]]
    node=10 leaf node: [[0.457, 0.543]]
```

遞迴區分算法

決策樹的構造算法被稱為**遞迴區分**，該算法的概念十分簡單：使用預測值對資料進行重複分區，這些預測值可以最好地將資料分為相對均勻的分區。圖 6-4 顯示了依據圖 6-3 的樹模型所創建的分區。第一條規則是 borrower_score >= 0.575，圖中表示為 1；第二條規則是 borrower_score < 0.375，它將 1 區分出的右側分區再次分割為兩個子分區。

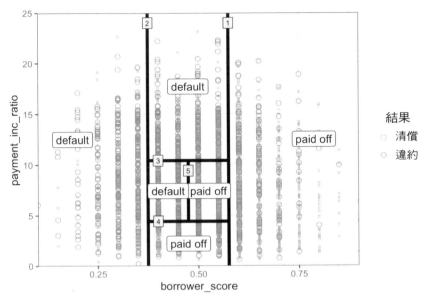

圖 6-4　配適貸款資料的一個簡單樹模型中的前三個規則

假設我們有一個反應變數 Y 以及一組 P 個預測變數 X_j（$j = 1, \cdots, P$）。對於分區 A 中的紀錄，遞迴區分算法將找出將 A 分割為兩個子分區的最佳方法：

1. 針對每一個預測變數 X_j：

   a. 對於 X_j 中的每一個值 s_j：

      i. 將 A 中的紀錄分割為 $X_j < s_j$ 以及 $X_j \geq s_j$ 兩個子分區。

      ii. 對 A 的每一個子分區，測量其中類別的同質性

   b. 選擇生成了分區內最大類同質性的 s_j。

2. 選擇生成了分區內最大類別同質性的分割值 s_j 以及變數 X_j。

下方得出算法中的遞迴區分算法之部分：

1. 初始化，以區分 A 為整個資料集。

2. 應用上面的分區算法，將分區 A 分割為兩個子分區 A_1 以及 A_2。

3. 針對子分區 A_1 以及 A_2 重複步驟 2。

4. 如果進一步的分區不再能實質上改進子分區的同質性，則終止算法。

最終結果就是類似圖 6-4 所表示的資料分區，一個不同的地方是資料是 P 維，另一個不同地方是每一個分區會根據該分區中的反應變數的多數決情況，來得出一個值為 0 或 1 的預測。

 除了 0 或 1 的二元預測之外，樹模型還可以依據分區中 0 和 1 的數量來產生機率估計。估計值只是分區中 0 或 1 的總數量除以分區中觀察值的總數量：

$$機率\,(Y = 1) = \frac{分區中\,1\,個個數}{分區規模大小}$$

$Y = 1$ 的機率估計值可以轉換為二元決策。例如，如果機率估計值大於 0.5，那麼可以假設估計值為 1。

測量同質性或不純度

樹模型遞歸地創建分區（紀錄集）A，它們預測 $Y = 0$ 或 $Y = 1$ 的結果。從前面的算法中可以看出，我們需要一種方法來測量分區內的同質性（又稱為**類別純度**）。換句話說，我們需要測量分區不純度。預測的準確度是該分區中錯誤分類的紀錄比例 p，其範圍從 0（完美）到 0.5（純隨機猜測）。

事實證明，對於不純度而言，準確度並不是一種好的測量方法。有兩種常見的不純度測量方法：**吉尼不純度**（*Gini impurity*）和**資訊熵**（*entropy of information*）。儘管這些（和其他）不純度指標適用於兩個以上類別的分類問題，但我們將重點放在二元情況上。下方為一組紀錄 A 的吉尼不純度為：

$$I(A) = p(1 - p)$$

熵 $I(A)$ 由下方公式得出：

$$I(A) = -p \log_2 (p) - (1 - p) \log_2 (1 - p)$$

圖 6-5 顯示了吉尼不純度（經過重新縮放）與熵指標是相似的，在中等準確度準確度和高準確度的情況下，熵會給出較高的不純度分值。

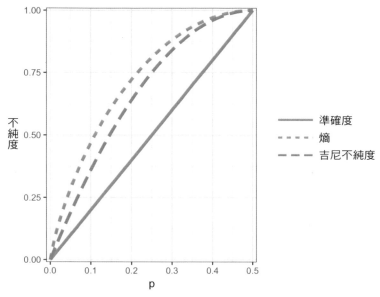

圖 6-5　吉尼不純度和熵指標

吉尼係數

不要將吉尼不純度與吉尼係數混淆了，雖然它們代表相似的概念，但是吉尼係數僅限於二元分類問題，並與 AUC 指標有關（請參閱第 226 頁的「AUC」）。

在先前介紹的遞迴區分算法中，我們使用了不純度作為指標。對於每個建議的資料分區，都會測量因分割而產生的每個子分區的不純度，然後再計算加權平均值，並選擇（在每個階段）產生最低加權平均值的子分區。

停止樹模型繼續生長

隨著樹的變大，分割規則會變得更加詳細，並且樹逐漸從識別「大」規則（這些資料識別數據中真實可靠的關係）轉變為「小」規則（僅反映雜訊）。一棵完全長成的樹會產生完全純淨的葉子，因此，對訓練資料進行分類的準確度為 100%。當然，這種準確度是虛幻的，因為我們過度配適了資料（請參見第 247 頁的「偏誤與變異數的權衡」），把雜訊配適到訓練資料中，而不是我們想要在新資料中識別出的信號。

我們需要一種方法來確定何時停止樹模型的生長階段，該方法也可以普及化到新資料。在 *R* 語言和 *Python* 中，有多種停止分割的方法：

- 如果分割後的子分區太小或終端葉子太小，就應該避免分割。在 *R* 語言中的 rpart 套件，這些約束分別由參數 minsplit 和 minbucket 各別控制，它們的預設值分別為 20 和 7。在 *Python* 的 DecisionTreeClassifier 中，我們可以使用參數 min_samples_split（預設值為 2）和 min_samples_leaf（預設值為 1）進行控制。

- 如果新分區沒有「顯著」地降低不純度，那麼也不應該分割。在 rpart 中，這由**複雜度參數 cp** 控制，該參數衡量樹的複雜程度：越複雜，cp 的值就越大。在實踐中，cp 可用於透過將懲罰附加到樹模型的額外複雜度（分割）來限制樹的增長。*Python* 中 DecisionTreeClassifier 的參數 min_impurity_decrease，基於加權的不純度減少值限制分割。這裡，較小的值將會導致更複雜的樹模型。

這些方法涉及到任意規則，對於探索性工作很有用，但我們無法輕易確定最佳值（即使用新資料最大化預測準確度的值）。我們需要結合交叉驗證與有系統地更改模型參數，或透過修剪來修改樹模型。

在 *R* 語言中控制樹模型的複雜度

使用複雜度參數 cp，我們可以估計哪種大小的樹模型將對新資料表現最佳。如果 cp 值太小，則樹模型將過度配適資料，即僅配適了雜訊而不是訊號。另一方面，如果 cp 值太大，則樹模型將太小且預測力很小。rpart 的預設值為 0.01，儘管對於較大的資料集，我們或許會發現該預設值還是偏大。在前面的範例中，將 cp 設置為 0.005，因為使用預設值會導致一個只有一次分割的樹模型。在探索性分析中，只需要針對該值進行一些簡單的嘗試就可以了。

如何確定最佳 cp 值，這又是另一個偏誤與變異數權衡問題的一個實例。最常見的估計 cp 值的方法是透過交叉驗證（請參閱第 154 頁）：

1. 將資料集分為訓練集和驗證集。

2. 使用訓練集來產生樹模型。

3. 逐步剪枝，並在每一步紀錄 cp 值（使用**訓練集**）。

4. 注意在**驗證集**上所取得最小誤差（損失）的 cp 值。

5. 將資料重新分割為訓練集和驗證集，並重複樹模型的生長、剪枝以及紀錄 cp 的過程。

6. 重複進行上述步驟，對反映每個樹的最小誤差的 cp 值求平均值。

7. 回到原始資料，也可以是將要處理的資料上，然後生長樹模型，並在最佳 cp 值處終止執行算法。

在 rpart 套件中，可以使用引數 cptable 來生成一個表格，用以紀錄 cp 值及相關聯的交叉驗證誤差（即 R 語言中的 xerror），進而確定具有最小交叉驗證誤差的 cp 值。

在 *Python* 中控制樹模型的複雜度

在 scikit-learn 的決策樹實現中，複雜度參數為 cpp_alpha，預設值為 0，表示樹模型未修剪過；增加參數會導致決策樹變小一點。我們可以使用 GridSearchCV 來找到最佳值。

還有許多其他的模型參數可以控制樹的大小。舉例來說，我們可以在 5 到 30 的範圍內更改 max_depth，在 20 到 100 的範圍內更改 min_samples_split。scikit-learn 中的 GridSearchCV 是一種方便的方法，可以透過交叉驗證將所有詳盡的搜尋組合在一起，然後使用交叉驗證的模型性能來選擇最佳參數集。

預測連續值

使用樹模型來預測連續值（也稱為*迴歸*）時，需要遵循相同的邏輯和過程，不同之處是，不純度是透過每個子分區中均值的平方偏差（均方誤差）來衡量的，而預測性能是透過每個分區中的均方根誤差（RMSE）來判斷的（請參閱第 152 頁的「評估模型」）。

scikit-learn 中有 sklearn.tree.DecisionTreeRegressor 方法可以用來訓練決策樹的迴歸模型。

如何使用樹模型

在企業組織中，預測建模者所面臨到的最大障礙之一，是所使用的預測方法在本質上就是一種「黑箱」性質，這會引發企業組織其他人員的反對。在這方面，樹模型具有下列兩個吸引人的面向：

- 樹模型提供了一種視覺化工具，用於探索資料，進而了解哪些變數很重要以及它們如何相互關聯。樹模型還可以捕捉到預測變數之間的非線性關係。

- 樹模型提供了一組規則，可以將這些規則有效地傳達給非專業人士，這有助於資料探勘專案的實施或「推銷」。

然而，在進行預測時，利用多個樹模型的結果通常比僅僅使用一棵樹更強大。特別是隨機森林算法和 boosting 算法幾乎總可以提供出色的預測準確度和性能（請參閱第 260 頁的「袋裝法與隨機森林」和第 270 頁的「Boosting 提升法」），但同時也失去了單個樹模型的上述優點。

本節重點

- 決策樹產生一個規則，用於分類或預測結果。

- 規則對應於如何將資料區分為連續的子分區。

- 每一個分區或分割指定一個預測變數值（分割值），將分區中資料分割為高於以及低於該分割值的兩組紀錄（子分區）。

- 在每一個階段，樹算法會選擇使每一個子分區內結果的不純度最小的分割。

- 一旦算法不能做進一步的分割，就會得到一棵完全長成的樹，每一個末端節點或葉子內的紀錄將屬於相同的類別。此後，遵循該規則（分割）路徑的新紀錄，將會分配到該類別。

- 完全長成樹會產生過度配適，因此為了使模型捕捉訊號而不是噪音，就必須進行剪枝。

- 雖然隨機森林算法和 boosting 等多數模型算法具有更好的預測性能，但同時也失去了單個樹模型基於規則的交流能力。

延伸閱讀

- Analytics Vidhya 網站的內容團隊於 2016 年 4 月 12 日發表的部落格文章「Tree Based Algorithms: A Complete Tutorial from Scratch（in *R & Python*）」（*https://oreil.ly/zOr4B*）。

- Terry M. Therneau、Elizabeth J. Atkinson 以及梅奧基金會（the Mayo Foundation）於 2019 年 4 月 11 日發表的技術報告「An Introduction to Recursive Partitioning Using the RPART Routines」（*https://oreil.ly/6rLGk*）。

袋裝法與隨機森林

在 1906 年，統計學家 Sir Francis Galton 參觀了英格蘭一個縣的市集，當時正在舉行一場比賽，以猜測一頭公牛的總體重。當時一共有 800 個人參與了猜測，儘管各個猜測的差異很大，但均值和中位數都在公牛真實體重的 1% 以內。James Surowiecki 在他的《*The Wisdom of Crowds*》（Doubleday，2004）中探討了這種現象。該原理也適用於預測模型：對多個模型（一組模型）求平均（或進行多數表決）比選擇一個模型更為準確。

重要術語

集成（*Ensemble*）
　　使用一組模型給出預測。

　　同義詞
　　　　模型平均（model averaging）

袋裝法（*Bagging*）
　　對資料使用自助法構建一組模型的通用方法。

　　同義詞
　　　　自助法聚合（bootstrap aggregation）

隨機森林（*Random forest*）
　　使用決策樹的一種自助法聚合估計。

　　同義詞
　　　　自助法聚合決策樹（bagged decision trees）

變數重要性（*Variable importance*）
　　對預測變數在模型性能中重要性的測量。

集成方法已應用到多種建模方法中，並且在 Netflix 競賽中得到了使用，只要參賽者所提出的模型能將 Netflix 用戶給予電影評分的預測提升 10%，就可以獲得由 Netflix 所提供的 100 萬美元獎金。集成的簡單方法如下：

1. 給定一個資料集，採用一種預測模型，並紀錄該模型的預測情況。

2. 在同一個資料集上，依次使用多個模型來重複步驟 1。

3. 對於每一個要預測的紀錄，對預測值取平均值（或加權平均值，也可以使用多數決）。

集成方法在決策樹中得到了最系統且最有效的應用。集成樹模型是一種非常強大的的建模方式，且易於構建出好的預測模型。

除了簡單的集成算法以外，集成模型還有兩個主要變體：*bagging* 以及 *boosting*。在使用集成樹模型的情況下，這些變體被稱為隨機森林模型以及**提升決策樹**（*boosted tree*）模型。本節重點主要介紹 bagging，而 boosting 將在第 270 頁的「Boosting 提升法」中介紹。

Bagging 袋裝法

bagging 方法最早是由 Leo Breiman 在 1994 年所提出的，是「bootstrap aggregating」（引導聚集算法）的縮寫。假設我們有一個反應變數 Y 和 P 個預測變數 $\mathbf{X} = X_1, X_2, \cdots, X_p$ 的 N 條紀錄。

bagging 方法類似於用於集成的基本算法，不同之處在於，bagging 不是將各種模型配適到相同的資料，而是對使用每個自助法重抽樣配適一個新模型，下方為更正式的算法：

1. 初始化要配適的模型個數 M 以及要選取的紀錄個數 n（$n < N$），並設置迭代次數 $m = 1$。

2. 對訓練資料做一次具有 n 條紀錄的自助重抽樣（沒有放回的抽樣），並得到樣本 Y_m 和 $\mathbf{X}_m$（即「bag」）。

3. 使用 Y_m 和 $\mathbf{X}_m$ 訓練模型，創建一組決策規則 $\hat{f}_m(\mathbf{X})$。

4. 增加模型計數器，$m = m + 1$。如果 $m <= M$，則返回步驟 2。

一旦規則 $\hat{f}_m$ 預測了 $Y = 1$ 的機率，那麼袋裝法估計就可以由下方公式所得出：

$$\hat{f} = \frac{1}{M}\left(\hat{f}_1(\mathbf{X}) + \hat{f}_2(\mathbf{X}) + \cdots + \hat{f}_M(\mathbf{X})\right)$$

隨機森林算法

隨機森林算法是將 bagging 應用於決策樹的基礎，並具有重要的擴展。該算法除了對紀錄進行採樣之外，還對變數進行抽樣[4]。在傳統決策樹中，確定如何創建分區 A 的子分區，該算法透過最小化雜質（例如吉尼不純度）之類的準則來選擇變數和分割點（請參見第 255 頁的「測量同質性或不純度」）。對於隨機森林，在算法的每個階段，變數的選擇都受限於變數的隨機子集。與基本的樹算法（請參閱第 253 頁「遞迴區分算法」）相比，隨機森林算法又增加了兩個步驟：前面有介紹到的 bagging（請參閱第 260 頁的「袋裝法與隨機森林」）以及每次分割時對變數的自助法抽樣：

1. 從紀錄中做一次自助法（帶放回的）抽樣，得到一個子樣本。

2. 針對第一次分割，無放回地隨機抽樣 p（$p < P$）個變數。

3. 針對每一組抽樣變數 $x_{j(1)}, x_{j(2)}, ..., x_{j(p)}$，應用下方的分割算法：

   a. 針對 $X_{j(k)}$ 的每個值 $s_{j(k)}$：

      i. 將分區 A 中滿足 $X_{j(k)} < s_{j(k)}$ 的紀錄分割為一個分區，其餘滿足 $X_{j(k)} \geq s_{j(k)}$ 的紀錄作為另一個分區。

      ii. 測量 A 的每個子分區中類別的同質性。

   b. 選擇能生成分區內最大類別同質性的 $s_{j(k)}$。

4. 選擇生成分區內最大類別同質性的變數 $X_{j(k)}$ 和分割值 $s_{j(k)}$。

5. 從步驟 2 開始重複，繼續進行下一次分割。

6. 依循同一個過程，繼續分割，直到得到一棵完全長成樹。

7. 回到步驟 1，再次進行一次自助法抽樣，得到子樣本，並且重複上述步驟。

那麼每個步驟需要抽樣多少個變數呢？一條經驗法則是選取 $\sqrt{P}$，其中 P 是預測變數的數量。R 語言中，randomForest 套件提供了一種隨機森林的實現方法。下方程式碼將此套件應用於貸款資料（有關資料的描述，請參閱第 238 頁的「K 近鄰算法」）：

---

4 隨機森林一詞是 Leo Breiman 和 Adele Cutler 的註冊商標，並授權給 Salford Systems 公司。「隨機森林」一詞並不存在標準的非註冊商標名稱，它幾乎等同於該算法，正如 Kleenex（舒潔）一詞幾乎等同於面紙一樣。

```
rf <- randomForest(outcome ~ borrower_score + payment_inc_ratio,
                   data=loan3000)
rf

Call:
 randomForest(formula = outcome ~ borrower_score + payment_inc_ratio,
    data = loan3000)
             Type of random forest: classification
                   Number of trees: 500
No. of variables tried at each split: 1

      OOB estimate of error rate: 39.17%
Confusion matrix:
         default  paid off  class.error
default      873       572   0.39584775
paid off     603       952   0.38778135
```

在 *Python* 中,我們可以使用 sklearn.ensemble.RandomForestClassifier:

```
predictors = ['borrower_score', 'payment_inc_ratio']
outcome = 'outcome'

X = loan3000[predictors]
y = loan3000[outcome]

rf = RandomForestClassifier(n_estimators=500, random_state=1, oob_score=True)
rf.fit(X, y)
```

在預設的情況下,套件將訓練 500 個樹模型。有鑑於在本例的預測集中只有兩個變數,算法將在每一步驟隨機選取要進行分割的變數,即自助法抽樣所得到的子樣本規模為 1。

袋外(out-of-bag, OOB)誤差估計是指將訓練所得到的模型用於訓練集中未使用的資料時,所得到的錯誤率。使用模型的輸出,可以繪製出 OOB 誤差與 *R* 語言的隨機森林中樹模型的數量:

```
error_df = data.frame(error_rate=rf$err.rate[,'OOB'],
                      num_trees=1:rf$ntree)
ggplot(error_df, aes(x=num_trees, y=error_rate)) +
  geom_line()
```

RandomForestClassifier 實現中沒有簡單的方法可以獲得隨機森林中樹的數量之函數的 OOB。我們可以以越來越多的樹來訓練分類器的序列,並追蹤 oob_score_ 的值,但此方法效率不高:

```
n_estimator = list(range(20, 510, 5))
oobScores = []
for n in n_estimator:
    rf = RandomForestClassifier(n_estimators=n, criterion='entropy',
                                max_depth=5, random_state=1, oob_score=True)
    rf.fit(X, y)
    oobScores.append(rf.oob_score_)
df = pd.DataFrame({ 'n': n_estimator, 'oobScore': oobScores })
df.plot(x='n', y='oobScore')
```

結果如圖 6-6 所示。錯誤率從 0.44 以上迅速降低，然後穩定在 0.385 附近。可以從 predict 函式獲得預測值，並在 *R* 語言中繪製如下：

```
pred <- predict(rf, prob=TRUE)
rf_df <- cbind(loan3000, pred = pred)
ggplot(data=rf_df, aes(x=borrower_score, y=payment_inc_ratio,
                       shape=pred, color=pred, size=pred)) +
    geom_point(alpha=.8) +
    scale_color_manual(values = c('paid off'='#b8e186', 'default'='#d95f02')) +
    scale_shape_manual(values = c('paid off'=0, 'default'=1)) +
    scale_size_manual(values = c('paid off'=0.5, 'default'=2))
```

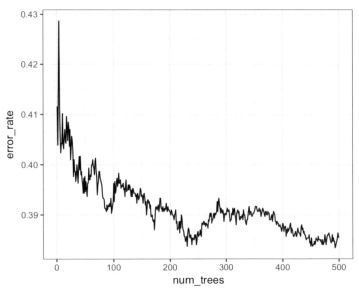

圖 6-6　隨著添加更多的樹模型，隨機森林的準確度得到了提升。

在 *Python* 中，我們可以從下方程式碼得到相似的圖形：

```
predictions = X.copy()
predictions['prediction'] = rf.predict(X)
predictions.head()

fig, ax = plt.subplots(figsize=(4, 4))

predictions.loc[predictions.prediction=='paid off'].plot(
    x='borrower_score', y='payment_inc_ratio', style='.',
    markerfacecolor='none', markeredgecolor='C1', ax=ax)
predictions.loc[predictions.prediction=='default'].plot(
    x='borrower_score', y='payment_inc_ratio', style='o',
    markerfacecolor='none', markeredgecolor='C0', ax=ax)
ax.legend(['paid off', 'default']);
ax.set_xlim(0, 1)
ax.set_ylim(0, 25)
ax.set_xlabel('borrower_score')
ax.set_ylabel('payment_inc_ratio')
```

圖 6-7 很好地展示了隨機森林的本質。

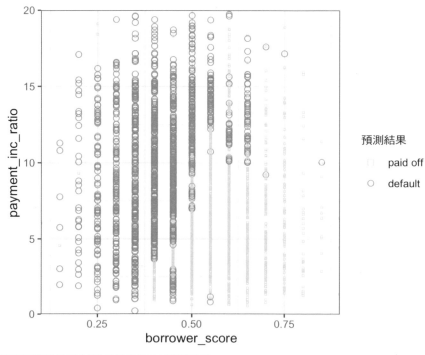

圖 6-7　應用於貸款違約資料的隨機森林預測結果

隨機森林算法是個「黑箱」方法。與單個簡單樹模型相比，隨機森林可以做出更準確的預測，但同時也失去了單個樹模型的直觀決策規則。隨機森林預測也存在一些雜訊。我們可以發現到，有一些得分很高的借款人（表明其信譽度很高）最終仍會違約，這是資料中一些異常紀錄的結果，並顯示了隨機森林過度配適的危險（請參見第 247 頁的「偏誤與變異數的權衡」）。

變數的重要性

在為具有許多特徵和紀錄的資料建立預測模型時，隨機森林算法的功能就會顯示出來，它具有能自動確定哪些預測變數重要，並發現與交互作用項相對應的預測變數之間複雜關係的能力（請參見第 174 頁的「交互作用與主效果」）。例如，在 R 語言中，下方程式碼在配適模型時，使用了貸款違約資料的全部欄位：

```
rf_all <- randomForest(outcome ~ ., data=loan_data, importance=TRUE)
rf_all
Call:
 randomForest(formula = outcome ~ ., data = loan_data, importance = TRUE)
                Type of random forest: classification
                      Number of trees: 500
No. of variables tried at each split: 4

        OOB estimate of  error rate: 33.79%

Confusion matrix:
         paid off default class.error
paid off    14676    7995   0.3526532
default      7325   15346   0.3231000
```

在 *Python* 中：

```
predictors = ['loan_amnt', 'term', 'annual_inc', 'dti', 'payment_inc_ratio',
              'revol_bal', 'revol_util', 'purpose', 'delinq_2yrs_zero',
              'pub_rec_zero', 'open_acc', 'grade', 'emp_length', 'purpose_',
              'home_', 'emp_len_', 'borrower_score']
outcome = 'outcome'

X = pd.get_dummies(loan_data[predictors], drop_first=True)
y = loan_data[outcome]

rf_all = RandomForestClassifier(n_estimators=500, random_state=1)
rf_all.fit(X, y)
```

引數 importance=TRUE 設置 randomForest 函式儲存了關於各個變數重要性的額外訊息。函數 varImpPlot 繪製了變數的相對性能（相對於排列置換該變數）：

```
varImpPlot(rf_all, type=1) ❶
varImpPlot(rf_all, type=2) ❷
```

❶ 準確度平均值降低。

❷ 節點不純度平均降低。

在 *Python* 中，RandomForestClassifier 會在訓練過程中收集有關特徵重要性的訊息，並將其與 feature_importances_ 字段一起使用：

```
importances = rf_all.feature_importances_
```

「吉尼不純度降低」（Gini decrease）可從所配適之分類器的 feature_importance_ 屬性獲得，但是，準確度降低對於 *Python* 來說不是可以直接使用的。我們可以使用以下程式碼來計算它（scores）：

```
rf = RandomForestClassifier(n_estimators=500)
scores = defaultdict(list)

# 對資料中許多不同的隨機分割之分數進行交叉驗證
for _ in range(3):
    train_X, valid_X, train_y, valid_y = train_test_split(X, y, test_size=0.3)
    rf.fit(train_X, train_y)
    acc = metrics.accuracy_score(valid_y, rf.predict(valid_X))
    for column in X.columns:
        X_t = valid_X.copy()
        X_t[column] = np.random.permutation(X_t[column].values)
        shuff_acc = metrics.accuracy_score(valid_y, rf.predict(X_t))
        scores[column].append((acc-shuff_acc)/acc)
```

結果如圖 6-8 所示。下方程式碼可以在 *Python* 中生成相似圖形：

```
df = pd.DataFrame({
    'feature': X.columns,
    'Accuracy decrease': [np.mean(scores[column]) for column in X.columns],
    'Gini decrease': rf_all.feature_importances_,
})
df = df.sort_values('Accuracy decrease')

fig, axes = plt.subplots(ncols=2, figsize=(8, 4.5))
ax = df.plot(kind='barh', x='feature', y='Accuracy decrease',
             legend=False, ax=axes[0])
ax.set_ylabel('')
```

```
ax = df.plot(kind='barh', x='feature', y='Gini decrease',
            legend=False, ax=axes[1])
ax.set_ylabel('')
ax.get_yaxis().set_visible(False)
```

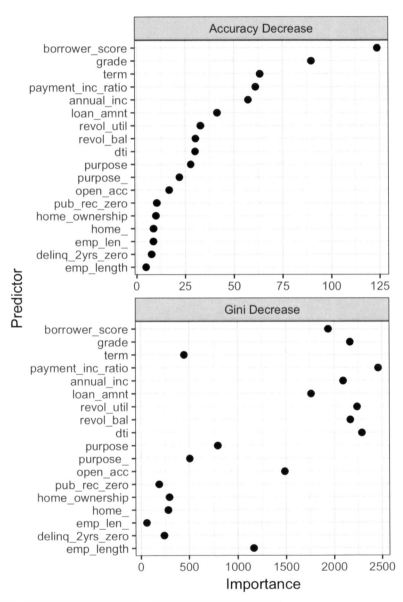

圖 6-8　使用完整貸款資料配適的模型，以及模型中變數的重要性。

有兩種方法可以用來測量變數重要性：

- 引數 type=1：如果變數的值是被隨機置換的，則可以透過降低模型的準確度來測量變數重要性。隨機置換這些變數值會消除該變數的所有預測能力。準確度是根據袋外資料計算得出的（因此該度量實際上是交叉驗證的估計值）。

- 引數 type=2：如果所有節點是由使用某變數進行分割的，則可以透過吉尼不純度分數之平均值測量變數的重要性（請參見第 255 頁的「測量同質性或不純度」）。這種方法可以測量變數對於提升節點純度的貢獻度。它基於訓練集，因此其可靠性要低於由袋外資料計算的度量。

圖 6-8 的上方和下方面板分別顯示了根據準確度降低和吉尼不純度降低這兩種方法的變數重要性。兩個面板中的變數均依照準確度的降低進行排名。這兩種方法所產生的變數重要性得分差異很大。

由於準確度降低是一個更可靠的指標，為什麼我們要使用吉尼不純度降低這種測量呢？預設情況下，randomForest 僅計算該吉尼不純度：吉尼不純度是算法的副產品，但是計算變數的模型準確度則需要額外進行一些計算，包括隨機置換並預測資料。在計算複雜度很重要的情況下，例如在需要配適上千萬個模型的正式環境中，我們不應該額外增加計算量。此外，吉尼不純度的降低還說明了隨機森林在生成分割中使用了哪些變數來制定其分裂規則（回想一下，在簡單樹中容易看到的訊息，實際上在隨機森林中會丟失）。

超參數

與許多統計機器學習算法一樣，可以將隨機森林視為帶有旋鈕的黑箱算法，以調整箱子的工作方式。這些旋鈕稱為**超參數**，是在配適模型之前需要設置的參數，在模型訓練過程中並未對其進行優化。儘管傳統的統計模型需要選擇（例如，選擇要在迴歸模型中使用的預測變數），但隨機森林的超參數更為關鍵，尤其是避免過度配適。隨機森林的兩個最重要的超參數是：

nodesize/min_samples_leaf

末端節點（即樹的葉子）的最小規模。在 *R* 語言中，分類的預設值為 1，在迴歸中的預設值為 5。在 *Python* 中的 scikit-learn 的實現對這兩者都使用預設值 1。

`maxnodes/max_leaf_nodes`

> 每個決策樹中的最大節點數。預設情況下，沒有限制而所須配適的最大樹將受 `nodesize` 的約束。請注意，在 *Python* 中，我們指定了最大末端節點數。這兩個參數是相關的：

$$maxnodes = 2max\_leaf\_nodes - 1$$

我們可能會很想忽略這些參數，而只使用預設值；然而，使用預設值可能將隨機森林應用於噪雜資料，而導致過度配適。當增加 `nodesize/min_samples_leaf` 或設置 `maxnodes/max_leaf_nodes` 時，該算法將適合較小的樹，並且不太可能創建虛假的預測規則。交叉驗證（請參閱第 154 頁）可用於測試設置不同超參數值的效果。

本節重點

- 透過組合多個模型的結果，集成模型提高了模型的準確度。

- bagging 是一類特殊的集成模型，它使用資料的自助法抽樣配適多個模型，並對模型取平均值。

- 隨機森林是一種應用於決策樹的特殊 bagging 方法。除了對資料重抽樣之外，隨機森林算法還在分割樹時對預測變數進行抽樣。

- 對變數重要性的度量是隨機森林的一種有用輸出：是變數重要性依據變數對模型準確度的貢獻度，來對變數排序。

- 隨機森林具有一組超參數，可以使用交叉驗證來調整超參數，以避免產生過度配適。

Boosting 提升法

集成模型已成為預測建模的標準工具。提升法（*boosting*）是創建模型集合的一種通用技術，它與 *bagging* 幾乎是同時被提出的（請參見第 260 頁的「袋裝法與隨機森林」）。與 bagging 相同，boosting 最常被應用於決策樹。儘管它們有相似之處，但 boosting 卻採取了截然不同的方法，實現方式也更為複雜。因此，bagging 可以在略微調整的情況下使用，但 boosting 則需要在應用上更為謹慎。如果我們用汽車來比喻這兩種方法，則可以將 bagging 視為 Honda Accord（可靠且穩定），而將 boosting 視為 Porsche（功能強大但需要更謹慎注意）。

在線性迴歸模型中，經常需要檢查殘差的情況，以查看是否可以改善配適（請參見第185頁的「部分殘差圖和非線性」）。boosting 使這一概念更進一步，並對一系列模型進行配適，其中每個連續的模型都試圖使之前模型的誤差最小化。boosting 有幾種常見的變體：*Adaboost*、梯度提升（*gradient boosting*）和隨機梯度提升（*stochastic gradient boosting*）。其中，隨機梯度提升是最通用且使用最廣泛的。實際上，如果透過選擇正確的參數，該算法可以與隨機森林相比擬。

重要術語

集成（*Ensemble*）
使用一組模型做出預測。

同義詞
模型平均（model averaging）

提升法（*Boosting*）
在配適一組模型時所使用的一種通用方式。boosting 在每一輪連續的配適中，會對具有更大殘差的紀錄賦予更大的權重。

***Adaboost* 算法**
boosting 算法的一種早期實現，它根據殘差的情況對資料重新加權。

梯度提升（*Gradient boosting*）
一種更通用的 boosting 算法，它將問題轉化為代價函數（cost function）最小化的問題。

隨機梯度提升（*Stochastic gradient boosting*）
最常用的 boosting 算法，它在每一輪配適中加入了對紀錄和資料欄位的重抽樣。

正則化（*Regularization*）
透過在代價函數中對模型參數的數量添加懲罰項，避免產生過度配適。

超參數（*Hyperparameters*）
在配適算法之前就需要設定的參數。

Boosting 算法

各種 boosting 算法背後的基本概念其實都大同小異，其中，Adaboost 算法是最容易理解的，步驟如下：

1. 初始化要配適的最大模型數量 M，並設置迭代計數器 $m = 1$。初始化觀察值的權重 $w_i = 1/N$（$i = 1, 2, ..., N$）。初始化集成模型 $\hat{F}_0 = 0$。

2. 使用 $\hat{f}_m$ 訓練模型，其中 $\hat{f}_m$ 使用能讓加權誤差 e_m 最小化的觀測權重 $w_1, w_2, ..., w_N$。加權誤差 e_m 定義為被錯誤分類觀察值之權重總和。

3. 將模型加入到集成中：$\hat{F}_m = \hat{F}_{m-1} + \alpha_m \hat{f}_m$，其中 $\alpha_m = \frac{\log 1 - e_m}{e_m}$。

4. 更新權重 $w_1, w_2, ..., w_N$，使錯誤分類觀察值的權重增加。權重增加的規模取決於 α_m。α_m 值越大，權重增加得越大。

5. 增加模型計數器，$m = m + 1$。如果 $m \leq M$，則回到步驟 2。

boosting 算法的估計值可以由下方公式得到：

$$\hat{F} = \alpha_1 \hat{f}_1 + \alpha_2 \hat{f}_2 + \cdots + \alpha_M \hat{f}_M$$

boosting 算法透過增加錯誤分類的觀察值之權重，強制模型針對表現不佳的資料進行更嚴格的訓練。因子 α_m 確保了誤差較低的模型具有更大的權重。

梯度提升與 Adaboost 相似，只是它將問題歸結為代價函數的優化。梯度提升並不是調整權重，而是依據偽殘差去配適模型，這將會讓更大的殘差進行更多的訓練。梯度提升依循著隨機森林的概念，透過在每一個階段對觀察值和預測變數進行抽樣，因此在算法中增加了隨機性。

XGBoost 模型套件

XGBoost 是最廣泛被使用於 boosting 的公開套件，它是由華盛頓大學的 Tianqi Chen 和 Carlos Guestrin 所開發的，為一種隨機梯度提升的實現方法，具有多種選擇和高計算效率，在大多數主要資料科學軟體語言中有套件可使用。在 R 語言中，XGBoost 可作為套件 xgboost（*https://xgboost.readthedocs.io*）使用，在 *Python* 中也是相同的名稱。

xgboost 方法提供了多個可調整並且應該調整的參數（請參見第 280 頁的「超參數與交叉驗證」）。其中有兩個非常重要的參數是 subsample 以及 eta，subsample 控制每次迭代中應抽樣的部份觀察值；eta 則設置了 boosting 算法中 α_m 的收縮因子（請參見第 272 頁的「Boosting 算法」）。設置 subsample 引數可以使 boosting 算法接近於隨機森林算法，只是在完成抽樣後不用將樣本放回。收縮因子 eta 則可以透過減少權重的變化來防止過度配適（權重變化較小，代表算法不太可能過度配適訓練資料）。下方 R 語言程式碼中，僅對兩個預測變數的貸款資料應用 xgboost：

```
predictors <- data.matrix(loan3000[, c('borrower_score', 'payment_inc_ratio')])
label <- as.numeric(loan3000[,'outcome']) - 1
xgb <- xgboost(data=predictors, label=label, objective="binary:logistic",
               params=list(subsample=0.63, eta=0.1), nrounds=100)
[1]     train-error:0.358333
[2]     train-error:0.346333
[3]     train-error:0.347333
...
[99]    train-error:0.239333
[100]   train-error:0.241000
```

需要注意，xgboost 不支援公式語法，因此需要將預測變數轉換為 R 語言中的 data.matrix，而反應變數則須轉換為 0/1 的二元變數。引數 objective 指定了 xgboost 函式所處理的問題類型；xgboost 將依據該引數來選取優化指標。

在 *Python* 中，xgboost 有兩個不同的介面：一個 scikit-learn 的 API 及一個和在 R 語言中相似且功能更強的介面。為了與其他 scikit-learn 方法一致，有一些參數會被重命名。例如，eta 將被重命名為 learning_rate；雖然使用 eta 不會失敗，但是不會達到預期的效果：

```
predictors = ['borrower_score', 'payment_inc_ratio']
outcome = 'outcome'

X = loan3000[predictors]
y = loan3000[outcome]

xgb = XGBClassifier(objective='binary:logistic', subsample=0.63)
xgb.fit(X, y)
--
XGBClassifier(base_score=0.5, booster='gbtree', colsample_bylevel=1,
       colsample_bynode=1, colsample_bytree=1, gamma=0, learning_rate=0.1,
       max_delta_step=0, max_depth=3, min_child_weight=1, missing=None,
       n_estimators=100, n_jobs=1, nthread=None, objective='binary:logistic',
       random_state=0, reg_alpha=0, reg_lambda=1, scale_pos_weight=1, seed=None,
       silent=None, subsample=0.63, verbosity=1)
```

在 *R* 語言中算法的預測值可以使用 predict 函式來得到。由於在本例中只使用了兩個變數，因此只繪製預測變數以及預測值：

```
pred <- predict(xgb, newdata=predictors)
xgb_df <- cbind(loan3000, pred_default = pred > 0.5, prob_default = pred)
ggplot(data=xgb_df, aes(x=borrower_score, y=payment_inc_ratio,
                  color=pred_default, shape=pred_default, size=pred_default)) +
        geom_point(alpha=.8) +
        scale_color_manual(values = c('FALSE'='#b8e186', 'TRUE'='#d95f02')) +
        scale_shape_manual(values = c('FALSE'=0, 'TRUE'=1)) +
        scale_size_manual(values = c('FALSE'=0.5, 'TRUE'=2))
```

在 *Python* 中，相同的圖形可以透過下方程式碼來生成：

```
fig, ax = plt.subplots(figsize=(6, 4))

xgb_df.loc[xgb_df.prediction=='paid off'].plot(
    x='borrower_score', y='payment_inc_ratio', style='.',
    markerfacecolor='none', markeredgecolor='C1', ax=ax)
xgb_df.loc[xgb_df.prediction=='default'].plot(
    x='borrower_score', y='payment_inc_ratio', style='o',
    markerfacecolor='none', markeredgecolor='C0', ax=ax)
ax.legend(['paid off', 'default']);
ax.set_xlim(0, 1)
ax.set_ylim(0, 25)
ax.set_xlabel('borrower_score')
ax.set_ylabel('payment_inc_ratio')
```

結果如圖 6-9 所示。從定性的角度來看，算法的輸出類似於圖 6-7 中隨機森林算法所得出的預測。在預測中存在一些雜訊，因為有些借貸信用評分很高的借款者仍然被預測為違約貸款。

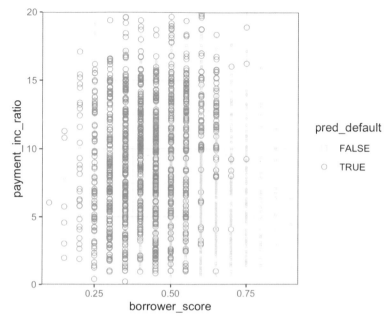

圖 6-9　將 XGBoost 應用於貸款違約資料所得到的預測結果

正則化：避免過度配適

盲目的應用 xgboost 可能會過度配適訓練資料，而導致模型不穩定。此外，過度配適的問題是雙方面的：

- 對於不在訓練集中的新資料，模型的準確度將會降低。

- 模型的預測變化很大，這會導致結果不穩定。

任何建模技術都有可能過度配適。例如，如果迴歸方程式中包含太多變數，則模型最終可能會出現虛假預測。然而，對於大多數統計技術而言，可以透過審慎地選擇預測變數來避免過度配適。即使是隨機森林算法，通常也可以在不調整參數的情況下產生合理的模型。

然而，xgboost 並非如此。在 R 語言中，下方程式碼在訓練資料上將 xgboost 配適貸款資料，模型中考慮了全部的變數：

```
seed <- 400820
predictors <- data.matrix(loan_data[, -which(names(loan_data) %in%
                                        'outcome')])
label <- as.numeric(loan_data$outcome) - 1
test_idx <- sample(nrow(loan_data), 10000)

xgb_default <- xgboost(data=predictors[-test_idx,], label=label[-test_idx],
                       objective='binary:logistic', nrounds=250, verbose=0)
pred_default <- predict(xgb_default, predictors[test_idx,])
error_default <- abs(label[test_idx] - pred_default) > 0.5
xgb_default$evaluation_log[250,]
mean(error_default)

iter train_error
1:  250    0.133043

[1] 0.3529
```

在 $Python$ 中，可以使用 train_test_split 函式將資料集分為訓練集和測試集：

```
predictors = ['loan_amnt', 'term', 'annual_inc', 'dti', 'payment_inc_ratio',
              'revol_bal', 'revol_util', 'purpose', 'delinq_2yrs_zero',
              'pub_rec_zero', 'open_acc', 'grade', 'emp_length', 'purpose_',
              'home_', 'emp_len_', 'borrower_score']
outcome = 'outcome'

X = pd.get_dummies(loan_data[predictors], drop_first=True)
y = pd.Series([1 if o == 'default' else 0 for o in loan_data[outcome]])

train_X, valid_X, train_y, valid_y = train_test_split(X, y, test_size=10000)

xgb_default = XGBClassifier(objective='binary:logistic', n_estimators=250,
                            max_depth=6, reg_lambda=0, learning_rate=0.3,
                            subsample=1)
xgb_default.fit(train_X, train_y)

pred_default = xgb_default.predict_proba(valid_X)[:, 1]
error_default = abs(valid_y - pred_default) > 0.5
print('default: ', np.mean(error_default))
```

測試集是從全部資料中隨機抽取的 10,000 條紀錄所組成，而訓練集則包含其餘的紀錄。
boosting 算法導致訓練集的錯誤率僅為 13.3%；然而，測試集的錯誤率高達 35.3%。這
就是過度配適的結果：雖然 boosting 可以很好地解釋訓練集中的變異性，但其生成的預
測規則並不適用於新資料。

boosting 提供了幾個參數來避免過度配適，包括參數 eta（或 learning_rate）和 subsample
（請參見第 272 頁的「XGBoost 模型套件」）。還有另一種方法是正則化，它是一種透
過修改代價函數以懲罰模型複雜性的技術。在決策樹的配適中，使用最小化吉尼不純度
分數（請參見第 255 頁的「測量同質性或不純度」）等代價準則。在 xgboost 中，可以透
過添加測量模型複雜性的項來修改代價函數。

在 xgboost 中有兩個參數可以對模型進行正則化：alpha 和 lambda，分別對應到曼哈頓距
離（L1- 正則化）和歐幾里德距離的平方（L2- 正則化）（請參閱第 242 頁的「距離指
標」）。增加這些參數將懲罰更複雜的模型，並縮減樹的大小。舉例說明，在 R 語言中，
下方程式碼將 lambda 設置為 1,000：

```
xgb_penalty <- xgboost(data=predictors[-test_idx,], label=label[-test_idx],
                       params=list(eta=.1, subsample=.63, lambda=1000),
                       objective='binary:logistic', nrounds=250, verbose=0)
pred_penalty <- predict(xgb_penalty, predictors[test_idx,])
error_penalty <- abs(label[test_idx] - pred_penalty) > 0.5
xgb_penalty$evaluation_log[250,]
mean(error_penalty)
-
iter train_error
1:  250    0.30966

[1] 0.3286
```

在 scikit-learn API 中，這兩個參數被稱為 reg_alpha 和 reg_lambda：

```
xgb_penalty = XGBClassifier(objective='binary:logistic', n_estimators=250,
                            max_depth=6, reg_lambda=1000, learning_rate=0.1,
                            subsample=0.63)
xgb_penalty.fit(train_X, train_y)
pred_penalty = xgb_penalty.predict_proba(valid_X)[:, 1]
error_penalty = abs(valid_y - pred_penalty) > 0.5
print('penalty: ', np.mean(error_penalty))
```

現在，我們得到的訓練誤差僅略低於測試集上的誤差。

在 *R* 語言中的 predict 方法，提供了一個便利的引數 ntreelimit，該引數強制只在預測中使用前 *i* 個樹，這讓我們在加入更多模型時，可以直接比較樣本內和樣本外的錯誤率：

```
error_default <- rep(0, 250)
error_penalty <- rep(0, 250)
for(i in 1:250){
  pred_def <- predict(xgb_default, predictors[test_idx,], ntreelimit=i)
  error_default[i] <- mean(abs(label[test_idx] - pred_def) >= 0.5)
  pred_pen <- predict(xgb_penalty, predictors[test_idx,], ntreelimit=i)
  error_penalty[i] <- mean(abs(label[test_idx] - pred_pen) >= 0.5)
}
```

在 *Python* 中，我們可以使用 predict_proba 方法和 ntree_limit 引數：

```
results = []
for i in range(1, 250):
    train_default = xgb_default.predict_proba(train_X, ntree_limit=i)[:, 1]
    train_penalty = xgb_penalty.predict_proba(train_X, ntree_limit=i)[:, 1]
    pred_default = xgb_default.predict_proba(valid_X, ntree_limit=i)[:, 1]
    pred_penalty = xgb_penalty.predict_proba(valid_X, ntree_limit=i)[:, 1]
    results.append({
        'iterations': i,
        'default train': np.mean(abs(train_y - train_default) > 0.5),
        'penalty train': np.mean(abs(train_y - train_penalty) > 0.5),
        'default test': np.mean(abs(valid_y - pred_default) > 0.5),
        'penalty test': np.mean(abs(valid_y - pred_penalty) > 0.5),
    })

results = pd.DataFrame(results)
results.head()
```

在模型輸出的 xgb_default$evaluation_log 項中，返回了訓練集的誤差。透過將其與樣本外誤差相結合，我們可以繪製誤差與迭代次數的關係圖：

```
errors <- rbind(xgb_default$evaluation_log,
                xgb_penalty$evaluation_log,
                ata.frame(iter=1:250, train_error=error_default),
                data.frame(iter=1:250, train_error=error_penalty))
errors$type <- rep(c('default train', 'penalty train',
                    'default test', 'penalty test'), rep(250, 4))
ggplot(errors, aes(x=iter, y=train_error, group=type)) +
  geom_line(aes(linetype=type, color=type))
```

我們可以使用 pandas 圖表方法來繪製折線圖。從第一張圖返回的軸使我們可以將其他線重疊在同一圖形上。這是許多 *Python* 圖形套件都支持的模式：

```
ax = results.plot(x='iterations', y='default test')
results.plot(x='iterations', y='penalty test', ax=ax)
results.plot(x='iterations', y='default train', ax=ax)
results.plot(x='iterations', y='penalty train', ax=ax)
```

結果如圖 6-10 所示，顯示了預設模型如何穩定地提高訓練集的準確度，但實際上對測試集的準確度卻變差。有懲罰的模型並不會表現出這種行為。

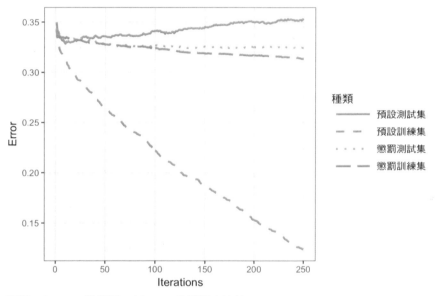

圖 6-10　預設 XGBoost 與懲罰 XGBoost 的錯誤率比較

脊迴歸以及 Lasso 迴歸

對模型的複雜性添加懲罰項，有助於避免產生過度配適。這個理念可以追溯到 1970 年代。最小平方迴歸會使殘差平方和（RSS）最小化，請參閱第 147 頁的「最小平方方法」。**脊迴歸**則最小化殘差平方和，並對係數的數量和大小添加懲罰項：

$$\sum_{i=1}^{n} \left(Y_i - \hat{b}_0 - \hat{b}_1 X_i - \cdots \hat{b} X_p \right)^2 + \lambda \left(\hat{b}_1^2 + \cdots + \hat{b}_p^2 \right)$$

λ 的值決定了係數被懲罰的程度。較大的值所產生的模型不太可能過度配適資料。*Lasso* 迴歸與此類似，只是其懲罰項所使用的是曼哈頓距離，而不是歐幾里德距離：

$$\sum_{i=1}^{n} \left(Y_i - \hat{b}_0 - \hat{b}_1 X_i - \cdots \hat{b} X_p\right)^2 + \alpha\left(\left|\hat{b}_1\right| + \cdots + \left|\hat{b}_p\right|\right)$$

使用歐幾里德距離又稱為 L2 正則化，而使用曼哈頓距離則作為 L1 正則化。xgboost 參數 lambda（reg_lambda）和 alpha（reg_alpha）的作用方式相似。

超參數與交叉驗證

xgboost 函式具有一組令人生畏的超參數，相關討論請參見第 282 頁的「XGBoost 超參數」。正如第 275 頁的「正則化：避免過度配適」內容所提到的，特定的參數選擇可以顯著改變模型的配適度。有鑑於超參數有大量的組合，我們應該如何選擇呢？使用**交叉驗證**是解決此問題的標準方法，請參閱第 154 頁的「交叉驗證」。交叉驗證將資料隨機分為 K 個不同的組，又稱為 K 折。對於每個折疊，交叉驗證使用非折內資料訓練模型，然後使用折內資料來評估模型，這樣就可以根據樣本外資料來得出模型準確度的度量。最佳的超參數集是由模型給出的，其總誤差最低，這是透過平均每個折的誤差所計算得出的。

為了說明這一技術，我們將其應用於 xgboost 函式的參數選擇。在本例中，我們探索兩個參數：收縮參數 eta（learning_rate，請參見第 272 頁的「XGBoost 模型套件」）和最大樹深度 max_depth。參數 max_depth 是葉子節點到樹根的最大深度，預設值為 6。這為我們提供了另一種控制過度配適的方法：層數越多的樹往往更複雜，並且可能過度配適資料。首先，我們設置折數和參數列表。*R* 語言的程式碼如下：

```
N <- nrow(loan_data)
fold_number <- sample(1:5, N, replace=TRUE)
params <- data.frame(eta = rep(c(.1, .5, .9), 3),
                     max_depth = rep(c(3, 6, 12), rep(3,3)))
```

然後我們應用前面介紹的算法，使用 5 折來計算每個模型以及每一折的誤差：

```
error <- matrix(0, nrow=9, ncol=5)
for(i in 1:nrow(params)){
  for(k in 1:5){
    fold_idx <- (1:N)[fold_number == k]
    xgb <- xgboost(data=predictors[-fold_idx,], label=label[-fold_idx],
                   params=list(eta=params[i, 'eta'],
                               max_depth=params[i, 'max_depth']),
                   objective='binary:logistic', nrounds=100, verbose=0)
    pred <- predict(xgb, predictors[fold_idx,])
    error[i, k] <- mean(abs(label[fold_idx] - pred) >= 0.5)
  }
}
```

在下列的 *Python* 程式碼中，我們創建超參數的所有可能組合，並使用每種組合配適和評估模型：

```
idx = np.random.choice(range(5), size=len(X), replace=True)
error = []
for eta, max_depth in product([0.1, 0.5, 0.9], [3, 6, 9]):  ❶
    xgb = XGBClassifier(objective='binary:logistic', n_estimators=250,
                        max_depth=max_depth, learning_rate=eta)
    cv_error = []
    for k in range(5):
        fold_idx = idx == k
        train_X = X.loc[~fold_idx]; train_y = y[~fold_idx]
        valid_X = X.loc[fold_idx]; valid_y = y[fold_idx]

        xgb.fit(train_X, train_y)
        pred = xgb.predict_proba(valid_X)[:, 1]
        cv_error.append(np.mean(abs(valid_y - pred) > 0.5))
    error.append({
        'eta': eta,
        'max_depth': max_depth,
        'avg_error': np.mean(cv_error)
    })
    print(error[-1])
errors = pd.DataFrame(error)
```

❶ 我們使用 *Python* 標準庫中的 `itertools.product` 函式來創建兩個超參數的所有可能組合。

由於我們總共需要配適 45 個模型，因此可能需要一段時間。誤差以矩陣的形式儲存，矩陣沿著列，折疊沿欄。我們可以使用 rowMeans 函式來比較不同參數集的錯誤率：

```
avg_error <- 100 * round(rowMeans(error), 4)
cbind(params, avg_error)
  eta max_depth avg_error
1 0.1         3     32.90
2 0.5         3     33.43
3 0.9         3     34.36
4 0.1         6     33.08
5 0.5         6     35.60
6 0.9         6     37.82
7 0.1        12     34.56
8 0.5        12     36.83
9 0.9        12     38.18
```

交叉驗證指出，使用較小的 eta/learning_rate 值並層數較少的樹模型，會得出更準確的結果。由於這樣的樹模型也更穩定，因此應該使用的最佳參數是 eta=0.1 和 max_depth=3（或者可能是 max_depth=6）。

XGBoost 超參數

xgboost 的超參數主要用於在過度配適與準確度、計算複雜度之間取得平衡。有關參數的完整討論，請參考 xgboost 文件（*https://oreil.ly/xC_OY*）。

eta/learning_rate

值位於 0 和 1 之間的收縮因子，即在 boosting 算法的 α。預設值為 0.3，但是對於雜訊的資料，建議使用較小的值（例如 0.1）。在 *Python* 中，預設值為 0.1。

nrounds/n_estimators

設置 boosting 算法的循環次數。如果將 eta 設置為較小的值，則增加循環次數非常重要，因為該算法的學習速度較慢。只要包含一些參數防止過度配適，那麼多做幾輪的循環也不會有影響。

---

max_depth

設置樹模型的最大深度（預設值為 6）。與隨機森林配適非常深的樹模型不同，boosting 算法通常會配適一個層數不多的樹模型。這樣做的好處是避免了模型中可能因雜訊資料而引起的虛假複雜交互。在 *Python* 中，預設值為 3。

subsample 和 colsample_bytree

subsample 指定了進行無放回抽樣的部份紀錄；colsample_bytree 則指定了在配適樹模型中要進行抽樣的部份預測變數。這些參數類似於隨機森林算法中的相對應參數，有助於避免過度配適。預設值為 1.0。

lambda/reg_lambda 和 alpha/reg_alpha

用於幫助控制過度配適的正則化參數（請參閱第 275 頁的「正則化：避免過度配適」）。在 *Python* 中的預設值為 reg_lambda=1 和 reg_alpha=0。在 *R* 語言中，兩個值的預設值皆為 0。

本節重點

- boosting 是一類基於對一組模型進行配適的集成模型，在連續的每一輪配適中，boosting 算法會為具有更大殘差的紀錄賦予更大的權重。

- 隨機梯度提升是最通用的 boosting 算法，且具有最佳性能。隨機梯度提升的最常見形式是使用樹模型。

- XGBoost 是一種被廣為使用的隨機梯度提升套件，計算效能高，而且在所有資料科學常用的語言中都有提供。

- boosting 容易過度配適資料，因此需要調整超參數以避免這種情況。

- 正則化是透過在模型的參數數量（例如樹的規模）中添加懲罰項來避免過度配適的一種方法。

- 由於需要設置大量的超參數，因此交叉驗證對於 boosting 尤其重要。

本章總結

本章介紹了兩種分類和預測方法，它們可以從資料中靈活地進行局部學習，而不是從配適整個資料集的結構化模型（例如線性迴歸）開始。K 近鄰算法是一個簡單的過程，它只查看相似的紀錄，並將其多數類（或平均值）分配給要預測的紀錄。樹模型探索預測變數的各種截止值（分割值），用於將資料迭代地分割為逐漸相近的分區和子分區。最有效的分割值會構成一條用於分類或預測的路徑，也就是「規則」。樹模型是一種非常強大且流行的預測工具，通常會得出優於其他方法的結果。此外，也催生了多種的集成方法，例如隨機森林、boosting、bagging 等等，這些方法都提高了樹模型的預測能力。

## 第七章

非監督式學習

非監督式學習（*unsupervised learning*）是指不需要使用已標記的資料（結果已知的資料）訓練模型，就可以從資料中提取含義的統計方法。在第 4 章至第 6 章中，我們的目標是建立一個模型（規則集），以根據一組預測變數來預測反應變數。非監督式學習也可以建構資料模型，但並不區分反應變數和預測變數。

非監督式學習可用於實現不同的目標。在某些情況下，它可以在沒有標記反應變數的情況下來創建預測規則。**分群法**（*clustering*）可用於識別有意義的資料組。例如，使用一個網站的網站點擊和使用者統計資料，我們可以對不同類型的使用者進行分組，進而可以根據各組使用者的特性來實現網站的個性化。

在其他情況下，非監督式學習的目標可能是將資料的**維度降低**至更易於管理的一組變數，進而將降維的變數集作為迴歸或分類等預測模型的輸入。例如，我們可能有成千上萬個感應器來監督工業過程，透過將資料簡化為較小的功能集，與包含數千個感應器的資料流相比，我們可以建立一個更強大並可解釋的模型，來預測一個流程是否會發生故障。

最後，非監督式學習可以看作是探索性資料分析（請參見第 1 章）的擴展，以解決我們所面臨到大量變數和紀錄的情況。其目的是深入了解一組資料以及不同變數間如何相互關聯。非監督技術可以使我們能夠篩選和分析這些變數，進而發現各變數之間的關係。

非監督式學習和預測

非監督式學習對於迴歸和分類問題都可以在預測中發揮重要作用。在一些情況下，我們希望在沒有任何標記資料的情況下進行預測類別。例如，我們可能想根據一組衛星感測資料來預測某個地區的植被類型。由於我們沒有反應變數來訓練模型，因此分群法為我們提供了一種用以識別常見模式並對地理區域進行分類的方法。

分群法是「冷啟動問題」的一個特別重要的工具。對於此類問題，例如發起新的行銷活動或識別潛在的新型詐欺或垃圾郵件，我們最初可能沒有任何反應變數來訓練模型。隨著時間的推移以及資料的收集，我們可以了解有關該系統的更多資訊並建立傳統的預測模型，但是分群法透過確定如何分割總體，幫助我們可以更快地開始學習過程。

非監督式學習也是迴歸和分類技術的重要基礎。在大數據的情況下，如果總體中的某一子集並不具有代表性，那麼訓練好的模型可能會在該子集上表現效果不佳。透過分群法可以識別並標記子集，然後可以將單獨的模型配適到不同的子群體中；或者，可以用其自身的特徵來表示子集，並強制整個模型明確地將所識別的子集視為預測因子。

主成分分析

變數通常會一起變化（共變），但實際上，不同變數的部分變化可能會重疊（例如，餐廳發票和小費）。主成分分析（**PCA**）是一種能發現數值型變數共變方式的技術[1]。

重要術語

主成分（*Principal component*）
預測變數的一種線性組合。

載重（*Loadings*）
將預測因子轉換為成分的過程中所使用的權重值。

同義詞
權重（weights）

---

1 本章各節的內容版權屬於本書作者 Peter Bruce、Andrew Bruce 和 Peter Gedeck, © 2020 Datastats, LLC。使用須經許可。

主成分分析的基本概念，是將多個數值型預測變數組合為一組較小的變數，這些變數是原始變數的加權線性組合，所形成的規模較小的一組變數被稱為**主成分**。主成分可以「解釋」整個變數集的大部分變異性，進而縮小了資料的維度。在構建主成分中所使用的權重，實現了原始變數對新的主成分之相對貢獻。

主成分分析最初由 Karl Pearson（*https://oreil.ly/o4EeC*）提出。在關於非監督式學習的第一篇論文中，Pearson 意識到在許多問題中預測變數存在著變異性，因此他提出了主成分分析作為對此變異性進行建模的技術。主成分分析可以看作是一種非監督式的線性區別分析。請參閱第 202 頁的「區別分析」。

簡單的範例

對於兩個變數 X_1 和 X_2，具有兩個主成分 Z_i（$i = 1$ 或 2）：

$$Z_i = w_{i,1}X_1 + w_{i,2}X_2$$

其中，權重 $w_{(i,1)}$ 以及 $w_{(i,2)}$ 被稱為成分**載重**，用於將原始變數轉換為主成分。第一主成分 Z_1 最好地解釋了總變異性的線性組合。第二主成分 Z_2 解釋了剩餘的變異性，它也是最差配適的線性組合。（如果有額外的成分，則每個成分將與其他成分互不相關。）

還有另外一種常用的主成分計算方法，該方法使用了預測變數與均值之間的偏離情況，而不是預測變數本身。

在 *R* 語言中，可以使用 princomp 函式來計算主成分。下方程式碼針對 Chevron 公司（CVX）和 ExxonMobil 公司（XOM）的股票收益進行了主成分分析：

```
oil_px <- sp500_px[, c('CVX', 'XOM')]
pca <- princomp(oil_px)
pca$loadings

Loadings:
    Comp.1 Comp.2
CVX -0.747  0.665
```

```
XOM -0.665 -0.747
```

```
            Comp.1 Comp.2
SS loadings     1.0    1.0
Proportion Var  0.5    0.5
Cumulative Var  0.5    1.0
```

在 *Python* 中，我們可以使用 scikit-learn 來實現 sklearn.decomposition.PCA：

```
pcs = PCA(n_components=2)
pcs.fit(oil_px)
loadings = pd.DataFrame(pcs.components_, columns=oil_px.columns)
loadings
```

對於 CVX 和 XOM 的股票收益資料，第一個主成分的 CVX 和 XOM 權重分別為 –0.747 和 –0.665，第二個主成分的權重分別為 0.665 和 –0.747。這個結果該如何解讀呢？第一個主要成分基本上是 CVX 和 XOM 的平均值，反映了兩家能源公司之間的相關性。第二個主成分則是衡量 CVX 和 XOM 的股價何時會出現偏離。

用資料繪製主成分是有啟發性的。下方程式碼可以使我們在 *R* 語言中創建視覺化圖形：

```
loadings <- pca$loadings
ggplot(data=oil_px, aes(x=CVX, y=XOM)) +
  geom_point(alpha=.3) +
  stat_ellipse(type='norm', level=.99) +
  geom_abline(intercept = 0, slope = loadings[2,1]/loadings[1,1]) +
  geom_abline(intercept = 0, slope = loadings[2,2]/loadings[1,2])
```

下方程式碼可以使我們在 *Python* 中創建視覺化圖形：

```
def abline(slope, intercept, ax):
    """Calculate coordinates of a line based on slope and intercept"""
    x_vals = np.array(ax.get_xlim())
    return (x_vals, intercept + slope * x_vals)

ax = oil_px.plot.scatter(x='XOM', y='CVX', alpha=0.3, figsize=(4, 4))
ax.set_xlim(-3, 3)
ax.set_ylim(-3, 3)
ax.plot(*abline(loadings.loc[0, 'CVX'] / loadings.loc[0, 'XOM'], 0, ax),
        '--', color='C1')
ax.plot(*abline(loadings.loc[1, 'CVX'] / loadings.loc[1, 'XOM'], 0, ax),
        '--', color='C1')
```

結果如圖 7-1 所示。

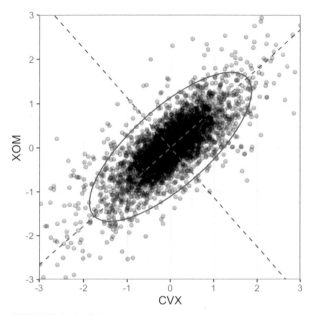

圖 7-1　CVX 和 XOM 股票收益的主成分

虛線表示兩個主成分量的方向：第一個主成分沿著橢圓的長軸，第二個主成分則沿著橢圓的短軸。我們可以看到，兩個股票收益率的大部分變異性由第一個主成分解釋。這是有道理的，因為能源股票價格傾向於整體波動。

我們可以從上例中看到，第一個主成分的權重均為負值，但是將所有權重的正負值反轉，並不會更改主成分。例如，對第一個主成分使用 0.747 和 0.665 的權重，效果等於使用 −0.747 和 −0.665 的權重。這從圖中也可以看出來，經過原點和（1,1）的無限延長直線，等同於經過原點和（−1, −1）的無限延長直線。

計算主成分

將主成分分析從兩個變數擴展到更多變數是非常簡單的。對於第一主成分，只需在線性組合中額外加入預測變數，並指定能優化所有預測變數共變集（在統計學中，這被稱為**共變異數**，請參閱第 202 頁的「共變異數矩陣」）的權重。主成分的計算使用了一種經

典的統計方法，它依賴於資料的相關矩陣或共變異數矩陣，並且其計算執行很快速，不需要進行迭代。如前所述，主成分分析僅適用於數值型變數，不適用於類別變數。完整的計算過程如下：

1. 在創建第一主成分時，主成分分析給出預測變數的線性組合，使得可解釋的總變異數比例最大化。

2. 然後，主成分分析將該線性組合作為第一個「新的」預測因子 Z_1。

3. 主成分分析使用具有不同權重的同一個變數，並重複上述過程，以創建第二個「新的」預測因子 Z_2。主成分分析對兩個預測因子加權，使 Z_1 和 Z_2 不相關。

4. 重複上述步驟，直到所得到的新變數（或成分）Z_i 的數量與原始變數 X_i 相同。

5. 選擇保留為解釋大部分變異數所需用的成分。

6. 目前所得到的結果是對應於每個成分的一組權重。最後一個步驟是透過對原始資料應用權重，將原始資料轉換為新的主成分分數。這些新的分數可用作一組規模縮減的預測變數。

解釋主成分

主成分的性質通常會揭示有關資料結構的資訊。有一些標準的視覺化圖形展示，這可幫助我們了解主成分： 一種是**陡坡圖**（*screeplot*），陡坡圖展示了各個主成分的相對重要性，其命名源於其類似於山形體的陡坡。（此處的 y 軸為特徵值）。在 R 語言中，可以使用下方程式碼來顯示 S&P 500 指數中一些頂級公司的陡坡圖：

```
syms <- c( 'AAPL', 'MSFT', 'CSCO', 'INTC', 'CVX', 'XOM',
    'SLB', 'COP', 'JPM', 'WFC', 'USB', 'AXP', 'WMT', 'TGT', 'HD', 'COST')
top_sp <- sp500_px[row.names(sp500_px)>='2005-01-01', syms]
sp_pca <- princomp(top_sp)
screeplot(sp_pca)
```

從 scikit-learn 結果創建載重圖（loading plot）的資訊，可在 explained_variance_ 獲得。在這裡，我們將其轉換為 pandas 資料框，並使用它繪製長條圖：

```
syms = sorted(['AAPL', 'MSFT', 'CSCO', 'INTC', 'CVX', 'XOM', 'SLB', 'COP',
               'JPM', 'WFC', 'USB', 'AXP', 'WMT', 'TGT', 'HD', 'COST'])
top_sp = sp500_px.loc[sp500_px.index >= '2011-01-01', syms]

sp_pca = PCA()
```

```
sp_pca.fit(top_sp)

explained_variance = pd.DataFrame(sp_pca.explained_variance_)
ax = explained_variance.head(10).plot.bar(legend=False, figsize=(4, 4))
ax.set_xlabel('Component')
```

結果如圖 7-2 所示。從圖中可以看見，第一主成分的變異數相當大（大部分的情況都會
如此），但是其他幾個排名前面的主成分也是顯著的。

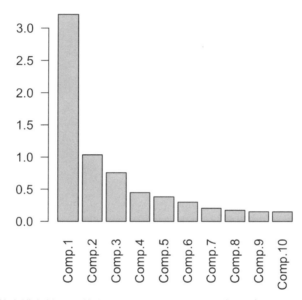

圖 7-2　S&P 500 指數中排名較前面的幾間公司股票的主成分分析陡坡圖

繪製最主要的主成分之權重可能特別有用。在 R 語言中執行此操作的一種方法，是與
ggplot 結合使用 tidyr 套件中的 gather 函式：

```
library(tidyr)
loadings <- sp_pca$loadings[,1:5]
loadings$Symbol <- row.names(loadings)
loadings <- gather(loadings, 'Component', 'Weight', -Symbol)
ggplot(loadings, aes(x=Symbol, y=Weight)) +
  geom_bar(stat='identity') +
  facet_grid(Component ~ ., scales='free_y')
```

下方程式碼可以在 Python 中創建相同的視覺化圖形：

```
loadings = pd.DataFrame(sp_pca.components_[0:5, :], columns=top_sp.columns)
maxPC = 1.01 * np.max(np.max(np.abs(loadings.loc[0:5, :])))
```

```
f, axes = plt.subplots(5, 1, figsize=(5, 5), sharex=True)
for i, ax in enumerate(axes):
    pc_loadings = loadings.loc[i, :]
    colors = ['C0' if l > 0 else 'C1' for l in pc_loadings]
    ax.axhline(color='#888888')
    pc_loadings.plot.bar(ax=ax, color=colors)
    ax.set_ylabel(f'PC{i+1}')
    ax.set_ylim(-maxPC, maxPC)
```

前 5 個主成分的載重如圖 7-3 所示。第一個主成分的載重具有相同的正負號：這是一種典型的資料，其中所有欄位共享一個公共因子（在本例中，是整個股市的趨勢）。第二主成分捕捉到能源股與其他股相比的價格變化。第三個主成分主要是 Apple 和 CostCo 走勢的對比。第四主成分將 Schlumberger （SLB）的走勢與其他能源股進行對比。最後，第五主成分主要由金融公司所主導。

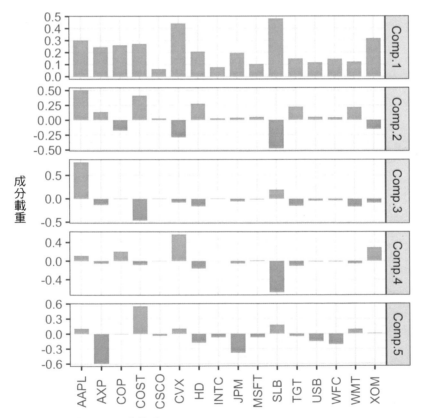

圖 7-3　股價收益的前 5 個主成分的載重

應該選取多少個成分？

如果我們的目標是降低資料的維度，則必須決定要選擇多少個主成分。最常見的方法是使用即席（ad hoc）規則來選擇解釋「大部分」變異數的成分。我們透過陡坡圖以視覺化的方式進行。例如，在圖 7-2 中，很自然地將分析限定於前五個成分；或者，我們可以選擇頂部成分，以使累積變異數超過門檻，例如 80%。另外，我們也可以檢查載重以確定成分是否具有直觀的解釋。交叉驗證提供了一種更為正式的方法來選擇重要成分的數量（有關更多資訊，請參見第 154 頁的「交叉驗證」）。

對應分析

主成分分析不能用於分類資料；但是，一種與之相關的技術稱為**對應分析**，目的是識別類別之間或類別特徵之間的關聯。對應分析和主成分分析之間的相似之處為二者皆主要用於降低維度的矩陣代數。與主成分分析使用方法不同，對應分析主要用於低維分類資料的圖形分析，而主成分分析則用於大數據預備步驟中。

輸入可以看作是一個表，其中列代表一個變數，而欄代表另一變數，單元格代表紀錄計數。輸出（在某些矩陣代數之後）是一個**雙圖**——有軸標的散佈圖（百分比表示該維度解釋了多少變異數）。軸上單位的含義沒有直觀地連接到原始資料，並且散佈圖的主要價值在於以圖形方式說明相互關聯的變數（透過在圖上的接近度）。例如，在圖 7-4 中，其中根據家務是共同完成還是單獨完成（垂直軸），以及妻子或丈夫是否負有主要責任（水平軸）來排列家務。對應分析已有幾十年的歷史了，我們可以透過任務分配來判斷對應分析的核心概念。

在 *R* 語言中有許多用於對應分析的套件。在這裡，我們將使用套件 ca：

```
ca_analysis <- ca(housetasks)
plot(ca_analysis)
```

在 *Python* 中，我們可以使用 prince 套件，該套件使用 scikit-learn API 來實現對應分析：

```
ca = prince.CA(n_components=2)
ca = ca.fit(housetasks)

ca.plot_coordinates(housetasks, figsize=(6, 6))
```

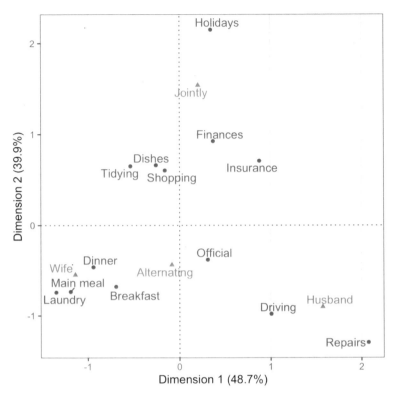

圖 7-4　房屋任務資料的對應分析圖形

本節重點

- 主成分是預測變數的線性組合，但僅限於數值型預測變數。

- 主成分計算的原則是使成分之間的相關性最小化，進而減少餘冗。

- 通常，有限數量的成分就可以解釋結果變數的大部分變異數。

- 這樣就可以使用一組有限的主成分代替（更多的）原始預測變數，進而降低維度。

- 對應分析是一種表面上相似技術，用於類別資料，但在大數據環境中沒有用。

延伸閱讀

有關在主成分中使用交叉驗證的詳細資訊，請參閱由 Rasmus Bro、K. Kjeldahl、A.K. Smilde 和 Henk A. L. Kiers 於 2008 年發表在《*Analytical and Bioanalytical Chemistry*》期刊上的論文「Cross-Validation of Component Models: A Critical Look at Current Methods」（*https://oreil.ly/yVryf*）。

K-Means 分群法

分群法是一種將資料劃分為不同組的技術，其中每個組中的紀錄都是相似的。分群的目標是識別重要且有意義的資料組，這些組可以直接使用並進行更深入的分析，也可以作為特徵或結果傳遞給預測迴歸或分類模型。*K-means* 是第一個被開發出的分群方法，由於其相對簡單的算法以及可擴展至大型資料集的能力，目前仍然得到廣泛使用。

重要術語

集群（*Cluster*）
　　一組相似的紀錄。

集群平均（*Cluster mean*）
　　表示集群內紀錄變數平均值的向量。

K
　　集群的個數。

在一個集群內每個紀錄到該集群平均之間距離的平方和，我們稱之為**集群內平方和**，或簡稱為**集群內 *SS***。*K-means* 透過最小化集群內平方和，將資料區分為 K 個群，但 *K-means* 並不能確保各個集群的規模大小相同，但是會找到相互分離效果最好的集群。

　　正規化（*normalization*）
　　通常，我們可以透過減去平均值並除以標準差來正規化（標準化）連續變數。否則，大尺度變數將會主導分群法過程（參見第 243 頁的「標準化（正規化，z 分數）」）。

簡單的範例

首先，我們考慮具有 n 條紀錄且只有兩個變數 x 和 y 的資料集。假設我們要將資料分成 $K = 4$ 個集群，這意味著每個紀錄（x_i, y_i）將會指定分配給一個集群 k。假定給集群 k 指定了 n_k 筆紀錄，集群的中心（$\bar{x}_k, \bar{y}_k$）是集群中各個紀錄的平均值：

$$\bar{x}_k = \frac{1}{n_k} \sum_{\substack{i \in \\ \text{Cluster } k}} x_i$$

$$\bar{y}_k = \frac{1}{n_k} \sum_{\substack{i \in \\ \text{Cluster } k}} y_i$$

集群平均（*Cluster Mean*）

在一般情況下，分群法的紀錄有多個變數，集群平均並不是指單個數字，而是表示變數平均的向量。

平方和可由下方公式得出：

$$SS_k = \sum_{i \in \text{Cluster } k} \left(x_i - \bar{x}_k\right)^2 + \left(y_i - \bar{y}_k\right)^2$$

K-means 將給出一種紀錄的分配方法，使得所有四個集群內平方和之和 $SS_1 + SS_2 + SS_3 + SS_4$ 最小化：

$$\sum_{k=1}^{4} SS_k$$

分群法的一種典型用法是在資料中定位自然且獨立的集群，另一種應用是將資料劃分為預定數量的獨立組，在此使用分群法以確保組之間的差異盡可能最大。

舉例來說，假設我們要將每日股票收益分成四組。*K*-means 分群法可用於將資料分為最佳的分組。請注意，每日庫存收益是以一種實際上標準化的方式呈現的，因此我們無需對資料進行正規化。在 R 語言中，可以使用 kmeans 函式來執行 *K*-means 分群法。例如，以下基於兩個變數 ExxonMobil（XOM）和 Chevron（CVX）的每日股票收益來找到四個集群：

```
df <- sp500_px[row.names(sp500_px)>='2011-01-01', c('XOM', 'CVX')]
km <- kmeans(df, centers=4)
```

在 *Python* 中，我們可以使用 scikit-learn 中的 sklearn.cluster.KMeans 方法：

```
df = sp500_px.loc[sp500_px.index >= '2011-01-01', ['XOM', 'CVX']]
kmeans = KMeans(n_clusters=4).fit(df)
```

在 *R* 語言程式碼輸出結果中，每個紀錄的集群分配情況會在 cluster 項中：

```
> df$cluster <- factor(km$cluster)
> head(df)
                   XOM        CVX cluster
2011-01-03 0.73680496  0.2406809       2
2011-01-04 0.16866845 -0.5845157       1
2011-01-05 0.02663055  0.4469854       2
2011-01-06 0.24855834 -0.9197513       1
2011-01-07 0.33732892  0.1805111       2
2011-01-10 0.00000000 -0.4641675       1
```

在 *Python* 的 scikit-learn 中，集群的標籤會在 labels_ 中：

```
df['cluster'] = kmeans.labels_
df.head()
```

從結果中可以看到，前 6 條紀錄被指定給了群 1 或群 2。此外，程式碼還返回了集群平均：

```
> centers <- data.frame(cluster=factor(1:4), km$centers)
> centers
  cluster        XOM        CVX
1       1 -0.3284864 -0.5669135
2       2  0.2410159  0.3342130
3       3 -1.1439800 -1.7502975
4       4  0.9568628  1.3708892
```

在 *Python* 的 scikit-learn 中，集群的中心可以在 cluster_centers_ 中找到：

```
centers = pd.DataFrame(kmeans.cluster_centers_, columns=['XOM', 'CVX'])
centers
```

群 1 和群 3 代表股市「走低」，而群 2 和群 4 代表股市「上漲」。

由於 *K-means* 算法使用隨機起點，因此結果在後續的運行和該方法的不同實現之間可能有所不同。在一般情況下，我們應該檢查波動幅度是否太大。

在本例中，只有兩個變數，所以可以直觀地查看各個集群及其含意：

```
ggplot(data=df, aes(x=XOM, y=CVX, color=cluster, shape=cluster)) +
  geom_point(alpha=.3) +
  geom_point(data=centers,  aes(x=XOM, y=CVX), size=3, stroke=2)
```

Python 的 seaborn scatterplot 函式可以讓我們輕鬆地透過屬性調整點的顏色（hue）和樣式（style）：

```
fig, ax = plt.subplots(figsize=(4, 4))
ax = sns.scatterplot(x='XOM', y='CVX', hue='cluster', style='cluster',
                     ax=ax, data=df)
ax.set_xlim(-3, 3)
ax.set_ylim(-3, 3)
centers.plot.scatter(x='XOM', y='CVX', ax=ax, s=50, color='black')
```

結果如圖 7-5 所示，該圖顯示了集群分配和集群平均值。請注意，即使那些集群沒有很好地分離，*K*-means 也會將紀錄分配給它們（如果我們需要將紀錄最佳地分為幾個組，這個方法會很實用）。

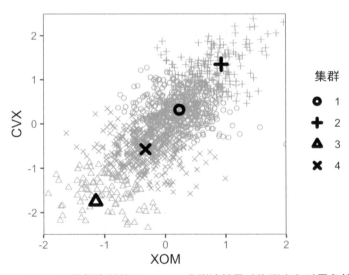

圖 7-5　應用於 XOM 和 CVX 股價資料的 K-means 分群法結果（集群中心以黑色符號標示）

K-means 算法

一般來說，*K*-means 算法可以應用於具有 *p* 個變數（$X_1, ..., X_p$）的資料集，儘管要讓 *K*-means 得出精確解是非常困難的，但是啟發式算法提供了一種可以計算出局部最佳解的有效方法。

在算法的一開始，需要指定 *K* 值和一組初始的集群平均，然後重複以下步驟：

1. 根據距離的平方，將每個紀錄分配給最接近的集群平均。

2. 根據紀錄分配情形，計算新的聚集群平均。

當紀錄對集群的分配情況不再改變時，就收斂該算法。

在第一次迭代之前，我們需要指定一組初始的集群平均。通常，我們可以透過將每個紀錄隨機分配給 *K* 個集群中之一，然後找到這些集群的平均值來執行此操作。

由於不能保證該算法找到的是最佳解決方案，因此建議在初始化時，使用不同的隨機樣本多次運行該算法。當使用一組以上的迭代時，*K*-means 的結果由集群內平方和最低的一組迭代給出。

在 *R* 語言中，kmeans 函式的 nstart 參數允許我們指定隨機啟動初始化的嘗試次數。例如，下方程式碼使用 10 種不同的初始聚集群平均來運行 *K*-means，以找出 5 個集群：

```
syms <- c( 'AAPL', 'MSFT', 'CSCO', 'INTC', 'CVX', 'XOM', 'SLB', 'COP',
           'JPM', 'WFC', 'USB', 'AXP', 'WMT', 'TGT', 'HD', 'COST')
df <- sp500_px[row.names(sp500_px) >= '2011-01-01', syms]
km <- kmeans(df, centers=5, nstart=10)
```

kmeans 函式可以自動返回 10 個不同起點中的最佳解決方案。我們可以使用引數 iter.max 來設置每次隨機啟動所允許的最大迭代次數。

在預設情況下，scikit-learn 算法重複 10 次（n_init）。引數 max_iter（預設值為 300）可用於控制迭代次數：

```
syms = sorted(['AAPL', 'MSFT', 'CSCO', 'INTC', 'CVX', 'XOM', 'SLB', 'COP',
               'JPM', 'WFC', 'USB', 'AXP', 'WMT', 'TGT', 'HD', 'COST'])
top_sp = sp500_px.loc[sp500_px.index >= '2011-01-01', syms]
kmeans = KMeans(n_clusters=5).fit(top_sp)
```

解釋分群

集群分析的一個重要部分就是對集群的解釋。在 kmeans 函式的輸出中，最重要的兩個就是集群的規模大小和集群平均。對於上一小節的範例，所生成的集群規模可由下方的 *R* 語言指令得出：

```
km$size
[1] 106 186 285 288 266
```

在 *Python* 中，我們可以使用標準庫中的 collections.Counter 類別來獲取此資訊。由於實施的差異和算法的固有隨機性，造成結果會有所不同：

```
from collections import Counter
Counter(kmeans.labels_)

Counter({4: 302, 2: 272, 0: 288, 3: 158, 1: 111})
```

集群的規模大小相對平衡。不平衡的集群可能是由離群的異常值或與其餘資料完全不同的紀錄組所引起的，這兩者都可能需要進一步檢查。

我們可以將 gather 函式與 ggplot 結合使用，來繪製集群的中心：

```
centers <- as.data.frame(t(centers))
names(centers) <- paste("Cluster", 1:5)
centers$Symbol <- row.names(centers)
centers <- gather(centers, 'Cluster', 'Mean', -Symbol)
centers$Color = centers$Mean > 0
ggplot(centers, aes(x=Symbol, y=Mean, fill=Color)) +
  geom_bar(stat='identity', position='identity', width=.75) +
  facet_grid(Cluster ~ ., scales='free_y')
```

在 *Python* 中創建視覺化效果的程式碼，類似於我們用於主成分分析的程式碼：

```
centers = pd.DataFrame(kmeans.cluster_centers_, columns=syms)

f, axes = plt.subplots(5, 1, figsize=(5, 5), sharex=True)
for i, ax in enumerate(axes):
    center = centers.loc[i, :]
    maxPC = 1.01 * np.max(np.max(np.abs(center)))
    colors = ['C0' if l > 0 else 'C1' for l in center]
    ax.axhline(color='#888888')
    center.plot.bar(ax=ax, color=colors)
    ax.set_ylabel(f'Cluster {i + 1}')
    ax.set_ylim(-maxPC, maxPC)
```

結果如圖 7-6 所示，該圖很好地揭示了每個類的性質。例如，群 4 和群 5 分別對應於股市下跌和上漲的日子。群 2 和群 3 分別以消費類股的高交易日和能源類股的低交易日為特徵。最後，群 1 捕捉到了能源類股上升而消費類股下降的日子。

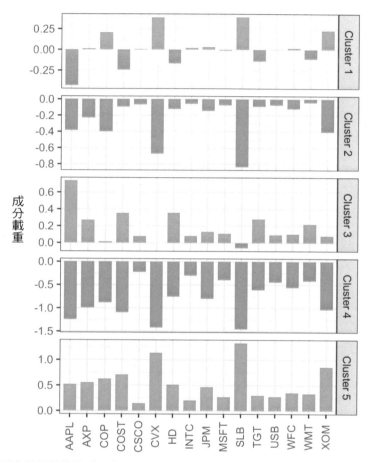

圖 7-6　各個集群中的變數均值（即集群平均）

集群分析與主成分分析

集群平均繪圖類似於查看主成分分析（PCA）的載重（參閱第 290 頁的「解釋主成分」），主要區別在於集群平均的符號是有意義的，與主成分分析不同。主成分分析可以確定變異性的主要方向，而集群分析則可以找到彼此相近的多組紀錄。

選擇分群數量

使用 *K*-means 算法，需要先指定集群的個數 *K*。有時候，集群的個數由應用程序來決定。例如，管理銷售人員的公司可能希望將客戶分群為不同的「人物角色」中，這樣就可以有針對性且集中精力地引導電話銷售。在這種情況下，管理上的考慮將決定所需的客戶集群的個數，例如，兩個可能無法產生有用的客戶差異，而八個則可能會因過多而不好管理。

如果沒有出於實際或管理考慮而決定的分群數量，則可以使用統計方法。實際上，並不存在一種可以給出「最佳」分群數量的標準方法。

有一種常用的方法，稱為**肘部法則**（*elbow method*）」，用以確定一組集群何時解釋了資料中「大部分」的變異數。在這樣一組集群之上添加新的集群，對於解釋變異數的貢獻較小。「肘部」是指解釋的累積變異數在陡峭上升之後變為平整的轉折點，方法也因此而得名。

圖 7-7 顯示了集群個數從 2 個增加到 14 個，股價資料所解釋的累積變異數百分比。在此範例中，「肘部」在哪裡呢？答案是沒有明顯的肘部，因為所解釋的變異數的增量呈現逐漸下降。在沒有明確定義良好的集群資料中，這是相當普遍的問題，這也許是肘部法則的一個缺點，但是它確實能揭示資料的本質。

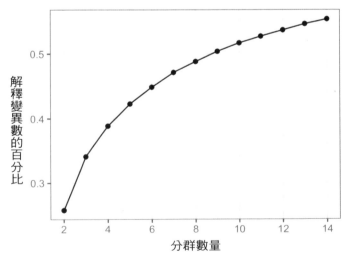

圖 7-7　對股票資料應用肘部法則

在 *R* 語言中，kmeans 函式並沒有提供應用肘部法則的單個指令，但可以很容易地從 kmeans 函式的輸出中應用它，如下所示：

```
pct_var <- data.frame(pct_var = 0,
                      num_clusters = 2:14)
totalss <- kmeans(df, centers=14, nstart=50, iter.max=100)$totss
for (i in 2:14) {
  kmCluster <- kmeans(df, centers=i, nstart=50, iter.max=100)
  pct_var[i-1, 'pct_var'] <- kmCluster$betweenss / totalss
}
```

在 *Python* 中對於 KMeans 結果，我們能從屬性 inertia_ 獲得資訊。在轉換為 pandas 資料框後，我們可以使用其 plot 方法來創建圖形：

```
inertia = []
for n_clusters in range(2, 15):
    kmeans = KMeans(n_clusters=n_clusters, random_state=0).fit(top_sp)
    inertia.append(kmeans.inertia_ / n_clusters)

inertias = pd.DataFrame({'n_clusters': range(2, 15), 'inertia': inertia})
ax = inertias.plot(x='n_clusters', y='inertia')
plt.xlabel('Number of clusters(k)')
plt.ylabel('Average Within-Cluster Squared Distances')
plt.ylim((0, 1.1 * inertias.inertia.max()))
ax.legend().set_visible(False)
```

在評估應該要保留多少個集群時，也許最重要的測試是：在新資料上複製這些集群的可能性有多大？分群是否可以解釋？它們是否與資料的一般特徵有關，還是僅反映了特定的實例？在某種程度上，我們可以使用交叉驗證對此進行評估，參見第 154 頁。

一般來說，不存在有一條規則可以可靠地指導要生成多少個集群個數。

 根據統計或資訊理論，有幾種更正式的方法可以用來確定集群的數量。例如，Robert Tibshirani、Guenther Walther 和 Trevor Hastie 基於統計理論所提出的「差距 gap」統計資料（*https://oreil.ly/d-N3_*），用以識別肘部。對於大多數應用程序而言，可能沒有必要甚至不適合應用這些理論方法。

本節重點

- 所需要的集群個數 K 由使用者自行決定。

- K-means 算法透過迭代地將紀錄分配給最近的集群平均，直到集群的分配情況不再產生改變，就實現了集群的生成。

- 一般而言，出於實際的考量來決定 K 的選擇。在統計學上並不存在最佳的分群數量。

階層式分群

階層式分群（*hierarchical clustering*）是除了 K-means 之外的另一種分群法方法，它可以產生非常不同的集群。此外，階層式分群也比 K-means 來得更靈活，且更易於應用在非數值型的變數上，對於發現離群或是異常的組和紀錄也更為敏感。階層式分群也適合用於進行直觀的圖形展示，在解釋分群上也更為容易。

重要術語

樹狀圖（*Dendrogram*）
　　一種視覺化的圖形表示，顯示了紀錄以及其所屬於之集群的層次結構。

距離（*Distance*）
　　測量兩個紀錄之間的接近程度。

相異性（*Dissimilarity*）
　　測量兩個集群之間的接近程度。

階層式分群的靈活性是要付出一定代價的，它不能良好地擴展到具有數百萬筆紀錄的大型資料集。即使只有幾萬條紀錄的中等大小資料，階層式分群也可能需要大量的計算資源。而實際上，階層式分群的大多數應用程序都集中在相對較小的資料集上。

簡單的範例

我們將階層式分群應用於一個具有 n 條紀錄以及 p 個變數的資料集中，其中使用了兩個基本指標：

- 距離指標 $d_{i,j}$ 測量兩個紀錄 i 和 j 之間的距離。
- 相異性指標 $D_{A,B}$，基於每個集群內成員間的距離 $d_{i,j}$，來測量兩個群 A 和 B 間的差異。

對於涉及到數值資料的應用，最重要的關鍵在於選擇相異性指標。階層式分群首先將每個紀錄自己構成一個集群，然後再進行迭代以合併差異最小的集群。

在 R 語言中，hclust 函式可用於執行階層式分群。hclust 與 kmeans 的一個很大的區別是，它運行在成對的距離 $d_{i,j}$ 上，而不是在資料本身上。我們可以使用 dist 函式來計算這些值。例如，下方程式碼將階層式分群應用於一組公司的股票收益資料：

```
syms1 <- c('GOOGL', 'AMZN', 'AAPL', 'MSFT', 'CSCO', 'INTC', 'CVX', 'XOM', 'SLB',
           'COP', 'JPM', 'WFC', 'USB', 'AXP', 'WMT', 'TGT', 'HD', 'COST')
# 轉置：為了對公司進行分群，我們需要將股票放在列
df <- t(sp500_px[row.names(sp500_px) >= '2011-01-01', syms1])
d <- dist(df)
hcl <- hclust(d)
```

分群算法將對資料的紀錄（列）進行分群。由於我們要對公司進行分群，因此需要對資料框進行**轉置**（t），並將股票放在列中，日期放在欄中。

在 scipy 套件中，在 scipy.cluster.hierarchy 模組提供了許多不同的階層式分群方法。在這裡，我們將 linkage 函式與「complete」方法結合使用：

```
syms1 = ['AAPL', 'AMZN', 'AXP', 'COP', 'COST', 'CSCO', 'CVX', 'GOOGL', 'HD',
         'INTC', 'JPM', 'MSFT', 'SLB', 'TGT', 'USB', 'WFC', 'WMT', 'XOM']
df = sp500_px.loc[sp500_px.index >= '2011-01-01', syms1].transpose()

Z = linkage(df, method='complete')
```

樹狀圖

階層式分群可以自然地以樹的圖形表示，我們稱之為**樹狀圖**；該名稱來自希臘語 *dendro*（樹）和 *gramma*（繪圖）。在 R 語言中，我們可以使用 plot 指令來輕鬆生成它：

```
plot(hcl)
```

在 *Python* 中，我們可以使用 dendrogram 方法繪製 linkage 函式的結果：

```
fig, ax = plt.subplots(figsize=(5, 5))
dendrogram(Z, labels=list(df.index), color_threshold=0)
plt.xticks(rotation=90)
ax.set_ylabel('distance')
```

結果如圖 7-8 所示（請注意，我們現在正在繪製彼此相似的公司，而不是天數）。樹的葉子對應於紀錄，樹中分支的長度表示相應集群之間的相似程度。Google 和 Amazon 的股票收益與其他股票的收益迥異。能源類石油股票（SLB、CVX、XOM、COP）在各自的子群中，蘋果公司（AAPL）本身就是一個集群，其餘的則彼此相似。

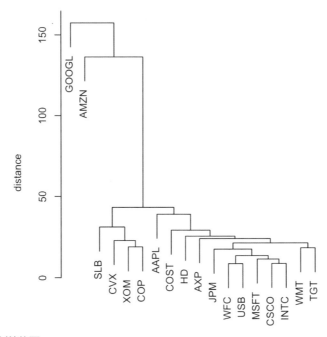

圖 7-8　股票資料的樹狀圖

不同於 *K*-means，階層式分群不需要預先指定集群的個數。如果要使用階層式分群來劃分出指定數量的集群，可以使用 cutree 函式：

```
cutree(hcl, k=4)
GOOGL AMZN AAPL MSFT CSCO INTC   CVX   XOM   SLB   COP   JPM   WFC
    1     2    3    3    3    3     4     4     4     4     3     3
  USB   AXP   WMT   TGT    HD  COST
    3     3     3     3     3     3
```

在 *Python* 中，我們可以使用 fcluster 方法來達到相同的目標：

```
memb = fcluster(Z, 4, criterion='maxclust')
memb = pd.Series(memb, index=df.index)
for key, item in memb.groupby(memb):
    print(f"{key} : {', '.join(item.index)}")
```

在上方的指令中，我們設置集群個數為 4。從結果中可以看到，Google 及 Amazon 的股票分屬於各自的集群，石油能源類股票 XOM、CVX、SLB 和 COP 屬於另一群，而其餘的股票則被劃分在第 4 群。

聚合演算法

階層式分群的主要算法是聚合演算法，該算法迭代地合併了相似的群。它從每條紀錄獨自構成一群開始，然後逐步建立越來越大的集群。算法的第一步是計算所有成對紀錄之間的距離。

對於每對紀錄 $(x_1, x_2, ..., x_p)$ 和 $(y_1, y_2, ..., y_p)$，聚合演算法使用距離指標來測定兩個紀錄間的距離 $d_{x,y}$（請參閱第 242 頁的「距離指標」）。例如，我們可以使用歐幾里德距離：

$$d(x, y) = \sqrt{\left(x_1 - y_1\right)^2 + \left(x_2 - y_2\right)^2 + \cdots + \left(x_p - y_p\right)^2}$$

下方介紹如何計算集群之間的距離。假定兩個群 A 和 B，每群包含了一組不同的紀錄 A $= \left(a_1, a_2, ..., a_m\right)$ 和 B $= \left(b_1, b_2, ..., b_q\right)$。我們可以透過使用群 A 與群 B 成員之間的距離來測量集群 $D(A, B)$ 之間的相異性。

一種相異性測量方法是使用**完全連結法**（*complete-linkage*），該方法使用了群 A 和群 B 之間所有紀錄兩兩之間的最大距離：

$$D(A, B) = \max d\left(a_i, b_j\right) \text{ for all pairs } i, j$$

完全連結法將相異性定義為所有成對紀錄之間的最大差異。

聚合演算法的主要步驟如下：

1. 創建一組初始的群 C，資料中的每條紀錄各自構成一個群。

2. 計算集群 k 和 ℓ 之間所有成對紀錄的相異性 $D(C_k, C_\ell)$。

3. 合併由 $D(C_k, C_\ell)$ 測定之相異性最小的兩個群 C_k 和 C_ℓ。

4. 如果剩餘的集群數不止一個，那麼返回步驟 2；反之則結束算法。

測量相異性

測量相異性有四種不同的常見指標：完全連結法（*complete linkage*）、單一連結（*single linkage*）、平均連結（*average linkage*）和最小變異數（*minimum variance*）。大多數階層式分群的軟體（包括 `hclust` 和 `linkage`）都支持這四種方法（以及一些其他測量方法）。前面的內容已經介紹了完全連結方法，該方法趨向於生成具有類似成員的集群。單一連結方法使用兩個集群的紀錄兩兩之間距離的最小值：

$$D(A, B) = \min d\left(a_i, b_j\right)，i \text{ 和 } j \text{ 代表類內的紀錄對}$$

單一連結法是一種「貪婪」的方法，它所產生的類可能包含完全不同的元素。平均連結法是所有成對距離的平均值，代表單一連結法和完整連結法之間的折衷。最後，最小變異數法（又稱為 *Ward* 方法）與 *K*-means 相似，因為它最小化了集群內平方和（請參見第 295 頁的「K-Means 分群法」）。

圖 7-9 分別使用四種測量方法將階層式分群應用於 ExxonMobil 和 Chevron 的股票收益。對於每個測量方法，將保留四個分群。

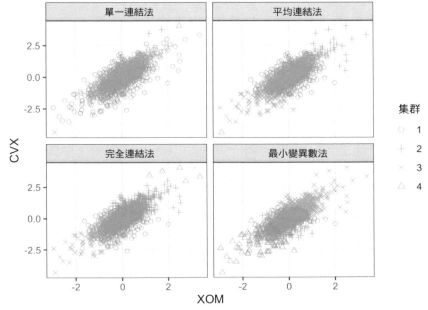

圖 7-9　對於股票收益資料，比較不同的相異性測量。

結果存在顯著的差異。使用單一連結法時，幾乎所有的點都分配給同一個類。除了最小變異數法（R：Ward.D；$Python$：ward）之外，其他所有的測量方法都至少會產生一個有少量離群值的集群。如果與圖 7-5 相比，我們可以發現，最小變異數法與 K-means 分群法是最相似的。

本節重點

- 階層式分群算法在一開始時，每條紀錄會單獨成為一個集群。

- 在聚合演算法中，集群逐步與相鄰的群合併，直到所有紀錄都屬於單一集群。

- 聚合演算法的歷史可以被保留並繪製出來。使用者（不需要預先指定集群個數）可以在算法執行的各個階段，視覺化地查看集群的個數以及結構。

- 有多種方法可以計算集群之間的距離，這些方法都依賴於所有紀錄間的距離。

基於模型的集群分析

階層式分群和 K-means 等分群法方法是啟發式分群方法，並且主要依賴群內成員間發現彼此接近的集群，它們可以直接用於測量資料（但不使用機率模型）。在過去的 20 年中，研究人員已經投入大量精力來開發**以模型為基礎的分群方法**。華盛頓大學的 Adrian Raftery 和其他研究人員對以模型為基礎的分群方法（包括理論和軟體）有重要的貢獻；這些技術是基於統計理論，並提供了更嚴格的方法來確定分群的性質和數量。例如，在可能存在一組彼此相似但不一定彼此接近的紀錄（例如，回報率差異較大的科技股）和另一組紀錄既相似也接近（例如，具有回報率差異較小的公營事業股票）。

多元常態分布

最廣泛使用、以模型為基礎的分群方法依賴於**多元常態**分布。多元常態分布是對 p 個變數 $X_1, X_2, ..., X_p$ 常態分布的一種推廣。該分布使用一組平均值 $\mu = \mu_1, \mu_2, ..., \mu_p$ 和共變異數矩陣 Σ 定義。共變異數矩陣是變數之間如何相互關聯的指標（有關共變異數的詳細信息，請參閱第 202 頁的「共變異數矩陣」）。共變異數矩陣 Σ 由 p 個變異數 $\sigma_1^2, \sigma_2^2, ..., \sigma_p^2$ 和所有變數對應的共變異數 $\sigma_{i,j}$ $(i \neq j)$ 構成。矩陣的列和欄均用變數表示，如下方所示：

$$\Sigma = \begin{bmatrix} \sigma_1^2 & \sigma_{1,2} & \cdots & \sigma_{1,p} \\ \sigma_{2,1} & \sigma_2^2 & \cdots & \sigma_{2,p} \\ \vdots & \vdots & \ddots & \vdots \\ \sigma_{p,1} & \sigma_{p,2}^2 & \cdots & \sigma_p^2 \end{bmatrix}$$

注意，共變異數矩陣是對稱的，即 $\sigma_{i,j} = \sigma_{j,i}$，因此矩陣中只有 $(p \times (p-1))/2$ 個共變異數項。總體而言，共變異數矩陣共有 $(p \times (p-1))/2 + p$ 個參數。多元常態分布如下所示：

$$\left(X_1, X_2, ..., X_p\right) \sim N_p(\mu, \Sigma)$$

該符號化表示所有的變數均符合常態分布，整體分布使用變數平均值的向量和共變異數矩陣描述。

圖 7-10 顯示了兩個變數 X 和 Y 的多元常態分布之機率等高線（例如圖中的 0.5 機率等高線包含了 50% 的分布）。

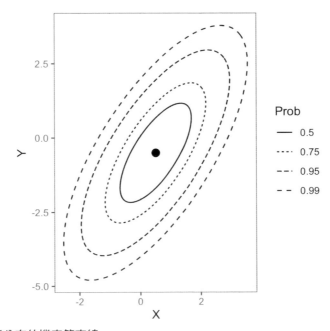

圖 7-10　二元常態分布的機率等高線

該分布的平均值是 $\mu_x = 0.5$ 和 $\mu_y = -0.5$，共變異數矩陣為：

$$\Sigma = \begin{bmatrix} 1 & 1 \\ 1 & 2 \end{bmatrix}$$

由於共變異數 σ_{xy} 為正，所以 X 和 Y 為正相關。

混合常態分布

基於模型的分群法，其背後的關鍵概念是，假定每條紀錄的分布都符合 K 個多元常態分布之一，其中 K 是集群的個數。每個分布具有不同的均值 μ 和共變異數矩陣 Σ。例如，假設我們有兩個變數 X 和 Y，則每一行 (X_i, Y_i) 均可以建模為 K 個多元常態分布 $N_1(\mu_1, \Sigma_1), N_2(\mu_2, \Sigma_2), ..., N_K(\mu_K, \Sigma_K)$ 中的一個抽樣。

在 R 語言中，mclust 套件提供了豐富且以模型為基礎的分群功能，該套件最初是由 Chris Fraley 和 Adrian Raftery 所開發的。我們可以對先前使用 K-means 和階層式分群分析的股票收益資料，使用該套件來實現以模型為基礎的分群法：

```
> library(mclust)
> df <- sp500_px[row.names(sp500_px) >= '2011-01-01', c('XOM', 'CVX')]
> mcl <- Mclust(df)
> summary(mcl)
Mclust VEE (ellipsoidal, equal shape and orientation) model with 2 components:


 log.likelihood    n df      BIC      ICL
     -2255.134 1131  9 -4573.546 -5076.856

Clustering table:
   1    2
 963  168
```

scikit-learn 具有 sklearn.mixture.GaussianMixture 類，可用於以模型為基礎的分群法：

```
df = sp500_px.loc[sp500_px.index >= '2011-01-01', ['XOM', 'CVX']]
mclust = GaussianMixture(n_components=2).fit(df)
mclust.bic(df)
```

當執行此 R 程式碼時，我們可以注意到所花的計算時間明顯較長於其他過程。下方使用 predict 函式來得出分群的情況，並繪圖表示：

```
cluster <- factor(predict(mcl)$classification)
ggplot(data=df, aes(x=XOM, y=CVX, color=cluster, shape=cluster)) +
  geom_point(alpha=.8)
```

在 *Python* 中，可以使用下方程式碼來得出相似的圖形：

```
fig, ax = plt.subplots(figsize=(4, 4))
colors = [f'C{c}' for c in mclust.predict(df)]
df.plot.scatter(x='XOM', y='CVX', c=colors, alpha=0.5, ax=ax)
ax.set_xlim(-3, 3)
ax.set_ylim(-3, 3)
```

結果如圖 7-11 所示。圖中有兩個集群：一個是在資料分布中間的集群，另一個是在資料分布的邊緣。這與使用 *K-means*（圖 7-5）和階層式分群（圖 7-9）所獲得的集群非常不同，這兩種方法可以找到更緊湊的集群。

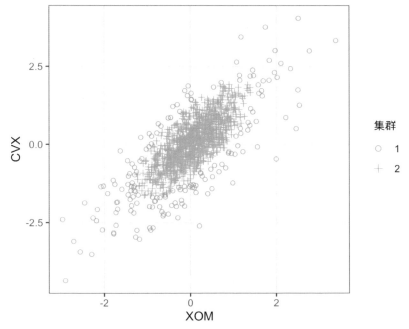

圖 7-11　使用 mclust 所得到股票收益資料的兩個群

我們可以是用 summary 函式來提取常態分布的參數：

```
> summary(mcl, parameters=TRUE)$mean
        [,1]        [,2]
XOM 0.05783847 -0.04374944
CVX 0.07363239 -0.21175715
> summary(mcl, parameters=TRUE)$variance
, , 1
          XOM       CVX
XOM 0.3002049 0.3060989
CVX 0.3060989 0.5496727
, , 2

        XOM       CVX
XOM 1.046318 1.066860
CVX 1.066860 1.915799
```

在 *Python* 中，可以從結果的 means_ 和 covariances_ 屬性來獲得此資訊：

```
print('Mean')
print(mclust.means_)
print('Covariances')
print(mclust.covariances_)
```

兩個分布具有相似的平均值和相關性，但是第二個分布具有更大的變異數和共變異數。由於算法的隨機性，不同運行之間的結果可能略有不同。

來自 mclust 的分群結果似乎令人驚訝，但實際上，它們說明了該方法的統計性質。以模型為基礎的分群法，其目的是找到最佳配適的多元常態分布。股票資料看起來具有常態分布的形狀，請參見圖 7-10 的等高線。但實際上，股票收益的尾部分布比常態分布更長。為了解決這個問題，mclust 對大量資料配適了一個分布，隨後又配適了具有更大變異數的第二個分布。

選擇分群數量

與 *K*-means 和階層式分群不同，mclust 自動選擇在 *R* 語言中的集群個數（在本例中為兩個）。它透過選擇使貝氏資訊量準則（*BIC*）最大值的集群個數來做到這一點（BIC 與 AIC 相似；請參見第 155 頁的「模型選擇與逐步迴歸」）。BIC 是透過選擇最佳配適的模型並對該模型中的參數數量添加懲罰項來運作。對於以模型為基礎的分群法，添加更多的集群個數總會提高模型的配適度，但代價是在模型中引入一些額外的參數。

注意，在大多數情況下，BIC 通常是被最小化。mclust 套件的作者決定將 BIC 定義為具有相反的符號，以使圖的解釋更加容易。

mclust 配適了 14 個不同且成分不斷增加的模型，並自動選擇一個最佳模型。我們可以使用 mclust 中的函式來繪製這些模型的 BIC 值：

```
plot(mcl, what='BIC', ask=FALSE)
```

x 軸上顯示了集群的數量或不同的多元常態模型（成分）的數量（請參見圖 7-12）。

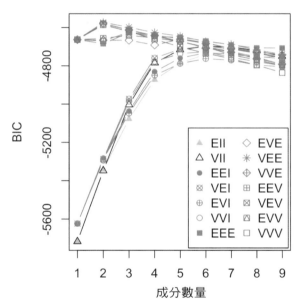

圖 7-12　在選取不同成分數量的情況下，股票收益資料的 BIC 值。

另一方面，GaussianMixture 的實現不會嘗試各種組合。如此處所示，使用 *Python* 運行多個組合非常簡單。此實現照常定義 BIC，因此計算出的 BIC 值將為正，我們需要將其最小化：

```
results = []
covariance_types = ['full', 'tied', 'diag', 'spherical']
for n_components in range(1, 9):
    for covariance_type in covariance_types:
        mclust = GaussianMixture(n_components=n_components, warm_start=True,
                                 covariance_type=covariance_type) ❶
```

```
        mclust.fit(df)
        results.append({
            'bic': mclust.bic(df),
            'n_components': n_components,
            'covariance_type': covariance_type,
        })

    results = pd.DataFrame(results)

    colors = ['C0', 'C1', 'C2', 'C3']
    styles = ['C0-','C1:','C0-.', 'C1--']

    fig, ax = plt.subplots(figsize=(4, 4))
    for i, covariance_type in enumerate(covariance_types):
        subset = results.loc[results.covariance_type == covariance_type, :]
        subset.plot(x='n_components', y='bic', ax=ax, label=covariance_type,
                    kind='line', style=styles[i])
```

❶ 使用 warm_start 引數，計算將重用先前配適的資訊，這將加快後續計算的收斂速度。

該圖類似於確定 *K*-means 的類個數時所使用的肘部圖（見圖 7-7），只是繪製的值是 BIC，而不是變異數被解釋的百分比。其中一個很大的差異在於，mclust 所顯示的並非 一行，而是同時顯示了 14 個不同的行，這是因為 mclust 實際上針對每一集群的規模大 小都配適了 14 種不同的模型，並最終選擇了最佳配適的模型。GaussianMixture 實現較少 的方法，因此行數僅為四。

為什麼 mclust 需要配適這麼多模型來確定最佳的多元常態分布？這是因為在配適模型 時，有多種方法可以參數化共變異數矩陣 *Σ*。在大多數情況下，我們其實不需擔心模型 的細節，只需使用 mclust 選擇的模型即可。在此示例中，根據 BIC，三個不同的模型 （稱為 VEE、VEV 和 VVE）使用兩個成分即可給出了最佳配適。

以模型為基礎的分群法是一個豐富且迅速發展的研究領域，本文所涉及的 領域僅佔一小部分。事實上，mclust 的幫助文件長達 154 頁。對於資料科 學家所碰到的大多數問題來說，無須耗費過多的精力去查看以模型為基礎 的分群法的細節。

以模型為基礎的分群技術確實有一些局限性。這些方法需要資料模型的基礎假設，且分 群的結果非常依賴於該假設。此類方法的計算要求甚至高於階層式分群，因此很難擴展 到大數據。最後，與其他方法相比，該算法更為複雜且更難使用。

延伸閱讀

有關以模型為基礎的分群方法之更多詳細資訊，請參見 mclust（*https://oreil.ly/bHDvR*）和 GaussianMixture 文件（*https://oreil.ly/GaVVv*）。

變數尺度的縮放和類別變數

非監督式學習技術通常要求對資料進行適當縮放，這不同於許多迴歸和分類技術（除了 *K* 近鄰算法之外；請參閱第 238 頁），變數的縮放對它們而言並不重要。

例如，在個人貸款資料中，變數的單位和規模大小差異很大。一些變數具有相對較小的值（例如，工作年限），而其他變數具有非常大的值（例如，以美元為計的貸款金額）。如果未按比例縮放資料，則主成分分析、K-means 和其他分群方法將由具有較大值的變數主導，而忽略了具有較小值的變數。

在一些分群過程中，類別資料可能會造成一些特殊問題。與 K 近鄰算法一樣，通常使用一種 One-hot 編碼將無序因子變數轉換為一組二元（0/1）變數（請參見第 243 頁的「One-hot 編碼」）。二元變數不僅可能與其他資料在不同的尺度上，而且二元變數只有兩個值的事實也可能對主成分分析和 K-means 等技術造成問題。

調整變數尺度

在應用分群法之前，我們需要先對具有完全不同尺度和單位的變數進行適當的正規化處理。舉例來說，以下程式碼不先針對貸款違約的資料進行正規化處理，就直接應用了 kmeans 函式：

```
defaults <- loan_data[loan_data$outcome=='default',]
df <- defaults[, c('loan_amnt', 'annual_inc', 'revol_bal', 'open_acc',
                   'dti', 'revol_util')]
km <- kmeans(df, centers=4, nstart=10)
centers <- data.frame(size=km$size, km$centers)
round(centers, digits=2)

   size loan_amnt annual_inc revol_bal open_acc   dti revol_util
1    52  22570.19  489783.40  85161.35    13.33  6.91      59.65
2  1192  21856.38  165473.54  38935.88    12.61 13.48      63.67
3 13902  10606.48   42500.30  10280.52     9.59 17.71      58.11
4  7525  18282.25   83458.11  19653.82    11.66 16.77      62.27
```

下方為在 *Python* 中相對應的程式碼：

```
defaults = loan_data.loc[loan_data['outcome'] == 'default',]
columns = ['loan_amnt', 'annual_inc', 'revol_bal', 'open_acc',
           'dti', 'revol_util']

df = defaults[columns]
kmeans = KMeans(n_clusters=4, random_state=1).fit(df)
counts = Counter(kmeans.labels_)

centers = pd.DataFrame(kmeans.cluster_centers_, columns=columns)
centers['size'] = [counts[i] for i in range(4)]
centers
```

我們可以從結果中看到，在分群中占主導地位的是變數 annual_inc 和 revol_bal，而且集群間規模的差異也非常大，群 1 只有 52 個成員，代表那些具有較高收入和循環信貸餘額的帳戶。

有一種常用的縮放變數方法，是透過正規化或標準化，其方法是將資料減去平均值並除以標準差，將它們轉換為 z 分數，此方法稱為**標準化**或**正規化**（請參閱第 243 頁的「標準化（正規化，z 分數）」）。

$$z = \frac{x - \bar{x}}{s}$$

接下來，我們將 kmeans 函式應用於正規化後的資料，再次看看分群所發生的變化：

```
df0 <- scale(df)
km0 <- kmeans(df0, centers=4, nstart=10)
centers0 <- scale(km0$centers, center=FALSE,
                  scale=1 / attr(df0, 'scaled:scale'))
centers0 <- scale(centers0, center=-attr(df0, 'scaled:center'), scale=FALSE)
centers0 <- data.frame(size=km0$size, centers0)
round(centers0, digits=2)

   size loan_amnt annual_inc revol_bal open_acc   dti revol_util
1 7355  10467.65   51134.87  11523.31     7.48 15.78      77.73
2 5309  10363.43   53523.09   6038.26     8.68 11.32      30.70
3 3713  25894.07  116185.91  32797.67    12.41 16.22      66.14
4 6294  13361.61   55596.65  16375.27    14.25 24.23      59.61
```

在 *Python* 中，我們可以使用 scikit-learn 的 StandardScaler，其 inverse_transform 方法允許將集群中心轉換回原始比例：：

```
scaler = preprocessing.StandardScaler()
df0 = scaler.fit_transform(df * 1.0)

kmeans = KMeans(n_clusters=4, random_state=1).fit(df0)
counts = Counter(kmeans.labels_)

centers = pd.DataFrame(scaler.inverse_transform(kmeans.cluster_centers_),
                       columns=columns)
centers['size'] = [counts[i] for i in range(4)]
centers
```

從這次的結果中，我們可以看到：集群的規模更加平衡，並且不受 annual_inc 和 revol_bal 所主導，進而揭示了資料中更有趣的結構。請注意，中心已按比例縮放為前面程式碼中的原始單位。如果我們不對其進行縮放，則結果值將以 z 分數表示，這樣結果就會變得難以解讀。

 縮放對於主成分分析來說也很重要。在計算主成分時，使用 z 分數效果等同於使用相關矩陣（請參閱第 31 頁的「相關性」），而不是使用共變異數矩陣。用於計算主成分分析的軟體通常可以選擇使用相關矩陣（在 R 語言中，princomp 函式具有引數 cor）。

優勢變數

即使在測量中將所有變數使用了同一尺度，也準確地反映了相對重要性（例如，股價波動），有時候還是需要重新進行縮放變數。

接下來，我們將 Google（GOOGL）以及 Amazon（AMZN）的股票加入到第 290 頁「解釋主成分」所介紹的分析中。我們可以從下方的 R 語言程式碼來看這是如何進行的：

```
syms <- c('GOOGL', 'AMZN', 'AAPL', 'MSFT', 'CSCO', 'INTC', 'CVX', 'XOM',
          'SLB', 'COP', 'JPM', 'WFC', 'USB', 'AXP', 'WMT', 'TGT', 'HD', 'COST')
top_sp1 <- sp500_px[row.names(sp500_px) >= '2005-01-01', syms]
sp_pca1 <- princomp(top_sp1)
screeplot(sp_pca1)
```

在 $Python$ 中，我們可以從下方程式碼來得到陡坡圖：

```
syms = ['GOOGL', 'AMZN', 'AAPL', 'MSFT', 'CSCO', 'INTC', 'CVX', 'XOM',
        'SLB', 'COP', 'JPM', 'WFC', 'USB', 'AXP', 'WMT', 'TGT', 'HD', 'COST']
top_sp1 = sp500_px.loc[sp500_px.index >= '2005-01-01', syms]

sp_pca1 = PCA()
sp_pca1.fit(top_sp1)

explained_variance = pd.DataFrame(sp_pca1.explained_variance_)
ax = explained_variance.head(10).plot.bar(legend=False, figsize=(4, 4))
ax.set_xlabel('Component')
```

生成的陡坡圖如圖 7-13 所示。我們知道陡坡圖顯示了第一主成分的變異數，從圖 7-13
中可以清楚看到，第一主成分和第二主成分間的差異遠大於其他的主成分，這通常代表
載重是由一兩個變數所支配的。我們從下方的例子中也可以看出情況的確是如此：

```
round(sp_pca1$loadings[,1:2], 3)
       Comp.1 Comp.2
GOOGL   0.781  0.609
AMZN    0.593 -0.792
AAPL    0.078  0.004
MSFT    0.029  0.002
CSCO    0.017 -0.001
INTC    0.020 -0.001
CVX     0.068 -0.021
XOM     0.053 -0.005
...
```

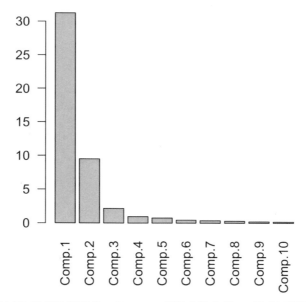

圖 7-13　加入 GOOGL 和 AMZN 股票後，S&P 500 指數中排名前 10 的公司股票的主成分分析陡坡圖

在 *Python* 中，我們使用下方程式碼：

```
loadings = pd.DataFrame(sp_pca1.components_[0:2, :], columns=top_sp1.columns)
loadings.transpose()
```

第一主成分和第二主成分幾乎完全由 GOOGL 和 AMZN 所支配，這是因為 GOOGL 和 AMZN 股價的走勢主導了變異性。

要處理這種情況，我們可以依照原來的模樣來添加資料，並重新縮放變數（請參見第 317 頁的「調整變數尺度」），或者也可以從分析中排除優勢變數並單獨處理它們。其實 並沒有所謂的「正確」的方法，而且處理方法取決於應用程序。

類別資料與高爾距離

對於類別資料，我們必須透過排序（針對有序因子）或透過編碼為一組二元（虛擬）變 數將其轉換為數字資料。如果資料由混合的連續變數和二元變數組成，則通常需要對變 數進行縮放，才能使其範圍相似，請參見第 317 頁的「調整變數尺度」。有一種常用的 流行方法：使用**高爾距離**（*Gower's distance*）。

高爾距離的基本概念是根據資料類型，對每個變數應用不同的距離指標：

- 對於數值型變數以及有序因子而言，高爾距離計算為兩條紀錄間差異的絕對值（即 **曼哈頓距離**（*Manhattan distance*）。

- 對於類別變數而言，如果兩個紀錄分屬於不同的類別，那麼距離就為 1；如果屬於 同一類，距離則為 0。

高爾距離的計算步驟如下方介紹：

1. 針對每一筆紀錄，計算所有成對的變數 i 和 j 之間的距離 $d_{i,j}$。

2. 將每一個距離 $d_{i,j}$ 縮放到區間 $[0, 1]$ 之間。

3. 使用簡單平均或加權平均，將所有成對變數間的縮放距離相加，建立一個距離矩陣。

為了說明高爾距離，我們從 R 語言程式碼中，提取幾行貸款資料來舉例：

```
> x <- loan_data[1:5, c('dti', 'payment_inc_ratio', 'home_', 'purpose_')]
> x
# A tibble: 5 × 4
    dti payment_inc_ratio home_          purpose_
1  1.00           2.39320  RENT     major_purchase
2  5.55           4.57170   OWN     small_business
3 18.08           9.71600  RENT              other
4 10.08          12.21520  RENT  debt_consolidation
5  7.06           3.90888  RENT              other
```

R 語言 cluster 套件中的 daisy 函式可用於計算高爾距離：

```
library(cluster)
daisy(x, metric='gower')
Dissimilarities :
             1         2         3         4
2 0.6220479
3 0.6863877 0.8143398
4 0.6329040 0.7608561 0.4307083
5 0.3772789 0.5389727 0.3091088 0.5056250

Metric :  mixed ;  Types = I, I, N, N
Number of objects : 5
```

在撰寫本文時，所有流行的 *Python* 套件中沒有可用於計算高爾距離的函式，但是，正準備將其包含在 scikit-learn 的運算中。正式實施發佈後，我們將更新隨附的原始碼。

我們可以從結果中看到，所有距離都介於 0 到 1 之間。距離最大的一對紀錄是紀錄 2 和紀錄 3，這對於數值型變數 home 和 purpose 而言，這兩個紀錄都沒有相同的值，並且它們的 dti（債務與收入比）和 payment_inc_ratio 的級別也大不相同。紀錄 3 和紀錄 5 具有最小的距離，因為它們的 home 和 purpose 的值相同。

下方將對 daisy 函式的輸出調用 hclust，對所生成的距離矩陣應用階層式分群（參見第304 頁的「階層式分群」）：

```
df <- defaults[sample(nrow(defaults), 250),
               c('dti', 'payment_inc_ratio', 'home', 'purpose')]
d = daisy(df, metric='gower')
hcl <- hclust(d)
dnd <- as.dendrogram(hcl)
plot(dnd, leaflab='none')
```

結果如圖 7-14 的樹狀圖所示。從圖中可以看到，各個紀錄在 x 軸上無法區分，但是我們可以將樹狀圖水平切割為 0.5，並使用下方程式碼來檢查其中一個子樹的紀錄：

```
dnd_cut <- cut(dnd, h=0.5)
df[labels(dnd_cut$lower[[1]]),]
        dti payment_inc_ratio home_            purpose_
44532 21.22           8.37694  OWN debt_consolidation
39826 22.59           6.22827  OWN debt_consolidation
13282 31.00           9.64200  OWN debt_consolidation
31510 26.21          11.94380  OWN debt_consolidation
6693  26.96           9.45600  OWN debt_consolidation
7356  25.81           9.39257  OWN debt_consolidation
```

9278	21.00	14.71850	OWN debt_consolidation
13520	29.00	18.86670	OWN debt_consolidation
14668	25.75	17.53440	OWN debt_consolidation
19975	22.70	17.12170	OWN debt_consolidation
23492	22.68	18.50250	OWN debt_consolidation

此子樹完全是由貸款用途為「其他」的借款者所組成。雖然並非所有子樹都嚴格分離，但這說明類別變數傾向於在集群中組合聚集在一起。

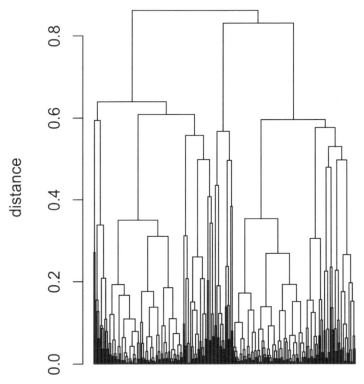

圖 7-14　對具有多種變數類型的貸款違約資料樣本，應用 hclust 所生成的樹狀圖

混合資料的分群問題

K-means 和主成分分析最適合用於連續變數。對於較小的資料集，最好使用基於高爾距離的階層式分群。原則上，沒有理由不能將 *K*-means 應用於二元或類別資料。在一般情況下，我們會使用「One-hot 編碼」（參見第 243 頁）將類別資料轉換為數值。然而，在實務上，將 *K*-means 和主成分分析與二元資料一起使用可能很困難。

如果使用了標準 z 分數，則二元變數將主導分群的定義，這是因為 0/1 變數僅採用兩個值，並且 K-means 是透過將所有的 0 或 1 紀錄指定分配給集群，以獲得較小的集群內平方和。例如，在 R 語言中將 kmeans 應用於貸款預設資料，包括因子變數 home 和 pub_rec_zero：

```
df <- model.matrix(~ -1 + dti + payment_inc_ratio + home_ + pub_rec_zero,
                    data=defaults)
df0 <- scale(df)
km0 <- kmeans(df0, centers=4, nstart=10)
centers0 <- scale(km0$centers, center=FALSE,
                  scale=1/attr(df0, 'scaled:scale'))
round(scale(centers0, center=-attr(df0, 'scaled:center'), scale=FALSE), 2)

     dti payment_inc_ratio home_MORTGAGE home_OWN home_RENT pub_rec_zero
1 17.20              9.27          0.00        1      0.00         0.92
2 16.99              9.11          0.00        0      1.00         1.00
3 16.50              8.06          0.52        0      0.48         0.00
4 17.46              8.42          1.00        0      0.00         1.00
```

在 $Python$ 中：

```
columns = ['dti', 'payment_inc_ratio', 'home_', 'pub_rec_zero']
df = pd.get_dummies(defaults[columns])

scaler = preprocessing.StandardScaler()
df0 = scaler.fit_transform(df * 1.0)
kmeans = KMeans(n_clusters=4, random_state=1).fit(df0)
centers = pd.DataFrame(scaler.inverse_transform(kmeans.cluster_centers_),
                       columns=df.columns)
centers
```

我們可以從結果中看到，因子變數的不同層級基本上是由前四個集群所代理。為了避免這種現象，我們可以對二元變數進行縮放，以使其變異數小於其他變數；又或者，對於非常大的資料集，我們可以將分群法應用於具有特定類別值的各個資料子集。例如，我們可以將分群分別應用於有房貸的貸款者、無房貸的貸款者以及租屋的貸款者。

本章總結

為了降低數值型資料的維度，主要使用的工具是主成分分析或 K-means 分群法。這兩種方法都需要注意資料的適當縮放以確保有意義的資料縮減。

對於使用高度結構化的資料進行分群（其中的集群間隔良好），所有方法都可能會產生相似的結果，而每種方法都有其各自的優勢。K-means 可以擴展到非常大的資料，並且易於理解；階層式分群可以應用於數值和類別的混合資料類型，並使其具有直觀的顯示效果（樹狀圖）。與啟發式方法相反，以模型為基礎的分群法建立在統計理論的基礎上，因此它提供了更嚴格的方法。但是，對於非常大的資料而言，K-means 仍然是最主要使用的方法。

對於有雜訊的資料，例如貸款和股票資料（以及資料科學家將要面對的許多資料），選擇就變得更加嚴峻。K-means、階層式分群，尤其是以模型為基礎的分群法都產生了截然不同的解決方案。那麼資料科學家應該如何選擇呢？不幸的是，沒有簡單的經驗法則可以引導選擇，最終，所使用的方法將取決於資料規模和應用的目標。

參考書目

[Baumer-2017] Baumer, Benjamin, Daniel Kaplan, and Nicholas Horton. *Modern Data Science with R*. Boca Raton, Fla.: Chapman & Hall/CRC Press, 2017.

[bokeh] Bokeh Development Team. "Bokeh: Python library for interactive visualization" (2014). *https://bokeh.pydata.org*.

[Deng-Wickham-2011] Deng, Henry, and Hadley Wickham. "Density Estimation in R." September 2011. *https://oreil.ly/-Ny_6*.

[Donoho-2015] Donoho, David. "50 Years of Data Science." September 18, 2015. *https://oreil.ly/kqFb0*.

[Duong-2001] Duong, Tarn. "An Introduction to Kernel Density Estimation." 2001. *https://oreil.ly/Z5A7W*.

[Few-2007] Few, Stephen. "Save the Pies for Dessert." *Visual Business Intelligence Newsletter*. Perceptual Edge. August 2007. *https://oreil.ly/_iGAL*.

[Freedman-2007] Freedman, David, Robert Pisani, and Roger Purves. *Statistics*. 4th ed. New York: W. W. Norton, 2007.

[Hintze-Nelson-1998] Hintze, Jerry L., and Ray D. Nelson. "Violin Plots: A Box Plot–Density Trace Synergism." *The American Statistician* 52, no. 2 (May 1998): 181–84.

[Galton-1886] Galton, Francis. "Regression Towards Mediocrity in Hereditary Stature." *The Journal of the Anthropological Institute of Great Britain and Ireland* 15 (1886): 246–63. *https://oreil.ly/DqoAk*.

[ggplot2] Wickham, Hadley. *ggplot2: Elegant Graphics for Data Analysis*. New York: Springer-Verlag New York, 2009. *https://oreil.ly/O92vC*.

[Hyndman-Fan-1996] Hyndman, Rob J., and Yanan Fan. "Sample Quantiles in Statistical Packages." *American Statistician* 50, no. 4 (1996): 361–65.

[lattice] Sarkar, Deepayan. *Lattice: Multivariate Data Visualization with R*. New York: Springer, 2008. *http://lmdvr.r-forge.r-project.org*.

[Legendre] Legendre, Adrien-Marie. *Nouvelle méthodes pour la détermination des orbites des comètes*. Paris: F. Didot, 1805. *https://oreil.ly/8FITJ*.

[NIST-Handbook-2012] "Measures of Skewness and Kurtosis." In *NIST/SEMATECH e-Handbook of Statistical Methods*. 2012. *https://oreil.ly/IAdHA*.

[R-base-2015] R Core Team. "R: A Language and Environment for Statistical Computing." R Foundation for Statistical Computing. 2015. *https://www.r-project.org*.

[Salsburg-2001] Salsburg, David. *The Lady Tasting Tea: How Statistics Revolutionized Science in the Twentieth Century*. New York: W. H. Freeman, 2001.

[seaborn] Waskom, Michael. "Seaborn: Statistical Data Visualization." 2015. *https://seaborn.pydata.org*.

[Trellis-Graphics] Becker, Richard A., William S.Cleveland, Ming-Jen Shyu, and Stephen P. Kaluzny. "A Tour of Trellis Graphics." April 15, 1996. *https://oreil.ly/LVnOV*.

[Tukey-1962] Tukey, John W. "The Future of Data Analysis." *The Annals of Mathematical Statistics* 33, no. 1 (1962): 1–67. *https://oreil.ly/qrYNW*.

[Tukey-1977] Tukey, John W. *Exploratory Data Analysis*. Reading, Mass.: Addison-Wesley, 1977.

[Tukey-1987] Tukey, John W. *The Collected Works of John W. Tukey*. Vol. 4, *Philosophy and Principles of Data Analysis: 1965–1986*, edited by Lyle V. Jones. Boca Raton, Fla.: Chapman & Hall/CRC Press, 1987.

[Zhang-Wang-2007] Zhang, Qi, and Wei Wang. "A Fast Algorithm for Approximate Quantiles in High Speed Data Streams." *19th International Conference on Scientific and Statistical Database Management (SSDBM 2007)*. Piscataway, NJ: IEEE, 2007. Also available at *https://oreil.ly/qShjk*.

索引

※ 提醒您：由於翻譯書排版的關係，部份索引名詞的對應頁碼會和實際頁碼有一頁之差。

A

A/B testing（A/B 測試），88-93
  benefits of using a control group（使用對照組的好處），89
  epsilon-greedy algorithm for（epsilon 貪婪算法），133
  examples of（範例），88
  hypotheses in（假設），93
  importance of obtaining permissions（獲得權限的重要性），92
  multi-arm bandits versus（多臂老虎機與～），134
  traditional, shortcoming of（傳統測試的缺點），91
accuracy（準確度），219
Adaboost（Adaboost 算法），270
  boosting algorithm（提升法），272
adjusted R-squared（調整後的 R 平方），153
adjustment of p-values（p 值的調整），112
agglomerative algorithm（聚合式分群法），307
AIC（Akaike's Information Criteria）（赤池資訊量準則），156, 313
AICc（修正的赤池資訊量準則），156
all subset regression（所有子集迴歸），156
alpha，103, 106
  alpha inflation（alpha 膨脹），112
alternative hypothesis（對立假設），93, 95
American Statistical Association（ASA），statement on use of p-values（美國統計協會關於使用 p-value 的說法），108
analysis of variance（ANOVA）（單因子變異數分析），82, 118-124
  decomposition of variance（解構變異數），123
  F-statistic（F 統計量），121
  two-way ANOVA（二因子變異數分析），123
anomaly detection（異常檢測），141
  outliers and（離群值與～），11
arms（multi-arm bandits）（多臂老虎機算法），132
AUC（area under the ROC curve）（ROC 曲線下方的面積），226-228
average linkage metric（平均連結法計量），307
average value（平均值，請見 mean）

B

b-spline（basis spline）（B 樣條），190
backward elimination（向後消去法），156, 158
backward selection（向後選取法），158
bagging（引導聚集算法、袋裝法），65, 96, 238, 260
  boosting versus（提升法與袋裝法），270
bandit algorithms（吃角子老虎機算法），132
  （亦可參閱 multi-arm bandits）
bar charts（長條圖），27
  histograms and（直方圖與長條圖），29
Bayesian approach in Thompson's sampling（湯普森抽樣中的貝氏方法），134
Bayesian classification（貝氏分類），197
  （亦可參閱 naive Bayes algorithm）
Bayesian information criteria（BIC）（貝氏資訊量準則），156, 313-315
beta distribution（Beta 分布），134

bias（偏差、偏誤），50
  biased estimates from naive Bayes classifier
    （單純貝氏分類的偏差估計量），200
  selection bias（選擇偏誤），54-57
bias-variance trade-off（偏誤與變異數的權
    衡），247
biased estimates（偏差估計量），15
bidirectional alternative hypothesis（雙向對立假
    設），95
big data
  predictive models in（～中的預測模型），47
  value of（～的價值），52
binary data（二元資料），2
  exploring（探索），27-30
binary dummy variables（二元虛擬變數），242
binary outcomes（二元結果），77
binary variables（二元變數），162, 317
binomial distribution（二項分布），79-80
binomial trials（二項式的試驗），79
bins, in frequency tables and histograms（次數
    表與直方圖中的組別），22
biplot（雙標圖），293
bivariate analysis（雙變量分析），35
black swan theory（黑天鵝效應），73
blind studies（盲測研究），91
boosted trees（提升樹），249, 260
boosting（提升法），238, 270-283
  versus bagging（～與袋裝法），270
  boosting algorithm（提升算法），271
  hyperparameters and cross-validation（超參
    數與交叉驗證），280-282
  regularization, avoiding overfitting with（使
    用正則化避免過度配適），274-280
  XGBoost software（XGBoost 軟體），272-
    274
bootstrap（自助法），61-66
  algorithm for bootstrap resampling of the
    mean（自助法對平均數的重抽樣算
    法），62
  bootstrap and permutation tests（自助法與置
    換檢驗），102

confidence interval generation（產生信賴區
    間），67, 161-162
  in resampling（重抽樣中的～），96
  resampling versus bootstrapping（重抽樣
    與～），66
  sampling of variables in random forest
    partitioning（隨機森林中的變數抽
    樣），262
  standard error and（標準誤差與～），61
bootstrap aggregating（請見 bagging）
bootstrap sample（自助法樣本），62
boxplots（箱形圖），19
  comparing numeric and categorical data（比
    較數值資料與類別資料），40
  extending with conditional variables（帶條件
    變數），42
  percentiles and（與百分位數），20-21
  violin plots versus（與小提琴圖），41
Breiman, Leo, 237, 249
bubble plots（泡泡圖），180

C

categorical data（類別資料）
  exploring（探索），27-30
    expected value（期望值），29
    mode（眾數），29
    probability（機率），30
  exploring numeric variable grouped by
    categorical variable（探索按類別變數
    分組的數值變數），40
  exploring two categorical variables（探索兩
    個類別變數），38
  importance of the concept（重要的概念），3
categorical variables（類別變數），162
  （亦可參閱 factor variables）
  converting to dummy variables（轉換為虛擬
    變數），164
  required for naive Bayes algorithm（單純貝
    氏分類算法所需），197
  scaling（尺度化）（請見 scaling and
    categorical variables）

causation, regression and（迴歸與因果關係），148

central limit theorem（中央極限定理），57, 61
    Student's t-distribution and（學生 t 分布），77

central tendency chance variation（集中趨勢機遇變異，請見 estimates of location），104

chi-square distribution（卡方分布），80, 127

chi-square statistic（卡方統計量），124, 125

chi-square test（卡方檢定），124-131
    Fisher's exact test（Fisher 精確性檢定），128-130
    relevance for data science（與資料科學的相關性），130
    resampling approach（重抽樣的方法）124, 124
    statistical theory（統計學理論），127

class purity（分類的純正性），254, 254

classification（分類），195-236
    discriminant analysis（區別分析），201-206
        covariance matrix（共變異數矩陣），202
        Fisher's linear discriminant（Fisher 線性區別分析），203
        simple example（簡單的範例），203-206
    evaluating models（評估模型），218-230
        AUC metric（AUC 指標），226-228
        confusion matrix（混淆矩陣），221-222
        lift（增益值；提升度），228
        precision, recall, and specificity（精確率、召回率、特異性），223
        rare class problem（罕見的分類問題），223
        ROC curve（ROC 曲線），223-226
    logistic regression（邏輯迴歸），207-218
        comparison to linear regression（與線性迴歸之比較），214-215
        generalized linear models（廣義的線性模型），210-211
        interpreting coefficients and odds ratio（解讀迴歸係數與勝算比），213
        logistic response function and logit（邏輯反應函數與 logit），207

predicted values from（～的預測數值），211
    naive Bayes algorithm（單純貝氏分類算法），196-201
        applying to numeric predictor variables（應用於數值型預測變數），200
        predicting more than two classes（預測兩個以上的分類），196
    strategies for imbalanced data（對不平衡資料的策略），230-236
        cost-based classification（基於成本的分類），234
        data generation（資料產生），233
        exploring the predictions（探索預測值），234-235
        oversampling and up/down weighting（過額抽樣與上下加權），232
        undersampling（低額抽樣），231
    unsupervised learning as building block（非監督式學習作為基礎），286

Classification and Regression Trees（CART）（分類與迴歸樹），249（請見 tree models）

cluster mean（集群平均），294, 295, 300
    PCA loadings versus（PCA 載重量與～），301

clustering（分群、集群分析），285
    categorical variables posing problems in（分群中構成問題類別變數），317
    hierarchical（階層式分群法），303-308
        agglomerative algorithm（聚合式分群法），307
        dissimilarity metrics（差異指標），307-308
        representation in a dendrogram（以樹狀圖表示），305-307
        simple example（簡單的範例），304
    K-means（K-means 分群法），294-303
        interpreting the clusters（解讀分群），299-301
        K-means algorithm（K-means 演算法），298

selecting the number of clusters（選定分群數量），301

simple example（簡單的範例），295

model-based（基於模型），309-316

mixtures of normals（混合常態），311-313

multivariate normal distribution（多變量常態分布），309

selecting the number of clusters（選定分群數量），313-315

problems with clustering mixed data（混合資料分群的問題），323

uses of（使用），286

clusters（集群），294

coefficient of determination（確定係數），153

coefficients（係數）

confidence intervals and（信賴區間與係數），161

in logistic regression（邏輯迴歸中的～），213

in multiple linear regression（多元線性迴歸中的～），151

in simple linear regression（簡單線性迴歸中的～），143

cold-start problems, using clustering for（使用分群法處理冷啟動問題），286

complete-linkage method（完全連結法），307

conditional probability（條件機率），197

conditioning variables（條件變數），42

confidence intervals（信賴區間），160

algorithm for bootstrap confidence interval（自助法的信賴區間算法），67

application to data science（資料科學的應用），68

level of confidence（信賴水準），68

prediction intervals versus（預測區間與～），162

confounding variables（混淆變數），170, 172, 173

confusion matrix（混淆矩陣），219, 221-222

contingency tables（列聯表），35

summarizing two categorical variables（彙總兩個類別變數），38

continuous data（連續資料），2

contour plots（等高線圖），35

using with hexagonal binning（與六邊形圖一起使用），35-38

contrast coding（對照編碼），166

control group（對照組），88

benefits of using（使用的好處），89

Cook's distance（庫克距離），180

correlated predictor variables（相關預測變數），170

correlation（相關性），30-35

example, correlation between ETF returns（ETF 收益之間的相關性範例），32

key concepts（主要概念），34

key terms for（重要術語），30

scatterplots（散佈圖），33

correlation coefficient（相關係數），31

calculating Pearson's correlation coefficient（計算 Pearson 相關係數），31

other types of（其他類型的～），33

correlation matrix（相關矩陣），32, 318

correspondence analysis（對應分析），293-294

cost-based classification（基於成本的分類），234

covariance（共變異數），202, 289

covariance matrix（共變異數矩陣），203, 242, 309

cross validation（交叉驗證），154, 247

using for hyperparameters（用於超參數），280-282

using to select principal components（用於選取主成分），293

using to test values of hyperparameters（用於測試超參數的值），270

cumulative gains chart（累積增益表），228

D

d.f. (degrees of freedom)，117

（亦可參閱 degrees of freedom）

data analysis（資料分析），1

（亦可參閱 exploratory data analysis）

data distribution（資料分布），19-27, 57

  density plots and estimates（密度圖與估計量），24-27

  frequency table and histogram（次數表與直方圖），22-24

  percentiles and boxplots（百分位數與箱形圖），20-21

  sampling distribution versus（抽樣分布與～），58

data frames（資料框），4

  histograms for（直方圖），23

  and indexes（～與索引），6

  typical data frame（典型的資料框），5

data generation（資料產生），230, 233

data quality（資料品質），48

  sample size versus（樣本規模與～），52

data science（資料科學）

  A/B testing in（～中的 A/B 測試），91

  multiplicity and,（多重檢定與～），115

  p-values and（p 值與～），108

  permutation tests, value of（置換檢驗的價值），102

  relevance of chi-square tests（卡方檢定的相關性），130

  t-statistic and（t 統計量與～），154

  value of heteroskedasticity for（異質變異的價值），183

data snooping（資料窺探），54

data types（資料類型）

  key terms for（重要術語），2

  resources for further reading（延伸閱讀），4

data-centric approach, excessive（過度以資料為中心的方法），75

database normalization vs. normalization in statistics（資料庫正規化與統計中的正規化），243

databases, data types in（資料庫中的資料類型），4

decile gains charts（十分位數的增益圖），228

decision trees（決策樹），249

ensemble learning applied to（應用於～的集成學習），237

older meaning in human decision analysis（在人類決策分析中較舊的意義），250

running multiple on bootstrap samples（自助法抽樣中運行多個～），64

decomposition of variance（解構變異數），118, 123

degrees of freedom（自由度），15, 116-118, 122

  for chi-square distribution（用於卡方分布），127

  t-distribution and（t 分布），77

dendrograms（樹狀圖），304, 305-307, 322

density plots（密度圖），19

  and estimates（和估計量），24

departure from expectation（超出預期），80

dependent variables（因變數、依賴變數），6, 143

（亦可參閱 response）

deviance（偏差量），214

  attempt to minimize in logistic regression（嘗試最小化邏輯迴歸），233

deviation coding（偏差編碼），163, 166

deviations（偏差）

  defined（定義），13

  standard deviation and related estimates（標準差及相關估計量），14

discrete data（離散資料），2

discriminant analysis（區別分析），201-206

  covariance matrix（共變異數矩陣），202

  Fisher's linear discriminant（Fisher 線性區別分析），203

  linear discriminant analysis（LDA）（線性區別分析），202

  simple example（簡單的範例），203-206

  variants of（變異），206

discriminant function（區別函數），202

discriminant weights（區別權重），202

dispersion（離散程度），13

（亦可參閱 variability）

dissimilarity metrics（差異指標），304, 307-308

  complete-linkage method（完全連結法），307

distance metrics（距離指標）, 239, 241
　　Gower's distance（高爾距離）, 321
　　in hierarchical clustering（階層式分群
　　　　的～）, 304, 307
　　Manhattan distance（曼哈頓距離）, 321
dominant variables（優勢變數）, 319-321
Donoho, David, 1
double blind studies（雙盲研究）, 91
downsampling（降抽樣）, 231
　　（亦可參閱 undersampling）
dummy variables（虛擬變數）, 162, 242
　　representation of factor variables in regression
　　　　（在迴歸分析中代表因子變數）, 163
Durbin-Watson statistic（Durbin-Watson 統計
　　量）, 184

E

effect size（效果大小）, 135, 137
elbow method（肘部法則）, 301, 315
Elder, John, 55
ensemble learning（集成學習）, 237
　　staged use of K-Nearest Neighbors（分階段
　　　　使用 K 近鄰算法）, 247
ensemble of models（模型的集成）, 259
　　bagging and boosting（袋裝法和提升法）,
　　　　260
　　creating using boosting（使用提升法）, 270
entropy of information（資訊量的熵）, 254
epsilon-greedy algorithm for A/B test（用於 A/B
　　測試的 epsilon 貪婪演算法）, 133
errors（誤差）, 69
　　prediction errors（預測誤差）, 145
　　　　（亦可參閱 residuals）
estimates（估計量）
　　hat notation and（帽子符號和～）, 146
　　metrics and（指標和～）, 9
estimates of location（位置估計量）, 7-13
Euclidean distance（歐式距離）, 242, 307
exact tests（精確性檢定）, 102
　　Fisher's exact test（Fisher ～）, 128-130

exhaustive permutation tests（徹底置換檢驗）,
　　102
expectation or expected（預期或預期的）, 124
　　departure from（超出預期）, 80
expected value（期望值）, 27, 29
explanation（profiling）, prediction versus（預測
　　與解釋）, 148
exploratory data analysis（探索式資料分析）,
　　1-45
　　categorical and binary data（類別與二元資
　　　　料）, 2-4, 27-30
　　correlation（相關性）, 30-35
　　data distribution（資料分布）, 19-27
　　estimates of location（位置估計量）, 7-13
　　estimates of variability（變異性的估計量）,
　　　　13-19
　　exploring two or more variables（探索兩個或
　　　　多個變數）, 35-45
　　for predictions from classification models（用
　　　　於分類模型的預測）, 234
　　unsupervised learning as extension of（非監
　　　　督式學習為～的延伸）, 285
Exploratory Data Analysis（Tukey）, 1
exponential distribution（指數分布）, 84
extrapolation（外插法）
　　dangers of（～的危險）, 160
　　defined（定義）, 160

F

F-distribution（F 分布）, 82
F-statistic（F 統計量）, 118, 121, 154
facets, 43
factor variables（因子變數）, 3, 117, 162-168
　　binary, odds ratio for（二元變數的勝算比）,
　　　　213
　　coding in logistic regression（邏輯迴歸的編
　　　　碼）, 215
　　different codings（不同的編碼）, 166
　　dummy variable representations（虛擬變數的
　　　　呈現）, 163
　　in naive Bayes algorithm（在單純貝氏分類
　　　　算法中的～）, 197

ordered（排序的～），168

with many levels（多層的～），166-167

failure rate, estimating（估計失敗率），84

false discovery rate（錯誤發現率），112, 115

false positive rate（偽陽性率），222

feature selection（選取特徵值）

chi-square tests in（在卡方檢定中），131

in stepwise regression（在逐步迴歸中），155

using discriminant analysis for（使用區別分析），203

features（特徵），5, 143

（亦可參閱 predictor variables）

K-Nearest Neighbors as feature engine（K 近鄰算法作為特徵引擎），247-248

terminology differences（術語差異），6

field view (spatial data)（場觀點（空間資料）），6

Fisher's exact test（Fisher 精確性檢定），128-130

relevance for data science（與資料科學的相關性），130

Fisher's linear discriminant（Fisher 線性區別分析），203

Fisher's scoring（Fisher 評分），215

Fisher, R.A., 201

fitted values（配適值、預測值），142

in multiple linear regression（在多元線性迴歸中），149

in simple linear regression（在簡單線性迴歸中），145

fitting the model（配適模型）

bias-variance trade-off（偏誤與變異數的權衡），247

K-Nearest Neighbors, advantages of（K 近鄰算法的優點），247

linear versus logistic regression（線性迴歸與邏輯迴歸），214

random forest fit to loan default data（隨機森林算法配適貸款違約資料），266

rules for simple tree model fit to loan data（配適貸款資料的簡單樹模型規則），251

folds（折），155, 280

forward selection（向前選取法），156, 158

frequency tables（次數表），19

example, murder rates by state（美國各州謀殺率的範例），22

Friedman, Jerome H.（Jerry），237

G

gains（增益），228

（亦可參閱 lift）

Gallup Poll, 49

Galton, Francis, 55, 259

Gauss, Carl Friedrich, 147

Gaussian distribution（高斯分布），71

（亦可參閱 normal distribution）

generalized additive models（GAM）（廣義加法模型），187, 192-193

logistic regression fit with（使用於邏輯迴歸配適），234

generalized linear models（GLMs）（廣義線性模型），210-211

characteristics and applications of（特點與應用），211

Gini coefficient（吉尼係數），255

Gini impurity（吉尼不純度），254, 266

Google Analytics, 98

Gosset, W. S., 76

Gower's distance（高爾距離），316

using to scale categorical variables（用於訂定類別變數的尺度），321

gradient boosting（梯度提升法），270, 272

graphs（圖），7

in computer science versus statistics（在電腦科學與統計學中），7

greedy algorithms（貪婪演算法），134

H

hat notation, estimates versus known values（帽子符號，估計量與已知數值），146

hat-value（帽值），176, 179

heat maps（熱力圖），38

heteroskedastic errors（有異質變異的誤差），183

heteroskedasticity（異質變異），176, 182
　　value to data science（對資料科學的價值），183

hexagonal binning（六邊形分組），35
　　and contours, plotting relationship between two numeric values（與等高線，繪製兩個數值之間的關係），35-38
　　extending with conditional variables（帶條件變數），42

hierarchical clustering（階層式分群法），303-308
　　agglomerative algorithm（聚合式分群法），307
　　dissimilarity metrics（差異指標），307-308
　　representation in dendrogram（以樹狀圖表示），305-307
　　simple example（簡單的範例），304
　　using with Gower's distance（使用高爾距離），321

histograms（直方圖），19
　　bar charts and（長條圖與~），29
　　plotting of（繪製），23
　　visualizing frequency tables with（視覺化次數表），23

homogeneity, measuring（測量同質性），254

hyperparameters（超參數），269, 271

hypothesis tests（假說檢定），93-96
　　alternative hypothesis（對立假設），95
　　false discovery rate（錯誤發現率），115
　　misinterpreting randomness（錯誤解讀隨機性），93
　　null hypothesis（虛無假設），94
　　one-way and two-way tests（單向和雙向檢定），95
　　structured to minimize type 1 errors（為最小化型 1 錯誤），1, 108

I

if-then-else rules (tree models)（if-then-else 規則，樹模型），250

imbalanced data strategies for classification model（分類模型中不平衡資料的處理策略），230-236, 241
　　cost-based classification（基於成本的分類），234
　　data generation（資料產生），233
　　exploring the predictions（探索預測），234-235
　　oversampling and up/down weighting（過額抽樣與上下加權），232

impurity（不純度），250
　　measuring（測量），254, 257

in-sample validation methods（在樣本中驗證的方法），158

independent variables（自變數、獨立變數），142, 143
　　（亦可參閱 predictor variables）

indexes, data frames and（資料框與索引），6

indicator variables（指標變數），162

inference（推論），1, 87

influence plots（影響力圖），180

influential values（影響值），176, 179

interactions（交互作用），170, 266
　　and main effects（與主效果），174-176

intercept（截距），142, 143

Internet of Things (IoT)（物聯網），2

interquartile range（四分位距），14, 17
　　calculating（計算），18

interval endpoints（區間終點），67

inverse logit function（邏輯反函數），207

inverse odds function（勝率反函數），208

IQR（請見 interquartile range）

K

K (in K-means clustering)，294, 301

K (in K-Nearest Neighbors)，230, 239, 249

k-fold cross-validation（K 折交叉驗證），154

K-means clustering（K-means 分群法），294-303
　　applying to data without normalization（應用於未正規化的資料），317
　　applying to normalized data（應用於正規化

的資料）, 318

  interpreting the clusters（解讀分群）, 299-301

  K-means algorithm（K-means 演算法）, 298

  selecting the number of clusters（選定分群數量）, 301

  simple example（簡單的範例）, 295

  using with binary data（使用二元資料）, 323

K-Nearest Neighbors（K 近鄰算法）, 237, 238-249

  categorical data and（類別資料與～）, 317

  choosing K（K 值的選擇）, 246

  distance metrics（距離指標）, 241

  example, predicting loan default（預測貸款違約的範例）, 239-241

  as a feature engine（作為特徵引擎）, 247-248

  one hot encoder and（One-hot 編碼器與～）, 242

  standardization in（在～中的標準化）, 243-246

Kendall's tau（Kendall's tau 相關係數）, 33

kernel density estimates（核密度估計量）, 19, 24

  （亦可參閱 density plots）

KNN（請見 K-Nearest Neighbors）

knots（結點）, 187, 190

kurtosis（峰度）, 24

L

lasso regression（lasso 迴歸算法）, 158, 279

Latent Dirichlet Allocation（隱含狄利克雷分布）, 202

leaf（葉）, 250

least squares regression（最小平方迴歸）, 143, 147, 279

Legendre, Adrien-Marie, 148

level of confidence（信賴水準）, 68

leverage（槓桿）

  defined（定義）, 176

  influential values in regression（在迴歸中的影響值）, 179

lift（提升、增益率）, 219, 228

  lift curve（提升曲線）, 228

  uplift and（增量與～）, 229

linear discriminant analysis（LDA）（線性區別分析）, 202, 234

  （亦可參閱 discriminant analysis）

  principal components analysis as unsupervised version（主成分分析為非監督式版本）, 286

linear discriminant function（線性區別函數）, 203, 206

linear model（lm）（線性模型）, 144, 149

linear regression（線性迴歸）

  comparison to logistic regression（與邏輯迴歸比較）, 214-215

  examination of residuals to see if fit can be improved（對殘差做測試以改善配適）, 270

  generalized linear model（GLM）（廣義線性模型）, 210

  multicollinearity problems caused by one hot encoding（One-hot 編碼造成的多重共線性問題）, 243

  multiple（多元線性迴歸）, 149-160

    assessing the model（評估模型）, 152

    cross validation（交叉驗證）, 154

    example, estimating value of houses（估算房屋價值的範例）, 149-151

    model selection and stepwise regression（模型選擇與逐步迴歸）, 155-158

    weighted regression（加權迴歸）, 158-160

  prediction vs. explanation（預測與解釋）, 148

  simple（簡易的）, 141-149

    fitted values and residuals（配適值與殘差）, 145

    least squares（最小平方）, 147

    regression equation（迴歸等式）, 143-145

Literary Digest poll of 1936, 49

loadings（載重）, 286

  cluster mean versus（集群平均與～）, 301

plotting for top principal components（繪製主成分）, 291

with negative signs（與負號～）, 289

location, estimates of（位置估計量）, 7-13

log-odds function（對數比值函數）（請見 logit function）

log-odds ratio and odds ratio（對數比值比與勝算比）, 214

logistic linear regression（邏輯線性迴歸）, 234

logistic regression（邏輯迴歸）, 207-218

assessing the model（評估模型）, 215-218

comparison to linear regression（與線性迴歸比較, 214-215

fit using generalized additive model（用於廣義加法模型）, 234

and the generalized linear model（與廣義線性模型）, 210-211

interpreting coefficients and odds ratio（解讀迴歸係數與勝算比）, 213

logistic response function and logit（邏輯反應函數與 logit）, 207

multicollinearity problems caused by one hot encoding（One-hot 編碼造成的多重共線性問題）, 243

predicted values from（～的預測值）, 211

logistic response function（邏輯反應函數）, 207, 208

logit function（logit 函數）, 207, 208

long-tail distributions（常尾分布）, 73-75

loss（損失）, 250

in simple tree model example（簡單樹狀模型的範例）, 252

loss function（損失函數）, 233

M

machine learning（機器學習）, 237

（亦可參閱 statistical machine learning; supervised learning; unsupervised learning）

overfitting risk, mitigating（減緩過度配適的風險）, 112

statistics versus（統計與～）, 238

use of resampling to improve models（運用重抽樣以改善模型）, 96

MAD（請見 median absolute deviation from the median）

Mahalanobis distance（馬氏距離）, 203, 242

main effects（主效果）, 170

interactions and（交互作用與～）, 174-176

Mallows Cp（Mallows Cp 統計量）, 156

Manhattan distance（曼哈頓距離）, 242, 279, 321

maximum likelihood estimation（MLE）（最大似然估計法）, 215, 218

mean（平均數）, 9

regression to（平均數迴歸）, 55

sample mean versus population mean（樣本平均數與母體平均數）, 53

trimmed mean（截尾平均數）, 9

weighted mean（加權平均數）, 10

mean absolute deviation（平均絕對偏差）, 14

formula for calculating（計算公式）, 15

median（中位數）, 8, 10

median absolute deviation from the median（MAD）（中位數絕對偏差）, 14, 16

medical screening tests, false positives and（偽陽性與醫學檢測）, 222

metrics（指標）, 9

minimum variance metric（最小變異數指標）, 307

mode（眾數）, 27

examples in categorical data（類別資料的範例）, 29

model-based clustering（模型基礎分群）, 309-316

limitations of（限制）, 315

mixtures of normals（混合常態）, 311-313

multivariate normal distribution（多元常態分布）, 309

selecting the number of clusters（選定分群數量）, 313-315

moments（of a distribution）（動差）, 24

multi-arm bandits（多臂老虎機算法）, 91, 131-134

multicollinearity（多重共線性）, 170, 172
  and predictors used twice in KNN（與在 KNN 中使用兩次的預測變數）, 247
  problems caused by one hot encoding（one-hot 編碼造成的問題）, 243
multicollinearity errors（多重共線性誤差）, 117, 164
multiple testing（多重檢定）, 112-116
multivariate analysis（多變量分析）, 35-45
multivariate bootstrap sampling（多變量自助抽樣）, 64
multivariate normal distribution（多變量常態分布）, 309
  mixtures of normals（混合常態）, 311-313

N

N（or n）referring to total records（表示總紀錄筆數）, 9
n or n – 1, dividing by in variance formula（在變異數公式中除以 n 或 n-1）, 1, 15
n or n – 1, dividing by in variance or standard deviation formula（在變異數或標準差公式中除以 n 或 n-1）, 1, 116
n or sample size（樣本大小）, 117
naive Bayes algorithm（單純貝氏分類算法）, 196-201
  numeric predictor variables with（使用數值型預測變數）, 200
  solution（解法）, 198-200
  why exact Bayesian classification is impractical（為什麼準確的貝氏分類不可行）, 197
neighbors（in K-Nearest Neighbors）（近鄰）, 239
network data structures（網路資料結構）, 7
node（節點）s, 249
non-normal residuals（非常態殘差）, 176, 182
nonlinear regression（非線性迴歸）, 188
nonrandom samples（非隨機樣本）, 49
nonrectangular data structures（非矩形資料結構）, 6
normal distribution（常態分布）, 69-72

key concept（主要概念）, 72
  misconceptions about（對 ~ 的錯誤觀念）, 69
  multivariate（多變量 ~）, 309
  standard normal and QQ-Plots（標準常態分布與 QQ 圖）, 71
normalization（正規化）, 71, 243, 316
（亦可參閱 standardization）
  in statistics, vs. database normalization（在統計中與資料庫中的 ~）, 243
  scaling the variables（設定變數尺度）, 317-318
null hypothesis（虛無假設）, 93, 94, 104
  in click rate testing for web headlines（網站標題點擊率測試的 ~）, 125
  using alternative hypothesis with（與對立假設一起使用）, 95
numeric data（數值資料）, 2
  dimension reduction of（減少維度）, 325
  exploring relationship between two numeric variables（探索兩個數值變數的關係）, 35-38
  grouped by categorical variable, exploring（探索按類別變數分組的 ~）, 40
numeric variables（數值變數）
  conversion of factor variables to, in regression（在迴歸中將因子變數轉換為 ~）, 162
  converting ordered factor variables to（將有序因子變數轉換為 ~）, 168
  Mahalanobis distance（馬式距離）, 242

O

object representation（spatial data）（物件呈現（空間資料）），6
Occam's razor（奧卡姆剃刀定律）, 155
odds（勝算）, 208
  obtaining probability from（從 ~ 獲得機率）, 208
odds ratio（勝算比）, 213
  relationship with log-odds ratio（與對數比值比的關係）, 214

omnibus tests（omnibus 檢定）, 118

one hot encoding（One-hot 編碼）, 163, 164, 243, 317

one-way ANOVA（單因子變異數分析）, 123

one-way tests（單向檢定）, 93, 95

order statistics（順序統計量）, 14, 16

ordered factor variables（有序因子變數）, 168

ordinal data（順序資料）, 2

    importance of the concept（概念的重要性）, 3

ordinary least squares（OLS）regression（普通最小平方法迴歸）, 147, 182

out-of-bag estimate of error（out-of-bag 誤差估計）, 263

out-of-sample validation（樣本外驗證）, 154

outcome（結果）, 5

outliers（離群值）, 8, 11

    correlation coefficient and（相關係數與～）, 32

    in boxplots（箱形圖中的～）, 21

    in regression diagnostics（迴歸診斷中的～）, 177-178

overfitting（過度配適）, 112

    avoiding using regularization（使用正則化以避免～）, 274-280

oversampling（過額抽樣）, 230

    and up/down weighting（與上下加權）, 232

P

p-values（p 值）, 103-109, 121

    adjustment of（調整）, 112

    alpha（alpha 值）, 106

    chi-square distribution and（卡方分布與～）, 127

    controversy over use of（過度使用的爭議）, 106

    data science and（資料科學與～）, 108

    practical significance and（實務顯著性與～）, 108

    t-statistic and（t 統計量與～）, 153

    type 1 and type 2 errors（型 1 錯誤與型 2 錯誤）, 108

pairwise comparisons（成對比較）, 118, 119

partial residual plots（部分殘差圖）, 176, 185

    for spline regression（對樣條迴歸的）, 191

    in logistic regression（用於邏輯迴歸）, 216

    nonlinearity and（非線性與～）, 187

partitions in trees（樹狀模型中的區分）, 249, 258

    random forests（隨機森林）, 262

    recursive partitioning algorithm（遞迴區分算法）, 252-254

PCA（請見 principal components analysis）

Pearson residuals（Pearson 殘差）, 125

Pearson's chi-square test（Pearson 卡方檢定）, 124

Pearson's correlation coefficient（Pearson 迴歸係數）, 31

Pearson, Karl, 286

penalized regression（懲罰迴歸）, 158, 175

penalty on model complexity（模型複雜度的懲罰）, 276

percentiles（百分位數）, 8, 14

    and boxplots（與箱形圖）, 20-21

    estimates based on（根據～的估計量）, 17

    precise definition of（精確的定義）, 17

permissions for scientific and medical testing（科學與醫學測試的許可）, 92

permutation tests（置換檢驗）, 96, 97-103, 105

    for ANOVA（對變異數分析的）, 120

    for chi-square test（對卡方檢定的～）, 126

    estimating p-values from（在～中估計 p 值）, 106

    exhaustive and bootstrap（詳盡的～與自助法）, 102

    value for data science（對資料科學的價值）, 102

    web stickiness example（網站黏著度的範例）, 98-102

pertinent records（in searches）（在搜索中的相關紀錄）, 53

pie charts,（圓餅圖）27, 27, 28

pivot tables（樞紐分析表）, 39

    （亦可參閱 contingency tables）

point estimates（點估計）, 67

Poisson distributions（泊松分布）, 83, 211

polynomial coding（多項式編碼）, 166

polynomial regression（多項式迴歸）, 188

population（母體）, 48

population mean vs. sample mean（母體平均數與樣本平均數）, 53

posterior probability（後驗機率）, 197, 200

power and sample size（檢定力與樣本規模）, 135-139

calculating, components in（計算）, 137

power（檢定力）, 135

sample size（樣本規模）, 136

practical significance versus statistical significance（實務顯著性與統計顯著性）, 108

precision（精確率）, 219, 223

precision-recall（PR）curve（精確率與召回率曲線）, 226

predicted values（預測值）, 145

（亦可參閱 fitted values）

prediction（預測）, 195

（亦可參閱 classification）

exploring predictions from classification models（探索分類模型的預測）, 234

fitted values and residuals in simple linear regression（簡單線性迴歸中的配適值與殘差）, 145

from random forests（隨機森林的預測）, 265

from XGBoost applied to loan default data（XGBoost 算法應用在貸款違約資料）, 274

harnessing results from multiple trees（多個樹模型的結果）, 258

predicted values from logistic regression（邏輯迴歸的預測值）, 211

predicting a continuous value with tree model（使用樹模型預測連續數值）, 257

predicting loan default with K-Nearest Neighbors（使用 K 近鄰算法預測貸款違約）, 239-241

prediction vs. explanation in simple linear regression（簡單線性迴歸的預測與解釋）, 148

unsupervised learning and（非監督式學習與～）, 286

using regression（使用迴歸）, 141, 160-162

confidence and prediction intervals（信賴與預測區間）, 160-162

dangers of extrapolation（外插法的危險）, 160

prediction intervals（預測區間）, 68, 160

confidence intervals versus（信賴區間與預測區間）, 162

predictive modeling（預測）

KNN as first stage for（以 KNN 作為預測的第一階段）, 247, 249

machine learning vs. statistics（機器學習與統計）, 238

predictor variables（預測變數）, 6, 143

correlated（相關的）, 170

isolating relationship between response and（反應與～之隔斷的關係）, 185

main effects and interactions（主效果與交互作用）, 174-176

nonlinear relationships among, captured by trees（由樹模型發現～之間的非線性關係）, 258

numeric, applying naive Bayes algorithm to（應用單純貝氏分類法於數值型預測變數）, 200

redundancy in（～中的冗餘）, 172

standardization in K-Nearest Neighbors（K 近鄰算法中的標準化）, 243

t-statistic and（t 統計量與～）, 154

used twice in KNN（在 KNN 中使用二次～）, 247

using more than two in linear discriminant analysis（在線性區別分析中使用二個以上～）, 206

principal components（主成分）, 286

principal components analysis（主成分分析）, 286-294, 323

cluster analysis versus（集群分析與～）, 301

computing principal components（計算主成分），289

correspondence analysis（對應分析），293-294

deciding how many components to choose（決定選擇主成分之數量），293

interpreting principal components（解讀主成分），290-293

scaling of variables（設定變數尺度），318

simple example（簡單的範例），286-289

using with binary data（與二元資料一起使用），323

probability（機率），30, 195

associated with a confidence interval（與信賴區間相關），68

output by K-Nearest Neighbors（由 K 近鄰算法產出結果），241

produced by tree models（由樹模型產生），254

propensity（傾向），195
（亦可參閱 probability）

proxy variables（代理變數），98

pruning（修枝），250, 256

pseudo-residuals（偽殘差），272

Q

QQ-Plots（QQ 圖），69

for returns of NFLX stock（NFLX 股票報酬的～），74

standard normal distribution and（標準常態分布與～），71

quadratic discriminant analysis（QDA）（二次區別分析），206

quantiles（四分位數），17
（亦可參閱 percentiles）

functions for（四分位數的函數），17

R

R-squared（R 平方），149, 153

R-Tutorial website（R 語言學習網站），4

random forests（隨機森林），238, 249, 259, 262-265

hyperparameters（超參數），269

variable importance in（隨機森林的變數重要性），266-269

random numbers, generation from Poisson distribution（泊松分布的隨機數字），83

random sampling（隨機抽樣），48-54

bias（偏誤），50

random selection（隨機選取），51

sample mean versus population mean（樣本平均數與母體平均數），53

size versus quality（樣本規模與樣本品質），52

random subset of variables（in random forest）（變數隨機子集（在隨機森林中）），262

randomization（隨機分派），88

randomness, underestimating and misinterpreting（隨機性的低估和誤解），93

range（全距），14, 16

ranking records, naive Bayes algorithm（單純貝氏分類的的排名紀錄），200

rare class problem（稀有類別的問題），223

recall（召回率），223
（亦可參閱 sensitivity）

trade-off with specificity（與特異性的取捨），223

Receiver Operating Characteristics curve（接收者操作特徵曲線）（請見 ROC curve）

records（紀錄），5, 142

rectangular data（矩形資料），4-7

key terms for（重要術語），4

terminology differences（術語差異），6

recursive partitioning（遞迴區分算法），249, 252-254

reducing the dimension of the data（減少資料維度），285

reference coding（參考編碼），163, 165, 175, 210

regression（迴歸），141-194

ANOVA as first step toward statistical model（將 ANOVA 作為邁向統計模型的第一步），123

causation caution（注意因果性），148

diagnostics（～診斷），176-187

heteroskedasticity, non-normality, and correlated errors（異質變異、非常態及相關誤差）, 182-185

influential values（具影響力的數值）, 179

outliers（離群值）, 177

partial residual plots and nonlinearity（部分殘差圖與非線性）, 185

factor variables in（～中的因子變數）, 117, 162-168

dummy variables representation（虛擬變數的呈現）, 163

ordered factor variables（有序因子變數）, 168

with many levels（多層迴歸中的～）, 166-167

interpreting the regression equation（解讀迴歸等式）, 168-176

confounding variables（混淆變數）, 172-173

correlated predictor variables（相關預測變數）, 170

interactions and main effects（交互作用與主效果）, 174-176

multicollinearity（多重共線性）, 172

logistic regression（邏輯迴歸）, 207-218

comparison to linear regression（與線性迴歸比較）, 214-215

meanings of term（術語的意義）, 148

multiple linear regression（多元線性迴歸）, 149-160

assessing the model（評估模型）, 152

cross validation（交叉驗證）, 154

example, estimating value of houses（估算房屋價值的範例）, 149-151

model selection and stepwise regression（模型選擇與逐步迴歸）, 155-158

weighted regression（加權迴歸）, 158-160

polynomial and spline regression（多項式與樣條迴歸）, 187-193

generalized additive models（廣義加法模型）, 192-193

polynomial（多項式）, 188

splines（樣條）, 189

prediction with（預測）, 160-162

confidence and prediction intervals（信賴與預測區間）, 160-162

dangers of extrapolation（外插法的危險）, 160

simple linear regression（簡單線性迴歸）, 141-149

fitted values and residuals（配適值與殘差）, 145

least squares（最小平方）, 147

prediction vs. explanation（預測與解釋）, 148

regression equation（迴歸等式）, 143-145

with a tree（使用樹狀模型）, 257

unsupervised learning as building block（非監督式學習作為基礎）, 286

regression coefficients（迴歸係數）, 142, 144

comparison with full data and with influential data removed（與完整資料和與排除有影響力資料之比較）, 181

confidence intervals and（信賴區間）, 160

correlated predictors and（相關預測變數與～）, 171

regression to the mean（迴歸平均值）, 55

regularization（正則化）, 271

avoiding overfitting with（使用～以避免過度配適）, 274-280

L1 regularization（L1 正則化）, 276, 279

L2 regularization（L2 正則化）, 276, 279

replacement (in sampling)（放回、置換）, 48, 97

in bootstrap permutation tests（在提升置換檢驗中）, 102

sample with replacement（抽出放回的樣本）, 62

representativeness（代表性）, 48

through random sampling（透過隨機抽樣）, 51

resampling（重抽樣）, 62, 96-103

bootstrap and permutation tests（自助法與置換檢驗）, 96

bootstrapping versus（自助法與～）, 66
permutation tests（置換檢驗）, 97-103, 120
  exhaustive and bootstrap tests（徹底～與自助法檢驗）, 102
  value for data science（資料科學的價值）, 102
  web stickiness example（網站黏著度的範例）, 98-102
  using in chi-square test（使用卡方檢定）, 124, 126
rescaling variables, methods other than z-scores（z-score 之外的重訂變數尺標的方法）, 246
residual standard error（RSE）（殘差標準差）, 149, 152
residual sum of squares（RSS）（殘差平方和）, 147, 279
residuals（殘差）, 142
  analysis of, in logistic regression（邏輯迴歸中的殘差分析）, 216
  in multiple linear regression（多元線性迴歸中的～）, 149
  in simple linear regression（在簡單線性迴歸中）, 145
response（反應）, 6, 142, 143
  isolating relationship between predictor variable and（反應與～之隔斷的關係）, 185
ridge regression（嶺迴歸）, 158, 279
RMSE（請見 root mean squared error）
robust（穩健）, 8
robust estimates of correlation（相關性的穩健估計量）, 32
robust estimates of location（位置的穩健估計量）, 10-13
  example, location estimates of population and murder rates（母體位置估計量的範例與謀殺率）, 12
  median（中位數）, 10
    outliers and（離群值與～）, 11
  other robust metrics for（其他穩健指標）, 11
  weighted median（加權中位數）, 11

robust estimates of variability, median absolute deviation from the median（變異性的穩健估計量，中位數絕對偏差）, 16
robust estimates of variance, calculating robust MAD（變異數的穩健估計量，計算穩健的 MAD）, 18
ROC curve（ROC 曲線）, 219, 223-226
  AUC metric（AUC 指標）, 226-228
root mean squared error（RMSE）（均方根誤差）, 149, 152, 257
RSE（請見 residual standard error）
RSS（請見 residual sum of squares）

S

sample bias（樣本偏誤）, 49
sample statistic（樣本統計量）, 57
samples（樣本）
  sample size, power and（檢定力與樣本規模）, 135-139
  terminology differences（術語差異）, 6
sampling（抽樣）, 47-86
  binomial distribution（二項分布）, 79-80
  bootstrap（自助法）, 61-66
  chi-square distribution（卡方分布）, 80
  confidence intervals（信賴區間）, 66-68
  F-distribution（F 分布）, 82
  long-tailed distributions（長尾分布）, 73-75
  normal distribution（常態分布）, 69-72
  Poisson and related distributions（泊松與相關分布）, 82-86
    estimating the failure rate（估計失敗率）, 84
    exponential distribution（指數分布）, 84
    Poisson distributions（泊松分布）, 83
    Weibull distribution（韋伯分布）, 85
  random sampling and sample bias（隨機抽樣與樣本偏誤）, 48-54
  with and without replacement（有無替換）, 48, 62, 97, 102
  selection bias（選擇偏誤）, 54-57
  Student's t-distribution（學生 t 分布）, 75-77
sampling distribution（抽樣分布）, 57-61

central limit theorem（中央極限定理），61

    data distribution versus（資料分布與～），58

    standard error（標準誤差），61

sampling variability（抽樣變異性），57

scaling（尺度化），316

scaling and categorical variables（尺度化與類別變數），316-325

    categorical variables and Gower's distance（類別變數與高爾距離），321

    dominant variables（優勢變數），319-321

    problems with clustering mixed data（混合資料分群的問題），323

    scaling the variables（設定變數尺度），317-318

scatterplot smoothers（散佈圖平滑法），185

scatterplots（散佈圖），31, 33

    biplot（雙標圖），293

    extending with conditional variables（以帶條件變數延伸），42

scientific fraud, detecting（偵查科學詐欺），129

screeplots（碎石圖），286, 319

    for PCA of top stocks（對於主要股票的PCA）289, 290

search（搜索）

    need for enormous quantities of data（需要大量資料），52

    vast search effect（巨大的搜索效果），55

selection bias（選擇偏誤），54-57

    regression to the mean（迴歸平均值），55-56

    typical forms of（典型的形式），55

self-selection sampling bias（自選抽樣偏誤），50

sensitivity（靈敏度），219, 223

signal to noise ratio（SNR）（訊號雜訊比、訊噪比），246

significance level（顯著水準），135, 137

significance tests（顯著檢定），93

（亦可參閱 hypothesis tests）

    underestimating and misinterpreting random events in（低估和誤解～中的隨機事件），93

simple random sample（簡單隨機抽樣），48

single linkage metric（單一連結指標），307

skew（偏度），73

skewness（偏態），24

slope（斜率），143

（亦可參閱 regression coefficients）

slot machines used in gambling（賭博用的吃角子老虎機），132

smoothing parameter, use with naive Bayes algorithm（對單純貝氏分類法使用平滑參數），201

SMOTE algorithm（SMOTE 演算法），233

spatial data structures（空間資料結構），6

Spearman's rho（Spearman 等級相關係數），33

specificity（特異性），219, 223

    trade-off with recall（與召回率的取捨），223

spline regression（樣條迴歸），187, 189

split value（分割值），249, 258

SQL（Structured Query Language）（結構化查詢語言），4

square-root of n rule（n 平方根的規則），61

SS（請見 sum of squares）

standard deviation（標準差），14

    covariance matrix and（共變異數矩陣與～），203

    in A/B testing（A/B 測試的），89

    and related estimates（相關的估計量），15

standard error（標準誤差），57, 61

standard normal distribution（標準常態分布），69

    and QQ-Plots（和 QQ 圖），71

standardization（標準化），69, 71, 239, 242

    in K-Nearest Neighbors（在 K 近鄰算法中的～），243-246

    of continuous variables（連續變數的～），295

standardized residuals（標準化殘差）

    defined（定義），176

    examining to detect outliers（檢查以發現離群值），177

histogram of, for housing data regression（房屋資料迴歸分析的直方圖），183

statistical experiments and significance testing（統計實驗與顯著性檢定），87-139

A/B testing（A/B 測試），88-93

analysis of variance（ANOVA）（單因子變異數分析），118-124

chi-square test（卡方檢定），124-131

degrees of freedom（自由度），116-118

hypothesis tests（假說檢定），93-96

multi-arm bandits（多臂老虎機算法），131-134

multiple testing（多重檢定），112-116

power and sample size（檢定力與樣本規模），135-139

resampling（重抽樣），96-103

statistical significance and p-values（統計顯著性與 p 值），103-109

alpha（alpha 值），106

controversy over p-values（p 值的爭議），106

data science and p-values（資料科學與 p 值），108

p-values（p 值），106

type 1 and type 2 errors（型 1 錯誤與型 2 錯誤），108

t-tests（t 檢定），109-112

statistical inference, classical inference pipeline（統計推論，經典推論流程），87

statistical machine learning（統計機器學習），237-283

bagging and the random forest（袋裝法與隨機森林），259-270

bagging（袋裝法），260

hyperparameters（超參數），,269

random forests（隨機森林），262-265

variable importance（變數重要性），266-269

boosting（提升法），270-283

boosting algorithm（提升演算法），271

hyperparameters and cross-validation（超參數與交叉驗證），280-282

overfitting, avoiding with regularization（使用正則化以避免過度配適），274-280

XGBoost software（XGBoost 軟體），272-274

K-Nearest Neighbors（K 近鄰算法），238-249

distance metrics（距離指標），241

example, predicting loan default（貸款違約預測範例），239-241

KNN as feature engine（KNN 作為特徵引擎），247-248

one hot encoder（One-hot 編碼器），242

standardization（標準化），243-246

tree models（樹模型），249-259

how trees are used（如何使用），258

measuring homogeneity or impurity（測量同質性或不純度），254

predicting a continuous value（預測連續數值），257

recursive partitioning（遞迴區分算法），252-254

simple example（簡單的範例），250

stopping tree growth（停止樹模型成長），256

unsupervised learning（非監督式學習），283（亦可參閱 unsupervised learning）

statistical significance（統計顯著性），98

practical significance versus（實務顯著性與～），108

statistics versus machine learning（統計學與資料科學），238

stepwise regression（逐步迴歸），156

stochastic gradient boosting（隨機梯度提升法），270

XGBoost implementation（執行 XGBoost），272-274

stratified sampling（分層抽樣），52

structured data（結構化資料），2-4

Student's t-distribution（學生 t 分布），75-77, 109

subjects（主體、個體），88

success（成功），77

sum contrasts（加總對比），166
sum of squares（SS）（平方和），118, 122
　　within-cluster SS（集群中的平方和），295
supervised learning（監督式學習），141, 195,
　　237
Synthetic Minority Oversampling Technique
　　（請見 SMOTE algorithm）

T

t-distribution（t 分布），75-77, 109, 114
t-statistic（t 統計量），109, 149, 153
t-tests（t 檢定），109-112
tails（尾），73
　　summarizing with percentiles（用百分位數總
　　　結），20
target（目標），6
target shuffling（目標改組），55
test statistic（檢定統計量），89, 91, 110
Thompson's sampling（Thompson 抽樣法），
　　134
treatment（處理方式），88
treatment group（實驗組），88
tree models（樹模型），175, 234, 249-259
　　advantages of（優點），250
　　ensemble, random forest and boosted trees
　　　（集成學習的 ～，隨機森林與提升
　　　樹），260
　　how trees are used（如何使用），258
　　measuring homogeneity or impurity（測量同
　　　質性或不純度），254
　　predicting a continuous value（預測連續數
　　　值），257
　　recursive partitioning algorithm（遞迴區分算
　　　法），252-254
　　simple example（簡單的範例），250
　　stopping tree growth（停止樹模型成長），
　　　256
Trellis graphics（Trellis 圖形），44
trials（試驗），79
trimmed mean（截尾平均數），8
　　formula for（公式），9

Tukey's HSD（honest significance difference）
　　（純正顯著差異檢定），114
Tukey, John Wilder, 1
two-way ANOVA（二因子變異數分析），123
two-way tests（雙向檢定），93, 95
type 1 errors（型 1 錯誤），103, 108, 112
type 2 errors（型 2 錯誤），103, 108

U

unbiased estimates（無偏估計），15
undersampling（低額抽樣），231
uniform random distribution（均勻隨機分布），
　　129
univariate analysis（單變量分析），35
unsupervised learning（非監督式學習），285-
　　325
　　goals achieved by（以 ～ 達成目標），285
　　hierarchical clustering（階層式分群法），
　　　303-308
　　　agglomerative algorithm（聚合式分群
　　　　法），307
　　　dissimilarity metrics（差異指標），307-
　　　　308
　　　representation in a dendrogram（以樹狀圖
　　　　表示），305-307
　　　simple example（簡單的範例），304
　　K-means clustering（K-means 分群法），
　　　294-303
　　　interpreting the clusters（解讀分群），
　　　　299-301
　　　K-means algorithm（K-means 演算法），
　　　　298
　　　selecting the number of clusters（選定分
　　　　群數量），301
　　　simple example（簡單的範例），295
　　model-based clustering（模型基礎分群），
　　　309-316
　　　mixtures of normals（混合常態），311-
　　　　313
　　　multivariate normal distribution（多變量
　　　　常態分布），309

selecting the number of clusters（選定分群數量）, 313-315

and prediction（和預測）, 286

principal components analysis（主成分分析）, 286-294

  computing principal components（計算主成分）, 289

  correspondence analysis（對應分析）, 293-294

  interpreting principal components（解讀主成分）, 290-293

  simple example（簡單的範例）, 286-289

scaling and categorical variables（尺度化與類別變數）, 316-325

  categorical variables and Gower's distance（類別變數與高爾距離）, 321

  dominant variables（優勢變數）, 319-321

  problems with clustering mixed data（混合資料分群的問題）, 323

  scaling the variables（設定變數的尺度）, 317-318

up/down weighting（上下加權）, 230, 232

uplift（增量）, 229

  （亦可參閱 lift）

V

variability, estimates of（變異性的估計量）, 13-19

  example, murder rates by state population（美國各州人口謀殺率的範例）, 18

  key terminology（重要術語）, 13

  percentiles（百分位數）, 16

  standard deviation and related estimates（標準差與相關估計量）, 14-16

variable importance（變數重要性）, 259, 266-269

variables（變數）

  covariance between（變數之間的共變異數）, 202

  exploring two or more（探索兩個或多個變數）, 35-45

categorical and numeric data（類別變數與數值變數）, 40

categorical variables（類別變數）, 38

key terms（重要術語）, 35

using hexagonal binning and contour plot（使用六邊形圖與等高線圖）, 35-38

visualizing multiple variables（視覺化多個變數）, 42

rescaling, methods other than z-scores（z-score 之外的重訂變數尺度的方法）, 246

variance（變異數）, 13, 15

  analysis of（ANOVA）（單因子變異數分析）, 82, 118-124

  bias-variance trade-off in fitting the model（在配適模型中偏誤與變異數的權衡）, 247

vast search effect（巨大的搜索效果）, 55

violin plots（小提琴圖）, 35

  boxplots versus（箱形圖與～）, 41

visualizations（視覺化）, 7

  （亦可參閱 graphs）

W

W3Schools guide for SQL（W3School 的 SQL 學習指南）, 4

web testing（網站測試）

  A/B testing in data science（資料科學中的 A/B 測試）, 91

  click rate for three different headlines（三種網站標題的點擊率測試）, 124

  popularity of bandit algorithms in（吃角子老虎機算法用於～的普及度）, 132

  web stickiness example（網站黏著度的範例）, 98-102, 118

Weibull distribution（韋伯分布）, 85

weighted mean（加權平均數）, 8

  formula for（公式）, 10

weighted median（加權中位數）, 8, 11

weighted regression（加權迴歸）, 149, 158-160

weighting（加權）

up weight and down weight（上權重與下權重）, 232

　using to change loss function in classification（用於改變分類法中的損失函數）, 233

weights for principal components（主成分的權重）（請見 loadings）

whiskers（in boxplots）（（箱形圖中的）鬚）, 21

wins（獲勝）, 132

within-cluster sum of squares（SS）（集群內平方和）, 295

X

XGBoost（XGBoost 算法）, 272-274

　hyperparameters（超參數）, 282

　using regularization to avoid overfitting（使用正則化以避免過度配適）, 274-280

Z

z-scores（z 分數）, 69, 71, 203, 230, 239

　conversion of data to, normal distribution and（常態分布與將資料轉換為 z 分數）, 72

　in data standardization for KNN（KNN 資料標準化中的 ~）, 243

　using to scale variables（用於設定變數尺度）, 317

關於作者

Peter Bruce 創辦並發展 Statistics.com 統計教育學院,該學院目前提供約一百門統計學課程,其中將近三分之一為針對資料科學家的課程。在聘用優秀的作者擔任講師,以及製定行銷策略以接觸專業資料科學家的過程中,Peter 不僅廣泛地了解目標市場的情形,並且也增進了自己對目標市場的專業知識。

Andrew Bruce 在學術界、政府和企業界中有 30 多年的統計和資料科學經驗。他擁有華盛頓大學的統計博士學位,並在學術期刊上發表了許多論文。他曾針對從成熟的金融公司到網路新創公司等各種行業所面臨的多種問題,提出基於統計學的解決方案。他對資料科學的實踐有深刻的見解。

Peter Gedeck 在科學計算和資料科學方面擁有 30 多年的經驗。在擔任 Novartis 的計算化學家 20 年之後,現在他在 Collaborative Drug Discovery 擔任高級資料科學家,專門研究開發機器學習演算法,以預測候選藥物的生物學和物理化學性質。他是《*Data Mining for Business Analytics*》的共同作者。他在德國愛爾朗根 - 紐倫堡大學(Erlangen-Nürnberg)取得化學博士學位,並在德國哈根大學(Fernuniversität Hagen)學習數學。

出版記事

本書封面的動物是粗腿厚紋蟹（學名：*Pachygrapsus crassipes*），又稱為襯裡岸蟹或條紋岸蟹，分布於北美洲、中美洲、韓國和日本的太平洋沿岸海灘。這種甲殼類動物生活在岩石下、潮汐池和岩石裂縫中，牠們花了大約一半的時間在陸上，並定期回到水中以保持鰓的濕潤。

襯裡岸蟹的命名源起於其棕黑色甲殼上的綠色條紋，牠們的紅色蟹爪和紫色的腿上，也有條紋或斑駁的圖樣。牠們通常可以長到 3 至 5 公分，雌蟹體型略小。牠們的眼睛成桿狀，可以靈活旋轉，使其在行走時有完整的視野。

這種蟹是雜食性動物，主要以藻類為食，但也會視情況以軟體動物、蠕蟲、真菌、死亡的動物和其他甲殼類動物為食物。在牠們發育成熟的過程中會多次脫殼，藉由吸入水分來膨脹並打開舊殼，一旦完成脫殼，牠們會經歷數小時的艱難時光方可自由行動，而後必須躲起來直到新的外殼變硬。

O'Reilly 書籍封面上的許多動物都面臨瀕臨絕種的危機；牠們都是這個世界重要的一份子。

封面插圖是 Karen Montgomery 的作品，該插圖來自 *Pictorial Museum of Animated Nature* 的黑白版畫。

資料科學家的實用統計學第二版

作　　者：Peter Bruce, Andrew Bruce, Peter Gedeck
譯　　者：洪巍恩
企劃編輯：蔡彤孟
文字編輯：王雅雯
設計裝幀：陶相騰
發 行 人：廖文良

發 行 所：碁峰資訊股份有限公司
地　　址：台北市南港區三重路 66 號 7 樓之 6
電　　話：(02)2788-2408
傳　　真：(02)8192-4433
網　　站：www.gotop.com.tw
書　　號：A643
版　　次：2021 年 08 月初版
　　　　　2023 年 07 月初版四刷
建議售價：NT$680

國家圖書館出版品預行編目資料

資料科學家的實用統計學 / Peter Bruce, Andrew Bruce, Peter Gedeck 原著；洪巍恩譯. -- 初版. -- 臺北市：碁峰資訊, 2021.08
　　面；　　公分
　　譯自：Practical Statistics for Data Scientists, 2nd Edition
　　ISBN 978-986-502-841-1(平裝)
　　1.統計學　2.資料探勘　3.資料處理
510　　　　　　　　　　　　　　　　　　110007518

讀者服務

● 感謝您購買碁峰圖書，如果您對本書的內容或表達上有不清楚的地方或其他建議，請至碁峰網站：「聯絡我們」\「圖書問題」留下您所購買之書籍及問題。(請註明購買書籍之書號及書名，以及問題頁數，以便能儘快為您處理)

http://www.gotop.com.tw

● 售後服務僅限書籍本身內容，若是軟、硬體問題，請您直接與軟體廠商聯絡。

● 若於購買書籍後發現有破損、缺頁、裝訂錯誤之問題，請直接將書寄回更換，並註明您的姓名、連絡電話及地址，將有專人與您連絡補寄商品。